Cuando viví contigo

ALICIA JUÁREZ

en colaboración con
GABRIELA TORRES CUERVA y GINA TOVAR

Cuando viví contigo

La viuda de José Alfredo Jiménez por fin habla

Grijalbo

Cuando viví contigo
La viuda de José Alfredo Jiménez por fin habla

Primera edición: octubre, 2017

D. R. © 2017, Alicia Juárez, Gabriela Torres Cuerva, Georgina Tovar

D. R. © 2017, derechos de edición mundiales en lengua castellana:
Penguin Random House Grupo Editorial, S. A. de C. V.
Blvd. Miguel de Cervantes Saavedra núm. 301, 1er piso,
colonia Granada, delegación Miguel Hidalgo, C. P. 11520,
Ciudad de México

www.megustaleer.com.mx

ISBN: 978-607-315-760-5

Impreso en México – *Printed in Mexico*

El papel utilizado para la impresión de este libro ha sido fabricado a partir de madera procedente
de bosques y plantaciones gestionadas con los más altos estándares ambientales, garantizando
una explotación de los recursos sostenible con el medio ambiente y beneficiosa para las personas.

Penguin
Random House
Grupo Editorial

Índice

Mi bautizo 11
El ratón que se comió mi lengua 29
Mis lágrimas 39
Volando alto 49
Nueva vida, nuevas rutinas 59
Fuegos artificiales 69
La visita a Indios Verdes 85
El departamentito 97
Agridulce 107
Flores para León 117
Nieve de zapote negro para dos 129
Caminos y carreteras 139
Noviembre 151
El dueño del pueblo 159
La luna de miel 171
Entre cajas 181
3 de diciembre 191
Vivir con el Rey 201
Ya sé que soy lo peor 211
Ataduras 223
La rienda 231
El inicio del fin 243
El ogro y la princesa 253

Él, conmigo 265
Ojos azules 275
Escuincla valiente 285
Legado 299

Mi bautizo

El eco. Eso era lo que más me gustaba: detectar los matices de mi voz sobre el eco producido por el agua y las cuatro paredes. Se propagaba a mi alrededor, rebotaba en mis costados, jugaba con las gotas y —una vez más— ávido, ágil y vigoroso, se aventaba hacia los cuatro puntos cardinales.

El eco. Por él me motivaba tanto cantando en la regadera. Los pocos minutos que invertía bajo la regadera, los dividía para proyectar mi voz y experimentar con falsetes: era importantísimo porque para mí cantar y ejercitar mi voz fue, es y seguirá siendo una necesidad. Lo descubrí desde muy temprana edad y todavía lo siento de esa manera. Vivo para cantar.

—¡Alicia! —el grito de mi madre batalló para buscar su propio espacio entre el eco y mi joven voz; se repitió unas tres veces más hasta que entendí que a la que buscaban era a mí.

Cerré la llave y me enrollé en la toalla; cuando llegué a mi cuarto, mi madre me esperaba a un lado de mi cama.

—Cómo tardas, hija. Apresúrate que hoy le ayudamos a tu abuela desde tempranito.

Afirmé tenuemente con mi cabeza. El único pensamiento que albergaba era si mi madre había escuchado mi pequeño concierto dentro del baño. No dijo nada con sus labios, no obstante, sus ojos verdes me confesaban que sí. No había problema; ya habían pasado meses desde que ella se atreviera a confesarme que cuando me bañaba, acercaba su oído a la puerta para captar estrofas que se separaban del eco y conmovían su bondadoso corazón.

Le fascinaba escucharme cantar, lo disfrutaba en demasía. Después de que me dijo esto quise que me tragara la tierra. La vergüenza se elimina fácilmente cuando se está en confianza y aquella que revelaba conocer mi voz era mi madre; así que comenzamos a pretender que ella asistía a un espectáculo donde yo era la estrella principal. Me escondía detrás de una puerta y ella, con un cepillo a manera de micrófono, anunciaba:

—Con ustedes, señoras y señores, ¡la señorita Alicia López!

Yo tomaba el cepillo y cantaba a todo pulmón; mamá aplaudía para después reír juntas. Si alguien irrumpía en el cuarto donde nos encontrábamos, yo callaba inmediatamente y pretendía que me peinaba. Era nuestro secreto. Sobre todo, enmudecía cuando se trataba de mi papá. Con él sí que me daba mucha pena entonar una estrofa.

Mi madre siempre fue una mujer desprendida totalmente del ámbito material; eso no tenía valía para ella. Sin pensarlo, entregaba lo que sus hijos necesitaran y lo que más la alegraba era su familia y las virtudes, características, éxitos y momentos de la misma. Se desvivía por ayudarnos y siempre contaba con un minuto mínimo para escucharnos y proporcionarnos consejos. Predicaba con el ejemplo: no había obstáculos que la detuvieran.

Mi mamá continuaba en la recámara. El cabello me escurría y la piel se me erizaba con la brisa que entraba por un resquicio de la ventana. Repitió su instrucción: "Apúrate, vamos a trabajar", y se marchó.

Decidí vestirme de azul marino, me gustaba cómo contrastaba con mi piel clara. Mi gama de colores predilecta variaba entre el negro y el café, no porque fueran mis colores favoritos, sino porque eran los únicos con los que me volvía invisible y no llamaba la atención. Me cercioré frente al espejo de haber tomado la decisión correcta con ese atuendo; mi reflejo me gustó.

Entré a la cocina donde mi madre aguardaba por mí sentada con su taza de café; me sonrió con cariño y después aventuró:

—Hija, estás muy joven. Deberías de utilizar otros colores, mira ¿sabes cuál te iría muy bien?

Negué con la cabeza.

—El amarillo, definitivamente es un color llamativo, alegre, vivaz. O el verde limón; se verían hermosos con tu piel y van de acuerdo con… tu edad.

Estaba segura de que a mi mamá le hubiera encantado decir que combinaba con mi personalidad, mas aquello hubiera sido una falacia. Yo era una persona reservada e introvertida. Sí contaba a varias amigas con los dedos de la mano, sin embargo esto no me volvía carismática ni espontánea. Mis padres, ambos, temían en silencio por mi timidez y mi carencia de —lo que ellos consideraban— carácter.

—No me gusta el amarillo ni el verde en esos tonos fuertes, mamá. Si uso ese color me verán desde tres cuadras de distancia.

Mamá rio feliz con mi comentario y se levantó; era la hora de partir y comenzar con el trabajo diario: el restaurante de la abuela, mi nana.

No se vendían bebidas alcohólicas, sin embargo, la fiesta que se armaba dentro del local se asemejaba a las celebraciones amenizadas con tequila y cerveza. Muchos de los comensales se paraban a bailar o también sucedía que grupos de desconocidos se volvían amigos entrañables por haber comido en mesas contiguas.

El restaurante era un establecimiento pequeño pero muy ventilado y agradable: el techo era alto y del mismo pendían ventiladores; había también muchas ventanas que permitían que circulara el aire libremente. En cuanto entramos al lugar me dirigí a la rocola. Muy pocos restaurantes contaban con una y yo había descubierto cómo seleccionar canciones sin introducir monedas, lo que volvía locas a mi madre y mi abuela. Mi abuela salió de la cocina y me descubrió escogiendo la primera pieza del día:

—¡No, Alicia! ¿Ya vas a comenzar? —las inolvidables voces de Miguel Aceves Mejía y de Flor Silvestre estaban a punto de apropiarse del lugar—. Siempre con esos artistas. ¿No te cansas? Si tú sigues poniendo la música, los clientes no la pondrán.

Yo me reí por lo bajo y mi mamá me lanzó una mirada reprobatoria; el dejar que los comensales escogieran las canciones significaba más ingresos. Las dos regresaron a cocinar mientras yo limpiaba mesas y sillas.

Nuestro restaurante tenía un ambiente totalmente familiar. Mi mamá y yo siempre ayudábamos, sobre todo en las limpiezas de cada noche. El único día de descanso para mi mamá era el jueves. Aquel lugar era nuestro punto de reunión y era bien conocido por la comida tradicional mexicana que mi abuela preparaba.

Me gustaba mucho una imagen pintada sobre la pared; mostraba a una bella mujer indígena en una chalupa. Si entrabas a la cocina podías ver que era muy moderna e inmediatamente al cruzar la puerta olías los deliciosos aromas de las tortillas y los platillos. La rápida sombra de mi abuela, mi nana, iba de aquí para allá revoloteando de un lugar a otro para realizar más de dos tareas al mismo tiempo.

Así era ella: una guerrera, una conquistadora, una mujer decidida y tenaz. Había dejado atrás su tierra sinaloense (era oriunda de Badiraguato) para comenzar una vida de trabajo arduo en los Estados Unidos. Era dueña del restaurante, un hotel y tres casas; de todas sus posesiones fungía como administradora. No conocía otro modo de vivir que no fuera el trabajo; su jornada diaria comenzaba desde muy temprano. Se levantaba para lavar a mano las sábanas de las camas del hotel y, en algunas ocasiones, ropa que los huéspedes le encargaban. Tenía que hacerlo durante las primeras horas para después tenderlas y que se alcanzaran a secar con los rayos del sol. Nunca la escuché quejarse; sabía que el cuerpo se atrofia si no se mueve y que los pensamientos también deben de fluir para no oxidarse. Era por eso que sus ojos titilaban; la alegría de saberse productiva era su mayor impulso.

Después de sus faenas en el hotel, se dirigía vigorosamente al restaurante: preparaba alimentos, servía, cobraba, mantenía el buen humor de los comensales y limpiaba una vez concluida la jornada. Las horas se escurrían velozmente entre sus manos debido a la cantidad de actividades que desempeñaba. Sólo después de las nueve de la noche (la hora de cierre del restaurante) se sentaba, suspiraba y se preparaba para beber café y comer un poco de pan dulce. Ella no hablaba mucho de enfermedades ni dolencias; de vez en cuando se quejaba de una rodilla o un dolor de cabeza, mas nunca de estrés, falta de vitalidad o penurias imaginarias.

La nana se dormía temprano, ya que el común denominador de sus días era ese ritmo acelerado y bien articulado: idéntico al de una buena canción de banda norteña. Aunque las tareas eran las mismas siempre, mi abuelita decía que ningún día era igual. Sabía apreciar los milagros, los momentos de unión familiar y los obstáculos a vencer que, para ella, una auténtica matriarca emprendedora en un país extranjero donde no hablaba el idioma, representaban retos rejuvenecedores. A mis tiernos quince años ya la amaba, sin embargo, tuvieron que transcurrir muchos más para que descubriera el impacto tan grande que ella tuvo en mí, así como para conceptualizarla como un modelo a seguir.

Prendimos los ventiladores en el restaurante a pesar de que no eran necesarios. De fondo escuchaba mis canciones predilectas y el vaivén de las aspas en el techo. Aquel sábado mi mejor amiga, Martha Bustos, fue al restaurante.

Entre mi nana y mi mamá le prepararon unos tacos dorados; Martha se chupaba la crema de los dedos sin tapujos ni escrúpulos: comía con honestidad y no escondía que le fascinaba.

—Martha, ¿te acuerdas de la fiesta de trajes regionales a la que te invité?

Ella afirmó con la cabeza; escuché el crujir de la tortilla entre sus dientes, la salsa escurrió por una de las comisuras de sus labios.

—¿Sí puedes ir conmigo?

—¡Claro! —me contestó con la boca llena—. ¿Cómo perdérmelo?

Yo sonreí con emoción. Aunque no se lo había dicho a nadie, estaba impaciente por asistir a Los Ángeles donde sería la fiesta; ya quería ver a todas las mujeres con sus mejores galas y trajes típicos mexicanos. Me encantaban las flores que adornaban sus cabellos, sus rebozos coloridos anclados en la parte interior de los codos, las faldas largas y ornamentadas, las miradas coquetas y pizpiretas. Me fascinaba el folclore de mis raíces mexicanas.

Dentro de mi familia, yo era la hija y sobrina más interesada en conocer el idioma español, practicarlo y dominarlo. A pesar de vivir en un ambiente donde la mayoría del tiempo se tenía que hablar inglés, mis padres y mi abuela procuraban comunicarse en su lengua materna; gracias a esto yo aprendí los dos idiomas simultáneamente.

Mi papá era de la Ciudad de México: si auténticamente se le quería conocer, debía de ser en español. Él era serio, recatado, educado y muy respetado en la comunidad mexicana de mi tierra natal: Oxnard. No pasaba un domingo sin que fuera a misa y tampoco recuerdo una sola ocasión en que no nos acompañara durante la cena.

A pesar de ser el gerente del cine más popular y con más eventos de mi pueblo (también llamado Oxnard), lograba estar con nosotros mucho tiempo. Mi hermana Amanda, mi hermano Angelo y yo, éramos su adoración; siempre asistíamos a los conciertos que se ofrecían entre proyección y proyección.

Llegaban mariachis, bandas tropicales y solistas. Yo me sentaba en primera fila debido al puesto de mi papá y me emocionaba con las presentaciones. Mi mayor anhelo era cantar algún día sobre ese escenario, ¡de verdad lo quería! No deseaba grabar discos ni codearme con la gente famosa; sólo quería recibir aplausos desde aquella gran tarima.

Sabía que la mayoría de los artistas locales fantaseaban con un teatro en específico en la ciudad de Los Ángeles: se llamaba Million Dollar Theater. Si alguien cantaba ahí, estaba destinado al éxito y a la fama. No obstante, yo me imaginaba a mí misma en el cine Oxnard con mi familia mirándome desde los asientos.

Iba mucho al cine y mis filmes predilectos eran los mexicanos. Cuando escuchaba una palabra nueva, la murmuraba para mí misma una docena de veces con tal de aprenderla. En la mayoría de los casos, mis intentos eran infructuosos y debía preguntar a papá o a mamá por el significado de ciertos vocablos.

Llegó el día esperado por toda mi familia: la fiesta de trajes regionales. Nos subimos a nuestra camioneta junto con Martha y viajamos alrededor de una hora hasta llegar a Los Ángeles. El clima era especialmente seco y caluroso; nuestro ánimo estaba por los cielos: ¡música, comida, cultura y concursos!

Cada año en esa fiesta, organizada por la gente adinerada de Sinaloa (quienes conocían a mi nana), se rifaban discos. Yo quería ganar uno porque los rumores apuntaban a que eran de Alberto Vázquez, así que celosamente guardé mi boleto con el que participaría en el sorteo.

Éramos tantos miembros de la familia los que íbamos que necesitamos una mesa grandísima para que cupiéramos. Martha ya estaba acostumbrada al trajín de mi parentela; se adaptaba espléndidamente. Ella también estaba emocionada con la colección de trajes, la cantidad de comida vibrante y colorida, y los mariachis que se sujetaban de sus instrumentos musicales como los galanes de cine mexicano se aferraban de sus damas.

Después de comer, beber y bailar, se acercaba la hora de conocer al ganador del disco. Yo movía mis piernas bajo la mesa: justo en ese momento necesitaba ir al baño.

—Martha, te doy mi boleto y ahora regreso. ¡Cuídalo, por favor! Y si llevan a cabo la rifa y mi boleto es el bueno, recibe el disco por mí. De verdad lo quiero.

Levanté mi vestido para no caerme mientras me apresuraba hasta los sanitarios. Fui tan rápida como pude; tenía el presentimiento de que aquella noche iba a ganar.

Al momento de salir, escuché que el presentador me nombraba al micrófono; pensando que el disco de Alberto Vázquez era mío, me subí al escenario sin cerciorarme de lo que había dicho antes el maestro de ceremonias.

Mientras subía por la escalera, veía su sonrisa de oreja a oreja y su peinado impecable, sin embargo, no encontraba mi regalo: ¿dónde estaba? Me aproximé hasta llegar a su costado. La luna resplandecía desde el cielo y unas grandes luces nos alumbraban. Localicé la mesa de mi familia y noté la cara de asombro de mi abuela; mi madre sonreía y le susurraba algo al oído.

—Y bien, Alicia, dinos qué nos vas a cantar.

Entonces comprendí por qué mi abuela estaba con la boca abierta, así como todos los integrantes de mi familia y Martha. El rostro de mi padre también era de incredulidad, seguramente estaba nervioso por mi timidez.

Mis dos hermanos tampoco separaban los ojos de mi persona y mi mejor amiga se encogía de hombros cada vez que la volteaba a ver. Todos, absolutamente todos, estaban sin palabras.

Tragué saliva.

—No, señor, yo no canto —fue mi torpe respuesta para el presentador.

—No te preocupes, ya nos dijeron que sí lo haces. Entonces, ¿qué nos vas a cantar?

Hasta la fecha no entiendo a qué se debió, si fue un acto reflejo o si una extraña presión actuó sobre mí. Contesté con cierta firmeza en la voz:

—"Por un amor".

Con este enunciado creí que a mi nana le daría un paro cardiaco: comenzó a abanicarse con una servilleta que encontró sobre la mesa.

—¿En qué tono? —continuó el hombre a mi lado. Lo vi con extrañeza y volví a escupir una respuesta sin pensar.

—No sé.

"Que la cante en fa", una voz surgió de entre los mariachis, y mi cabeza afirmando tímidamente fue la señal para que empezaran a tocar.

Temblaba, todos mis músculos vibraban. Mi falda, predominantemente roja con verde, se movía ante mi nerviosismo. Fue como si de repente me hubieran aventado muchas pelotas y yo no hubiera sido capaz de actuar con plena conciencia de mis movimientos, ni siquiera de levantar un brazo. Mi cuerpo iba solo, movido por sus propias reglas.

Así el micrófono con fuerza mientras los mariachis conmovían al público con su típico sonido mexicano. Yo traía grandes aretes, un rebozo rojizo, labial en la boca y delineador en los ojos; todo aquello que hace unos minutos sentía tan evidente sobre mi piel, ahora no existía.

No tenía miedo a caer si caminaba sobre la tarima, ni de equivocarme en la canción. Sin embargo, por unos segundos me sentí bloqueada: ¡sólo mi madre me había escuchado cantar en la vida y ahora tenía un público enfrente que esperaba una pieza entonada en fa por parte mía! Era mucho para asimilar: tanta luz sobre mi rostro, tantas miradas.

A la par que pensaba en la velocidad y cantidad de pelotas que se abalanzaban sobre mí, sorprendentemente comencé a cantar:

—Por un amor, me desvelo y vivo apasionada…

Supongo que fue una excelente primera interpretación en vivo porque las pelotas se convirtieron en aplausos e incluso escuché chiflidos por parte de mi padre y de mis tíos. Mi abuelita no paraba de chocar sus palmas y mi madre me aventaba besos. Martha seguía atónita.

Por aquellos minutos en los que canté, dejé de ser Alicia López: la chica de escuela secundaria y buena atleta, recatada y sobresaliente alumna, hija pasiva y dócil, tímida y callada amiga.

Mis preocupaciones se detuvieron. Mi cuerpo y mi voz guiaron mi vida: me explayé con ademanes sobre el escenario, elevé mi instrumento musical encapsulado en mi garganta y mostré, sin previa planeación, que podía cantar.

Cuando regresé a la mesa me sentí como una campeona a pesar de no contar con el disco que se rifaba. Mi padre y mi hermano me abrazaron y pude percibir el tono de sorpresa en sus palabras de felicitación. Martha reía y se regocijaba en su asiento: "No me habías dicho que sabías cantar". Para todos aquellos que se asombraron con mi don, mi gesto particular fue encogerme de hombros.

No sospechaba que aquel momento sería un parteaguas en mi vida porque, así como mi familia me escuchó, también lo hicieron varios de los sinaloenses que lideraban el negocio de la renta de rocolas para establecimientos; eran los mismos personajes que organizaban el concurso Señorita México.

Cuando me invitaron, a través de mis padres, a que participara en el certamen, me negué y me excusé por mi edad. Para participar necesitabas tener dieciséis años y yo no los cumplía hasta julio: faltaban unos meses. Sin embargo, para mis padres aquella oportunidad representaba un excelente ejercicio de sociabilización. Ellos querían que adquiriera carisma y carácter; les preocupaba mi personalidad introvertida.

De un día a otro yo ya usaba maquillaje, estaba aprendiendo a dominar las zapatillas y mi madre preparaba preciosos vestidos para mí. Tuve que aprender a balancear mis diferentes actividades porque me gustaba mucho el deporte y pertenecía a los clubes de softball, tiro con arco, voleibol y natación, el cual era —sin lugar a dudas— mi favorito.

Continuaba apoyando en el restaurante cuando podía y aprovechaba para practicar los falsetes y la vibración de mi voz. Ahora el baño no era el único testigo de mis interpretaciones sino también la cocina, mi cuarto y los negocios de mi abuelita.

Ella, poderosa matriarca de mi familia, estaba muy orgullosa de mí. Aquella noche de revelación, cuando canté en la fiesta, me abrazó con fuerza y me imprimió besos tronadores.

—No veía venir esto, hijita, y eso que tengo muy buen ojo, eh. ¡Felicidades!

Todavía conservo una vieja fotografía de mí misma vistiendo mi traje típico de china poblana y dominando un escenario desconocido: mis manos se ven cargadas de sentimiento y mis ojos cerrados y apretados emulan un suspiro de amor no correspondido. Parece que sé lo que hago a pesar de haberme sentido totalmente perdida en aquella ocasión.

Participé en el certamen sin saber qué esperar; aquel no era mi mundo: las demás chicas se desenvolvían muy bien y yo me limitaba a mirar y aprender. No obstante, lo hice lo mejor que pude y gocé al mostrar mi talento. Cantaba con banda, con mariachi o, si se precisaba, a capela. Una vez que comencé, no me detuve. Cumplí dieciséis años durante el concurso; era julio, un mes muy caluroso y lleno de emociones. Mi familia y mis amigas me felicitaron con sincera alegría. No cabía en mí misma, era muy feliz: oficialmente había roto el cascarón.

A pesar de que muy en el fondo seguía apreciando mis momentos de soledad, mi silencio y mi espacio, había adquirido el tan anhelado carácter del que mis padres hablaban. Desarrollé técnicas de sociabilización y aprendí a expresarme elocuentemente. Sin que yo hubiera conspirado, estaba sucediendo lo que debía estar pasando. Sólo que aún no imaginaba lo que todo eso significaba en verdad con relación a mi vida futura.

Después del concurso Señorita México, adquirí cierta popularidad y me convertí en la reina de las fiestas patrias de Oxnard. Me gustaba mucho cantar, albergar sentimientos ajenos, expresarlos sonoramente y dibujar una sonrisa en los que me escuchaban. Todo eso me motivaba, aparte de que el ritmo de vida era dinámico y me permitía conocer otros lugares y personas.

En aquellos ayeres existía un evento llamado "Concurso de aficionados". Cada domingo se llevaba a cabo. De cada uno de los poblados vecinos ganaba alguien y los ganadores competían entre sí. Yo gané interpretando la canción "Colorcito de sandía" y esto atrajo el interés de ciertos músicos en mí.

Unas semanas después de haber salido victoriosa, me contactó un señor por teléfono:

—¡Hola!, ¿es la señorita Alicia López?

—Sí, soy yo. ¿Qué necesita?

—Alicia, la hemos escuchado y nos ha gustado bastante su voz y cómo conecta con el público. Soy miembro de una banda tropical y nos gustaría que cantara con nosotros.

Accedí. A pesar de que no era mi género predilecto, quería experimentar; incluso me pidieron que tocara el güiro. ¡Cómo disfrutaba amenizar los bailes y observar que el lugar se atascaba de personas ansiosas por divertirse y mover sus cuerpos!

Nos volvimos muy famosos en los pueblos aledaños, principalmente agrícolas. La mayor parte de nuestro público eran braceros mexicanos ansiosos por un descanso y una dosis de música bailable para recobrar el brillo del espíritu.

Me convertí en una chica muy ocupada: entre los conciertos, la escuela, el restaurante y los deportes, casi no me restaba tiempo libre. Mis padres me impulsaban a realizar todas mis actividades con la condición de que acabara mis estudios de secundaria, lo cual ya estaba muy próximo.

Un día que descansaba en casa, timbró el teléfono. Me aproximé para contestar y me sorprendí con la voz de un hombre maduro que quería hablar conmigo.

—Yo soy la señorita Alicia López —le contesté—, ¿qué desea?

—Escuche, soy José Cruz, formo parte del mariachi que está acompañando al señor José Alfredo Jiménez por su gira en California. Mire, lo que sucede es que la bailarina que abre el espectáculo se lastimó y necesitamos a alguien más que entretenga al público. ¿Podría cantar usted hoy?

No lo tuve que pensar ni por un segundo: dije que sí, con el corazón acelerado.

—Bueno, muchas gracias señorita Alicia. Nos vemos pronto.

Colgó y yo permanecí pegada al aparato sin creer lo que acababa de suceder. En ese tiempo, no importaba tu edad, tu género, tu nacionalidad, tu color o tu religión: todos sabían quién era José Alfredo Jiménez. Se había vuelto famoso desde la década de los cincuenta y sus canciones seguían conmoviendo a las multitudes en cantinas, restaurantes, reuniones y fiestas. Con él muchos hombres habían aprendido a expresarse; y varias mujeres a entender el romanticismo y el amor. Era un ícono de las emociones, de las palabras dulces y justas para decir lo que se siente por una mujer en el instante preciso del relámpago del amor.

Mi madre era una gran fanática de la voz de José Alfredo; cuando tenía la posibilidad escogía sus mayores éxitos en la rocola y cantaba con emoción. De hecho, poseíamos una camioneta Chevrolet muy vieja que nos dejaba tiradas casi siempre; teníamos que caminar al restaurante o a la casa, dependiendo de dónde decidía detenerse. Mi mamá había comprado pintura negra y con ella había bautizado al vehículo: le escribió en la parte frontal PA'TODO EL AÑO como una de las famosas canciones del cantante al que llamaban el Rey.

Cuando por fin colgué, me quedé petrificada. ¿Era en serio que me acababan de marcar para que cantara en el concierto de José Alfredo Jiménez? Permanecí pensativa, sin saber qué hacer; todavía faltaban horas para el espectáculo y sentía que no me podía mover: una sensación parecida a cuando me tomaron por sorpresa y me pidieron cantar para el público.

En ese momento mi papá entró a la casa y me inspeccionó con su mirada.

—Hija, ¿estás bien?, ¿qué pasa?

—Creo que alguien me está jugando una broma, papá.

Él continuó con el signo de interrogación evidente en el semblante y preguntó:

—No entiendo, ¿me explicas?

Yo suspiré antes de comenzar a relatarle que me acababan de marcar por teléfono. Le dije lo que me habían dicho y él me miró con incredulidad.

—Sí sabes que hoy se presenta, ¿verdad?

—Claro que lo sé, papá, pero cualquiera pudo haber marcado.

Desde que había comenzado a cantar en kermeses, fiestas y me presentaba a concursos, varias compañeras de la escuela sentían celos y envidia de mi persona. Creí que era una represalia, una mala acción por parte de alguna de ellas, porque sinceramente: ¿quién era yo para cantar en un concierto de José Alfredo Jiménez? Es cierto que había coleccionado una serie de éxitos, mas no se equiparaban —en lo más mínimo— al legado de José Alfredo.

—Vamos a hacer algo, hija. Yo te acompaño al cine y vemos qué pasa…

—No, papá, si voy me van a ver y esa es la broma.

—Escucha, escucha: vamos en el carro y tú te quedas dentro mientras yo investigo si es cierto que el señor Jiménez quiere que cantes con él, ¿te parece?

Con ese plan me sentía mucho más segura: nadie tenía que verme ni burlarse de mí.

Cuando mi mamá se enteró de dónde cantaría en la tarde, sonrió muy emocionada y rápidamente se concentró en escoger mi vestuario y arreglar mi cabello. Tarareaba una canción del

Rey mientras palpaba las telas de los vestidos. Al final se decidió por uno confeccionado por ella misma: estaba hecho de crinolina y llegaba hasta la rodilla, acentuaba mi cintura; también escogió un sombrero charro que me habían regalado en un pueblo vecino.

Me maquilló sutilmente, me peinó de tal manera que mis cabellos caían sobre mis hombros, pero no interferían con mi rostro y me prestó unos bellos aretes de plata.

Papá ya aguardaba con paciencia en la Pa'todo el año. Yo caminé con lentitud y entré al vehículo con cuidado de no estropear todo lo que mamá había hecho por mí. En cuestión de minutos ya estábamos estacionados fuera del teatro. No sé quién estaba más nervioso.

Él ya había dejado en claro que ésta era una oportunidad única. Yo lo tenía en mente; no lo quería externar porque no estaba segura de que estuviera sucediendo en realidad. En ese momento no era un sueño dorado para mí, lo consideraba una broma pesada y estaba intentando cuidar de mí misma. No dejaría que me avergonzaran.

Mi padre se dirigió a investigar si era cierto. Esos momentos me parecieron eternos; estaba al pendiente de que no pasara alrededor del vehículo alguien conocido. No quería que me vieran. Papá aún no llegaba y yo me mordía el labio de desesperación.

De repente salió; era claro que estaba feliz porque iba casi corriendo y estaba muy sonriente. Abrió la puerta y me dijo:

—Hija, no es broma. El señor Jiménez quiere hablar contigo.

Bajé nerviosa y seguí a mi papá por una puerta. Entramos a la parte trasera de la gran pantalla. Ahí, sentado sobre una caja y vestido de manera típica y pulcro, estaba el gran cantautor mexicano: José Alfredo Jiménez. El enorme, el gigante, el que hacía cantar a la gente todo el día, a todas horas. El creador de tantos y tantos poemas hechos canciones.

Bebía un refresco en botella de vidrio. Su semblante no decía mucho. Al verme llegar, elevó su mirada y me escudriñó de pies a cabeza sin que se le fuera un minúsculo centímetro de piel por revisar. Yo sentía que me desnudaba con los ojos, que era capaz de leer mi pensamiento, que me evaluaba concienzudamente. Me puse nerviosa y escondí el sentimiento clavando inocentemente mi mirada en mis pies; no entendía que él estaba inspeccionando, con sus ojos expertos y experimentados, cómo me vería sobre el escenario.

—Buenas tardes, señorita. ¿Cómo se llama? —su voz era envolvente, madura, estruendosa. Sonaba diferente que cuando cantaba. Tenía poder.

—Buenas tardes, me llamo Alicia López.

Él chasqueó la lengua y tomó un gran sorbo de su bebida.

—¿Qué vas a cantar?

Yo, que había pensado muy poco en ello, me tomé unos escasos segundos para responder. Escogí sin ningún criterio en particular.

—"Celosa", "El son de la madrugada" y "Por un amor".

José Alfredo Jiménez afirmó vivazmente con su cabeza.

—¿Sólo esas tres? Siempre necesitas otra opción por si te piden otra.

Una vez más, mi elocuencia espontánea se presentó:

—"Cuando vivas conmigo".

—Está bien.

Así concluyó nuestra primera conversación; días después me percataría de que mi cuarta opción era una de sus canciones.

A medida que el inicio del espectáculo se acercaba, mis nervios se incrementaban como las burbujas del refresco de José Alfredo Jiménez cada vez que empinaba la botella a su boca. Mi papá compartía mi sentimiento, sin embargo, intentaba motivarme con frases y palmadas en la espalda. Después tomó valor y le habló al cantante:

—Señor Jiménez, ¿le puedo pedir un favor? Escuche a mi hija cantar y dígame cómo lo hace, ¿sí?

—Mire, la voy a escuchar; si canta bien se lo voy a decir, pero si canta mal también se lo voy a decir para que usted no pierda su tiempo.

Un escalofrío me recorrió la espina dorsal. ¡Qué hombre tan déspota! ¿Cómo le hablaba de esa manera a mi padre? "Es un viejo grosero", ése fue mi pensamiento. Sin embargo, no era presunción la que emanaba de la boca de José Alfredo sino un increíble nivel de timidez. Ya después conocería su auténtica personalidad y entendería varios de sus comentarios. Además, sabía lo que estaba diciendo. Siempre fue un experto para descubrir el verdadero talento en los artistas y también para reconocer cuando éste no existía.

Mi padre me indicó que ya era el momento: los mariachis estaban en su sitio; las luces, preparadas y el público a la espera.

Aquel momento fue impactante, quería huir de ahí. Los nervios me acosaban y me torturaban con la amenaza de emerger en forma de lágrimas por mis ojos. Caminé hasta el centro del escenario y me percaté de que mis rodillas temblaban ferozmente, la crinolina de mi vestido se movía sin parar y parecía que estaba a punto de emprender el vuelo; sentía que los holanes se iban a elevar.

No podía ver nada; estaba cegada. Escuchaba claramente los instrumentos al unísono y, en una especie de salto al vacío, comencé a cantar. Estaba cien por ciento concentrada en sostener el micrófono y no equivocarme. Como me sucedía generalmente en los espectáculos, me adentré tanto en las letras y los acordes que me volví alguien más y conmoví a los que me escuchaban: nadie notó el pavor que sentía por dentro. Después de la tercera canción, el público me pidió una cuarta y entonces interpreté esa pieza tan famosa y romántica sobre un anciano que saca juventud de su pasado y le enseña a una mujer a querer.

A pesar de que al público le gustó, no escuché los aplausos ni vi los rostros. Me sentí en otro mundo, en un territorio aparte. ¡No podía creer que acababa de abrir el concierto de José Alfredo Jiménez! Salí del escenario como si montara una nube y el suelo no existiera. Mi padre me abrazó con orgullo y me besó la mejilla. El cantante dijo:

—No canta mal. Si quieren hacer algo profesional con ella, ahora es cuando porque está chiquilla y le va a cambiar la voz. Nada mal. —Después se dirigió a mí—: ¿cómo me dijo usted que se llamaba?

—Alicia López, señor.

—Alicia López —pronunció cada sílaba de mi nombre con fuerza. Sus ojos observaban el techo—. López ya hay muchas: Sonia López, Virginia López. No, usted necesita otro apellido. Uno corto, fácil y mexicano.

Los tres permanecimos en silencio hasta que él continuó:

—Desde ahora es Alicia Juárez.

El ratón que se comió mi lengua

La vida suele llevar un ritmo incalculable porque cambia de un segundo a otro; lo que en algún momento nos ofusca o distrae, al siguiente nos parece sin sabor, soso, añejo. Yo tenía apenas dieciséis años y había sentido el primer gran vuelco de mi existencia: había conocido a José Alfredo Jiménez. Mi vida estaba por cambiar radicalmente.

Debo de admitir que no estaba tan sorprendida y emocionada por haberlo conocido; tal vez no reaccioné a tiempo ante los sucesos: sencillamente no sentía a plenitud porque todo pasaba rápidamente. De cualquier manera, mi ídolo era Miguel Aceves Mejía y continuaba siendo la voz predilecta que se escuchaba en el restaurante.

Después de la primera vez que abrí el show de José Alfredo Jiménez, él me había invitado a formar parte de su elenco; nos dirigimos a Santa Bárbara. Aunque no era mi primera gira musical, me sentía muy diferente porque por vez primera interpretaría mi género favorito portando las vestimentas que tanto me enorgullecían. Aprendería montones junto con músicos experimentados y con un amplio conocimiento. Era una oportunidad única.

Lamentablemente, mi gran viaje duró sólo dos presentaciones. Mi padre me exigió que regresara a estudiar; ya habíamos concretado desde el inicio de mi carrera como intérprete que mi educación era lo primordial y más importante. Debía acabar en tiempo y forma mi escuela secundaria.

El grupo se dirigió a San Francisco a ofrecer más conciertos y yo regresé a los libros, a los deportes, al cuchicheo constante en clases para contarnos chismes o asuntos de moda.

—Alicia —me susurró mi mejor amiga en clase de Matemáticas. Debíamos resolver un ejercicio complicado por lo que las cabezas de los estudiantes estaban casi casi pegadas a la mesa, como si de aquella manera las fracciones se resolvieran por sí solas. La maestra estaba sentada en su escritorio y miraba distraídamente por la ventana. Yo volteé para hablar con Martha.

—¿Qué pasó?

—¿Estás triste por no seguir en la gira? ¿Aún te hablas con él?

—No, ya sabía que debía estudiar, ¿con quién?

—¿Cómo que con quién? Tonta, con José Alfredo Jiménez.

Reímos juntas y automáticamente cubrí un garabato que había en mi libreta. Las letras cursivas rezaban: ALICIA JUÁREZ. Me estaba costando creer que aquella sería, de ahora en adelante, mi nueva identidad. En las clases, cuando el aburrimiento me amenazaba, comenzaba a escribir esas dos palabras para apropiármelas; era mi nueva firma, mi nuevo nombre, mi nueva yo. ¿Significaba que iba a cambiar? No quería, no anhelaba discos de oro ni temporadas internacionales. Me gustaba mi ciudad, la Pa'todo el año, el restaurante y los domingos en familia.

—Sí, José Alfredo nos llama por teléfono.

Martha hizo una mueca como si chillara de emoción; claro que no pudo hacerlo porque ya conocíamos el temple de la maestra.

—¡Cuéntame!

—Te platico más en la práctica de baile, ¿te parece?

La maestra ya estaba dirigiendo sus miradas hasta nuestros lugares y esto me ponía muy nerviosa. Terminé rápidamente el trabajo de clases y moví mis pies con ritmo sólo pensando en la próxima actividad: bailar. Me gustaba muchísimo hacerlo, tanto que había formado un grupo de danza folklórica en la secundaria. Éramos sólo mujeres, entre ellas mi querida amiga Martha. No todas habíamos nacido en México, mas teníamos un ancestro o un familiar mexicano. Nos enorgullecía bailar con la música típica de estados emblemáticos de la república. Mi mamá también colaboraba con nosotras, ella nos enseñaba las coreografías para la música de Chiapas. Logramos conseguir trajes típicos (o réplicas) para las presentaciones. Nuestro grupo de baile se llamaba Las Adelitas.

Mis amigas me aconsejaron alguna vez invitar a José Alfredo a los bailables, sin embargo, yo me negaba porque él estaba en temporadas mundiales. De cualquier manera, no creo que le interesara mucho. Él estaba acostumbrado a shows de talla internacional, a bailarinas de carrera, a fantásticos escenarios. Nosotras improvisábamos nuestros movimientos; en cuanto empezaba la pieza que habíamos seleccionado, yo comenzaba a moverme de tal o cual manera y las demás me seguían. Se trataba de sentir la música y disfrutarla. Creo que fue esta pasión y alegría por el baile lo que nos hizo merecedoras de un premio importante en Oxnard.

—Ya cuéntame —me dijo Martha en la práctica de danza folklórica—; ¿de qué hablas con él?

Le dije que en realidad yo no hablaba con él porque me daba mucha vergüenza; el principal puente de comunicación era mi madre; le platiqué que el cantante se había acercado a mi familia. Le gustaba cómo manejaba mi mamá, le tenía tanta confianza que hasta podía dormir en el Chevy Nova con el que lo recogíamos del aeropuerto en Los Ángeles. Oxnard estaba a una hora y José Alfredo acudía a nosotras antes que a Joe Herrera, el encargado de administrar los espectáculos por California. Prefería las habilidades de mi madre al volante.

Ni mi amiga Martha ni yo nos imaginábamos que la gira con la que no pude continuar era la primera de muchas. Cada vez que se presentaba en California, me pedía que abriera sus shows. Durante la jornada de clases mi papá no me permitía ir a las temporadas debido al estudio; pero cuando comenzaba el verano y las escuelas cerraban, mi mamá y yo nos abalanzábamos a la carretera rumbo a San Francisco para alcanzar a la caravana y formar parte de la magia musical de uno de los cantautores más queridos y famosos de México.

Siempre íbamos juntas, mi madre y yo. Ella lo hacía de esa manera para no tener que quejarse después, o al menos así me lo explicaba. Mi mamá fue y es mi mejor amiga. Era una progenitora comprometida y en aquel entonces su mayor responsabilidad parecía ser mi carrera musical; desde que José Alfredo Jiménez me había bautizado, mis padres comenzaron a apostarle a mi voz y talento. José Alfredo, por su parte, era muy atento, educado y respetuoso con toda mi familia. Con mi mamá mantuvo siempre una amistad muy clara y sincera; a mi papá lo admiraba por su educación y modales, decía que era tan caballeroso que parecía una dama.

En las temporadas musicales siempre sucedían cosas entre cajas. Una vez, durante una presentación dentro de un cine, yo esperaba mi entrada en la canción "No me amenaces". Como este cine no contaba con camerinos, tenías que salir a la calle y esperar junto a una puerta que dirigía a unos escalones que te llevaban exactamente en línea recta hasta el escenario. Estaba muy concentrada, trataba de escuchar la música para no errar cuando Vicente Fernández me habló; él comenzaba a convertirse en un artista grande y reconocido en México, algunas de sus canciones ya se escuchaban en el radio.

—Oye, Alicia, dame un beso.

Me puse muy nerviosa, sin embargo, fui capaz de contestar:

—No —respondí tajantemente.

—Bueno, entonces permíteme dártelo yo.

Lo observé por un momento con su traje charro bien puesto y sus bigotes oscuros. ¿De verdad estaba pidiéndome un beso antes de que entrara a cantar?

—Está bien —le respondí ingenuamente—, pero en la mejilla y nada más.

Se aproximó a mí y me plantó un beso justo donde le dije. No se propasó. Yo entré a tiempo a la canción, no obstante, sentía que cargaba un gran costal de culpa por todo el escenario. Había actuado inocentemente, no quería que se hicieran rumores y que José Alfredo pensara mal de mí, que creyera que la persona a la que estaba apadrinando estaba tomando ventaja de la situación. Al finalizar nuestra presentación no aguanté más y le platiqué. José Alfredo me miró directamente a los ojos y no me dijo nada. Me sentí tranquila de haber sido sincera.

Yo ya no era una simple señorita ganadora de certámenes, ni la intérprete que tocaba el güiro en una banda tropical. Ahora era Alicia Juárez y estaba presente en los espectáculos del Rey. Mis compañeras de clases —aparte de Martha— me cuestionaban sobre el vínculo existente entre él y yo.

"Él es mi padrino" era mi respuesta predilecta; por dentro sentía un leve movimiento de emoción. ¡Por fin se cumplía mi sueño, mi meta de cantar para grandes audiencias! El repiqueteo de los escenarios llegaba hasta mis oídos y disfrutaba de ver tantos rostros felices y apasionados por los paisajes que les mostraba con mi voz.

Sobre las carreteras, dentro de los camerinos y en el escenario, yo observaba a José Alfredo. Estaba intrigada por su personalidad, su temple y su postura. ¿Qué se escondía tras ese bigote, tras ese hombre que adoraba masticar chicles Juicy Fruit? Notaba que se podía mostrar taciturno, meditabundo y de repente convertirse en un personaje alegre y carismático. Yo invertía mucho tiempo en escudriñarlo desde una distancia considerable. No estaba obsesionada, sólo intrigada; era muy observadora y comenzaba a percatarme de ello.

A veces me divertía sorprendiendo los matices de niño de José Alfredo: no podía pasar por el hotel Biltmore sin disfrutar del cheesecake que vendían porque le fascinaba, y nunca le bastaba con una grande y cremosa rebanada; cada vez que viajaba a los Estados Unidos nos arrastraba a Disneylandia, ahí sí se le podía apreciar como un chiquillo entusiasmado y dispuesto a transitar cualquier centímetro del parque de diversiones sin descanso: conocía cada rincón. Era como un mapa móvil y había descubierto los mejores atajos para llegar a su parte favorita: el pequeño mundo de los juguetes. La atracción consistía en un barco que cruzaba cuevas y grutas repletas de muñecas con trajes típicos de varios países. Todas bailaban y cantaban al unísono una melodía sobre lo pequeño que es el mundo y los valores universales.

Definitivamente, el más emocionado sobre el barquito era José Alfredo. La primera vez que escuchó la pieza nos comentó que le gustaba en demasía. De hecho, admiraba tanto la canción que en la melodía de "El cantinero" (escrita por él), se percibe cierta similitud con la música cantada por docenas de muñecas de aproximadamente medio metro.

Se entusiasmaba con especial fulgor cuando viajábamos por la carretera y el cielo mostraba un despampanante diseño rojizo y aterciopelado. Él se asomaba por la ventana y suspiraba; yo lo observaba con cautela desde el asiento trasero: mi sitio era justo en medio. Desde ahí escuchaba la conversación sostenida entre mi madre y el cantante; me entretenía mucho con todo lo que contaban, así como detestaba los momentos en los que se quedaban silenciosos: se formaban baches en la plática; de fondo, el motor del vehículo ronroneaba y lo acompañaban las vibraciones provocadas por las leves grietas del camino.

Mamá permanecía con los ojos clavados en la carretera y él tamborileaba sobre la puerta o sus piernas. Casi siempre solía girar sobre su asiento y verme a la cara:

—Bueno, escuincla, ¿tú no hablas?, ¿te comió la lengua el ratón?

Ésta era la típica pregunta de José Alfredo para mí cada vez que los baches se aglutinaban dentro del Chevy. Yo no contestaba, no era capaz: me sentía tan nerviosa y asustada, era como si auténticamente mi lengua hubiera emigrado en cuestión de un segundo.

Le suplicaba a mamá que siempre hablara cuando estuviéramos los tres juntos viajando en el carro porque no soportaba los cuestionamientos de José Alfredo. Quería que me tragara la tierra o ser capaz de volverme invisible con el simple acto de cerrar mis ojos. No lo soportaba.

—Mire —dijo él dirigiéndose a mi madre y acabando con el momento de tensión, había extraído de una maleta un contenedor de un acetato—, este disco que tengo en mis manos es nuevo; se llama *Cariño de cariño*. Tan nuevo es que todavía no tiene portada —volteó hacia mí sobre su asiento y estiró su mano—: aquí tienes, escuincla, te lo regalo.

Yo lo tomé con sorpresa e intriga. ¿Qué canciones se encontraban ahí? Tardaría poco tiempo en descubrir que las había tanto viejas como nuevas: "No me amenaces" venía en el material. Me tomaría más tiempo darme cuenta de que José Alfredo llamaba "Cariño" a Irma Serrano, con la cual había tenido una pasión más de un año atrás. Este disco estaba dedicado a ella.

Me gustó mucho observarlo entre mis manos: era una primicia, un regalo muy especial. Cuando lo escuché, me conmoví con las frases dulces y amorosas de José Alfredo. Suspiré sintiéndome romántica y pensé en lo bonito que sería que me compusieran una canción. Imaginé el nivel del amor de la otra persona hacía mí, un cariño que emanara inspiración hasta el punto que sus sentimientos y su vigor escaparan como música a través de sus manos. Qué hermoso, qué inalcanzable se me antojaba.

Mi carrera profesional permanecía latente aun cuando José Alfredo no estaba en California. La primera ocasión que me presenté con mi nuevo nombre profesional, compartí el escenario con Julio Alemán, gran galán del cine mexicano; él era un cantante con una voz muy tranquila y suave, por ello llamaba la atención. Entre otra de sus particularidades se hallaba el detalle de que —en algunas ocasiones— llegaba al estado de California con un mariachi conformado por niños huérfanos de Monterrey. Había tratado con un sacerdote de Nueva León para llevarse a los niños y obtener dinero con sus voces, el cual iría a los fondos del orfanatorio. Su manera de recolectar dinero era por medio de una cubeta que hacía pasar entre el público para que cada asistente depositara en el recipiente el dinero que quería dar en vez de una cuota fija para conseguir boletos de entrada. Era una manera astuta e inteligente para obtener más ganancias; muchas de las personas dejaban más dinero del que hubieran pagado por una entrada.

A pesar de su personalidad sencilla y noble, Alemán podía ser sutilmente descarado. Una de las tantas imágenes que se capturaron ese día, muestra al cantante con los ojos clavados en mi busto mientras yo sonrío hacia la cámara. ¡Me avergoncé tanto cuando la vi! Mamá se reía tímidamente y negaba con la cabeza.

Aparte de eso, se le ocurrió subastar un beso mío (yo nunca había sentido otros labios) en una de nuestras presentaciones. Yo ni siquiera me había parado en el escenario, esperaba en una de las piernas del teatro cuando escuché su voz llamándome. Salí y saludé con una amplia sonrisa a la audiencia.

—¿Cuánto darían por un beso de Alicia Juárez? —preguntó a través del micrófono.

Las manos se levantaron por todas partes y comenzaron los gritos ofertando varios dólares. Yo fruncí el ceño y apreté los puños, ¿quién se creía él? Su mano se cerraba sobre mi hombro y de vez en vez me volteaba a ver con complicidad. Pasados unos minutos decidió que la mejor oferta era la de un sujeto de mi edad que estaba casi al fondo del recinto.

—¡Tú, hasta atrás, ven!

El chico llegó corriendo pletórico de emoción. Yo quería salir corriendo; Julio Alemán sólo me dijo: "Cierra la boca" y con un leve empujón me entregó a aquel que había comprado mi primer beso. El chico me tocó con sus labios rápidamente, estaba tan nervioso como yo. Entregó el monto establecido y se fue. A mí me salía humo por los oídos. Miré perpleja al público que aplaudía y se reía; el mariachi comenzó una de las canciones que yo interpretaba; tomé el micrófono y leí en mi mente el texto de una cartulina hallada en una de las paredes del lugar que con letra clara y legible rezaba: EN CONCIERTO: JULIO ALEMÁN Y ALICIA JUÁREZ. Leer mi nuevo nombre me enchinó la piel; aquellos garabatos infantiles en mis cuadernos de la secundaria resplandecían en mi memoria. Alicia Juárez era yo; así se me conocía ahora.

Descubrí, para mi sorpresa, que estaba sonriendo con gran satisfacción y orgullo. Me encantaba, me fascinaba y me hipnotizaba. Mi nueva identidad me elevaba. Como él había dicho: "Es corto, fácil y mexicano". A las personas que me observaban y vitoreaban desde sus asientos parecía agradarles.

Estaba adquiriendo nuevas habilidades sobre los escenarios y tras bambalinas. Era la ahijada del Rey; los que trabajábamos con él lo sabíamos muy bien: mi madre era su chofer predilecta, yo me sentaba siempre a su lado en las comidas después de los conciertos y recibíamos noticias suyas muy seguido. Curiosamente, ese año que nos conocimos fue muy solicitado en California. Él no sabía hablar inglés. Le gustaba jugar al espía conmigo.

—Escuincla —me decía—, tú pretende como que no sabes el idioma, ¿está bien? Y tradúceme lo que dicen estos señores que no me parecen de fiar.

Yo afirmaba y comenzaba con mi actuación. Preguntaba cosas básicas torpemente; una de mis interrogantes favoritas era: "¿Cómo se le llama a esto?", mientras señalaba la mostaza. A José Alfredo le gustaba esta puntada mía.

—¿Qué dicen, escuincla? ¿Le entramos sí o no?

Yo le traducía discretamente, le contaba paralelamente sobre lo que los otros conversaban y mi padrino decidía qué hacer.

A pesar de los años, de sus tantos viajes a Estados Unidos y de la utilidad de aprender el idioma, José Alfredo nunca hizo nada por decir dos palabras en inglés juntas. Sabía que podía lograr acuerdos con empresarios y agentes estadounidenses sin necesidad de hablar.

En el hotel Biltmore se hacía entender con señas (claro que la palabra "cheesecake" la pronunciaba sin ningún inconveniente). De cualquier manera ya lo conocían y muchos miembros del personal eran paisanos mexicanos. En este lugar no había camerinos; constantemente se organizaban presentaciones de José Alfredo para un espectáculo con banquete, así que le prestaban cuartos o suites para que él y su elenco se prepararan.

Una ocasión arribamos al lobby, estaba pletórico de huéspedes y de personal: al tope. Nos dijeron que el único lugar disponible para ser utilizado como camerino era una suite. Mi madre y José Alfredo accedieron; los tres nos dirigimos al improvisado espacio. ¡Era grandísimo y hermoso! Me sorprendí con los cuartos amplios con mullidas camas, las grandes ventanas con vistas panorámicas y, sobre todo, la cantidad de revistas de moda y farándula sobre una mesa en la sala.

José Alfredo se dejó caer pesadamente en un sillón. Necesitaba un café para sobrevivir al espectáculo. Debido a la saturación del hotel, el servicio al cuarto era muy lento; mi mamá se ofreció para conseguirle uno y él accedió. Yo volteé a ver a mi madre con desesperación, eso significaba que me quedaría sola con José Alfredo. Intenté gritarle con mis ojos que no hiciera eso, que esperara a alguien del lugar, que —¡por favor, mamá!— no lo hiciera, seguramente él sí sobreviviría sin cafeína.

Ya era tarde. Ella caminaba hacia la puerta y dejaba tras de sí un silencio sepulcral. No sabía qué iba a hacer: me moría de la pena al estar junto con él dentro de cuatro paredes sin ser capaz de articular una palabra. Con el sonido de la puerta al cerrarse perdí muchos centímetros de altura: me volví minúscula junto al Rey. Era una escuincla.

Mis lágrimas

José Alfredo alargó su mano hasta la mesita del centro de la sala y tomó una revista. La abrió desinteresadamente y pretendió que leía; no hablaba inglés, obviamente no entendía nada. Como yo, buscaba cómo quemar tiempo. Mi táctica fue peor —muchísimo peor—: consistió en casi casi volverme una con la pared, clavar mi mirada en un punto y no hablar para nada.

De vez en cuando sentía que él me observaba; me daba pena voltear y confirmar mis sospechas. Era como si yo me hubiera convertido en un inamovible reloj de arena. No deseaba para nada tener que entablar conversación con él; después de todo, no había nada de lo que pudiéramos conversar. Yo tenía dieciséis, él cuarenta. El nerviosismo empujaba cada uno de los granos de arenilla dentro de mí hasta caer al precipicio. Cuando era evidente que el aire se tensionaba dentro de la suite del Hotel Biltmore, mamá volvió.

Él se había comportado como un caballero mostrando decencia y respeto hacia mi persona. Objetivamente no había pasado nada; habíamos sido dos personas que ni se hablaron ni se observaron. Los dos fingimos que nos entreteníamos más en otras cuestiones: él en la farándula y yo en mi vergüenza y mi mudez. Sin embargo, había sucedido algo en ese cuarto que debió de haber sido una pista para mí: no lo noté. Fue muy subjetivo. Desconozco si él sí lo detectó, creo que en ese entonces estaba distraído en otros pensamientos, otros cuerpos y otras canciones para componer.

No le conté sobre esto a nadie, me apenaba demasiado el hecho de que no fui capaz de entablar una conversación con José Alfredo mientras mamá buscaba café. No obstante, con Martha compartía detalles más superficiales y concretos acerca de mi nueva etapa profesional. Por alguna razón desconocida, nos gustaba cuchichear en las clases de matemáticas. Tal vez era porque la maestra se distraía mucho con lo que acontecía a través del vidrio, fuera del aula.

—Ayer marcó y nos contó sobre un festival latinoamericano que se llevará a cabo en noviembre en Los Ángeles —le revelé a mi mejor amiga—; quiere que vaya para presentarme con una persona que tiene un estudio de grabación en México.

—¡Wow, amiga! ¿Irás?

Guardé silencio unos segundos. A nuestro alrededor los demás compañeros continuaban cautivos de los enigmas matemáticos y del trinomio cuadrado perfecto.

—Yo creo que sí —no acabé mi frase con una sonrisa; no estaba segura de si valía la pena ir.

Seguramente José Alfredo ni se iba a acordar de quién era yo. Era mi padrino y se podría decir que ya era un amigo de mi familia, pero yo no olvidaba aquella actitud déspota que tuvo con mi padre ni que era un gran ídolo musical; así como inflaba nubes también las podía aplastar con un solo movimiento de manos.

El tiempo corrió rápido y de repente mi madre y yo estábamos sentadas dentro del carro. El pie de mamá sobre el pedal, lista para dirigirnos a Los Ángeles. Yo llevaba una pequeña maleta con mis mejores atuendos y, en un compartimento especial, una bola de nerviosismo que me carcomía. Mi mamá me tranquilizaba; ella estaba muy emocionada de todo lo que estaba aconteciendo en nuestras vidas: habíamos saltado de cantar las canciones de José Alfredo en una rocola, a hacerlo frente a sus narices. Era irreal.

Llegamos a la ciudad sin ningún percance por parte de nuestro vehículo. El teatro donde los artistas se reunirían ya estaba pletórico de sujetos de prensa, agentes musicales y celebridades. Mamá y yo estábamos con la boca abierta de estar a palmos de María de Lourdes, Imelda Miller, don Pedro Vargas, Amalia Mendoza, el Mariachi Vargas, Marcelo Vargas, Alejandro Algara y Armando Manzanero.

Entre todo el cúmulo de cantantes reconocí a mi favorito, a mi ídolo: al gran Miguel Aceves Mejía. La emoción fue tan grande que hasta olvidé por qué estábamos ahí. A mamá le sucedió exactamente lo mismo con Marco Antonio Muñiz. Lo señaló con el dedo índice mientas me decía:

—¡Ah, Alicia! ¿Ya viste quién está ahí? No lo creo, estoy fascinada. ¿Ves, hija, y tú que no querías venir? Ya decía yo que veríamos a muchos artistas; hasta podemos pedirles autógrafos.

Sin embargo, dentro de aquel auditorio grandísimo José Alfredo Jiménez brillaba por su ausencia.

—Seguramente ya nos vio y se fue a esconder —le dije a mi mamá—; ya te lo dije, estoy segurísima de que se va a hacer guaje.

Mi mamá se reía ante mi actitud de fatalismo.

—Alicia, ya verás que ahorita llega. Aparte nos la estamos pasando suave, si no llega pues nos regresamos a casa y ya.

Me encogí de hombros nerviosa y procuré distraerme como tanto insistía mamá. Debo de admitir que aquella experiencia fue alucinante. Estar en el mismo lugar que la potente voz que me había inspirado a cantar por vez primera; ver muy de cerca a uno de los compositores más conocidos y románticos de México porque sólo él entiende a cabalidad lo que ser novios significa, me erizaba la piel.

—Mira, Alicia, ¡te lo dije!

Siguiendo la instrucción y el dedo índice de mi madre, me topé con un grupo de hombres que entraban por una puerta; varios de ellos pertenecían a la prensa, otros a RCA Víctor y el último era José Alfredo, quien lucía elegante, seguro y altivo.

—Es él, mamá, seguro nos va a ver y se va a dar una vuelta en u con tal de no toparse con nosotras; me consta que él cree que somos unas latosas.

Ante mi incredulidad y las risas tímidas de mamá —se burlaba de mi negatividad— el cantante se abrió paso entre la gente y se acercó hasta nosotras. Nos saludó cortésmente con una sonrisa de alegría; el séquito de personas con el que venía se quedó atrás.

—Alicia, ahora es cuando, ven para que te presente al maestro Rubén Fuentes, de quien ya te he comentado. Trabaja con RCA Víctor.

Yo lo seguí sin mayor sobresalto o emoción; internamente estaba muy nerviosa y trataba de esconderlo. Tal vez si me hubiera detenido a pensar en que yo, una chiquilla de dieciséis años criada en Oxnard, estaba en el mismo recinto que artistas mexicanos de talla internacional, a punto de mostrar mi talento para ver si grababa un disco —sólo tal vez— hubiera estado saltando y con una genuina sonrisa de oreja a oreja.

José Alfredo convocó a un mariachi y al productor. En cuestión de segundos yo ya cantaba; me esforzaba por mantenerme derechita y por no desafinarme. Mi madre y José Alfredo me escudriñaban mientras interpretaba una pieza ranchera; la primera con sus manos entrelazadas y la ternura iluminando su semblante; el segundo con los brazos cruzados y afirmando constantemente con la cabeza. Cuando terminé, Rubén aplaudió rápidamente y volteó con el Rey.

—¿Alicia Juárez, verdad? Me gusta, que grabe.

El mariachi y el productor se marcharon. José Alfredo y mi mamá me felicitaron. A ella se le aguaron los ojos; besó mis mejillas.

—Nunca pensé que esto sucedería —me dijo.

Decidimos quedarnos un rato más para disfrutar de los artistas y conseguir más autógrafos. Yo me sentía totalmente diferente después de mi prueba. No era ya una latosa: era la cantante Alicia Juárez.

Con la promesa de un disco, la cercanía con José Alfredo creció. Sin percatarse de ello, él me enseñaba diferentes cosas a través de las pláticas que mantenía con mamá: la conexión con el público, la manera de moverse sobre el escenario, el trato con los dueños de los restaurantes donde después de los conciertos asistíamos para comer y celebrar. Esto último era muy común en los pueblos y pequeñas ciudades de California. Nunca imaginé que sería en un restaurante mexicano, alrededor de una mesa con tequila, totopos y tacos, donde descubriría algo muy fuerte y pujante que se había anidado en mi interior desde hacía ya varios meses.

Ingresamos al lugar entre vítores. ¡Había sido un evento espectacular! Todavía sentíamos la energía corriendo por nuestros cuerpos; el público se había conmocionado, pidieron otra canción y José Alfredo —junto con el mariachi— cantó otros de los grandes éxitos por los cuales había recibido su mote de Rey de la música ranchera.

Los meseros nos aguardaban con alegría y nerviosismo. "¿Serán revoltosos?, ¿a qué hora acabarán?", se preguntaban. Me recordaron a la Alicia de un tiempo atrás cuando mi abuela nos pedía que permaneciéramos en el restaurante hasta tarde porque "los famosos" vendrían a cenar.

Por ser la ahijada de José Alfredo, generalmente me sentaba a un costado suyo en la mesa. Sin embargo, esa noche, antes de que ocupara mi lugar, alguien más se me adelantó: era la bailarina, aquella que se lastimó hacía unos tantos meses y por la cual me marcaron por teléfono para abrir el concierto del cantautor; era la misma bailarina la que ahora se sentaba con entusiasmo y coquetería al lado de mi padrino.

¡Qué coraje!, ¡qué odiosa! Quería apachurrarle el cuello y jalarla de los cabellos para que me regresara mi lugar. ¿Por qué tenía que aguantar que ella estuviera a un costado de José Alfredo? ¿Qué no era yo lo suficientemente buena y me habían desplazado? Me invadieron unos celos irracionales e incomprensibles; sentía que subían por mi garganta como un aire caliente y se aglutinaban bajo mi paladar esperando atacar. No había sentido nunca algo similar; había envidiado vestidos, calificaciones, habilidades y peinados de mis amigas, pero nunca —nunca— este nuevo sentimiento tan retorcido y pesado.

Estaba exagerando, ésa era la verdad, pues José Alfredo me ofreció la silla a su otro costado. Sin embargo, yo me sentía relegada a una nueva esquina, alejada en espíritu de mi padrino. Me sentía segregada y fuera de lugar. Me levanté y me dirigí al baño para refrescarme; quería olvidar lo que estaba sucediendo, lo evidente, lo palpable. No lo iba a lograr en minutos, ni en horas: esa noche no la iba a olvidar.

En la mesa todos se mostraban parlanchines por el concierto y las botellas que comenzaban a acumularse frente a nuestros ojos. Todos los hombres eran de gargantas profundas; podían beber grandes cantidades sin mostrar cambios sustanciales. La bailarina reía ante cualquier chiste o comentario del Rey y no temía exagerar sus carcajadas y manoteos para llamar su atención. "Qué tipa tan horrorosa", pensaba yo mientras comía guacamole. Estaba enojadísima y nadie lo notaba, a nadie le importaba. Las horas avanzaron, yo sólo me quería ir. Era una tortura verlo tan lejos de mí, tan ajeno.

—¿Qué quieres cenar, escuincla? —me preguntó él; a su lado, la bailarina que se había sentado como si tuviera el derecho del mundo, ni nos miraba.

—Nada —escupí la respuesta como muestra de un auténtico berrinche.

—¿De verdad nada? —me cuestionó sorprendido pero sin notar mi coraje—. Qué raro —dijo casi en un susurro.

En los días posteriores me esforcé por olvidar lo que había sucedido en el restaurante; algunos sentimientos nunca se esfuman. Al mismo tiempo que comprendía que yo no era tan especial para José Alfredo, me daba cuenta de que él y la bailarina estaban involucrados en un lío amoroso. No sé por qué no lo había notado antes; después de todo, los tres participábamos en el mismo show. Yo la veía a ella caminar fuera y dentro del camerino y a través de los pasillos; nunca vi que José Alfredo y ella intercambiaran palabras. Había estado ciega.

A los días tuvimos que ir al aeropuerto para que el cantante regresara a México. En el lugar también estaban los miembros del mariachi y otros acompañantes que apoyaban durante el concierto; no obstante, para mí los únicos que existían eran aquellos dos: José Alfredo y la bailarina. Ahora sí era muy evidente; al menos para mí.

¿Por qué me sentía así? Me debía valer un comino la vida sentimental de José Alfredo Jiménez, de mi padrino. Él se había comprometido a ayudarme y eso era lo que perfecta y cabalmente hacía; mis padres y yo estábamos planeando cuándo sería la mejor fecha para ir a la Ciudad de México y grabar. Entonces ¿por qué me enojaba tanto verlo con la bailarina?, ¿por qué me provocaba celos?

—¿Estás bien? —me interrogó mi mamá; ella apretaba con fuerza las llaves del carro, tenía prisa y ya se quería ir. Nunca lo hacíamos hasta que viéramos el avión partir por aquello de que tuviéramos que retornar en caso de que el vuelo se retrasara.

—Sí, mamá —respondí a regañadientes.

—Te ves… mal, triste.

—Estoy bien.

Se encogió de hombros y suspiró, cansada. A pesar de que ella no cantara ni bailara en el escenario, había descubierto que las temporadas musicales eran extenuantes por la cantidad de horas de viaje, preparación y shows que implicaban.

Mis ojos continuaban clavados en la espalda de la bailarina. Ella se veía guapísima; su figura escultural —debido al constante ejercicio— se revelaba bajo sus ropas; su cabello suelto, rojizo y sedoso la volvía más atractiva. José Alfredo la tomó de la mano y la condujo a un lugar alejado de todos. Otra vez, los celos; otra vez, el fuego. Yo no lo sabía pero él la llevó lejos para entregarle un fajo de billetes, era su pago.

Quería arrancarle la cabeza y metérsela por donde nunca le daba el sol. Apreté mis puños con fuerza; ya no alcanzaba a verlos, sin embargo, tampoco podía controlarme. Todos esos kilómetros recorridos en auto, las idas a Disneylandia juntos, el día más incómodo de mi vida en el Hotel Biltmore cuando mamá fue en búsqueda de café, el ataque de celos en el restaurante, el mentado e inexistente ratón que se comía mi lengua cada vez que él me dirigía la palabra: todas eran señales tan obvias y concisas que yo nunca interpreté.

Estaba enamorada de un hombre mayor; de un cantante famoso que había decidido apadrinarme después de que mi progenitor le pidiera una opinión sincera; de un padre de familia con dos divorcios; del referente obligado de la música ranchera romántica en México. Estaba enamorada de José Alfredo Jiménez, veinticuatro años mayor que yo.

Ya no pude contenerlo ni esconderlo. Antes de que yo armara el rompecabezas de lo que atormentaba a mi corazón, las lágrimas se presentaron en el escenario de mis ojos y ante los aplausos imaginarios de mi desdicha, rodaron por mis mejillas. Eran gotas pesadas y gordas, eran desgarradoras. Mamá me miró intrigada; tardó unos segundos en comprender que su hija estaba llorando.

—¿Alicia?

Yo negué con la cabeza; una, dos, tres y un millón de veces más negué. No quería expresar mi dolor a pesar de que lo estaba llorando.

—¿Qué pasa, hija?

Seguí sin responder. Me daba vergüenza que mi mamá, que el mariachi, que el universo del aeropuerto, la bailarina y —sobre todo— José Alfredo se enteraran de que lloraba porque iba a extrañar al intérprete de "Las nubes".

La gran bola de sentimientos que escondía diariamente salió a flote en segundos. Sabía que por él sentía admiración, respeto y gratitud debido a su carrera y ayuda; no lo representaba con palabras sino con mi actitud silenciosa hacia su persona. No me oponía a sus planes e indicaciones sobre lo que me correspondía hacer en el escenario; estaba de acuerdo con sus ideas y pensamientos. Mas, en ese momento, mi careta de protección y seriedad se fue volando en un avión.

Mis lágrimas demostraban que mis sentimientos por él eran demasiado fuertes; por él sentía una mezcla de todos los amores: me cuidaba, me mimaba, se interesaba por mi bienestar; ahora entendía lo que sentía, José Alfredo Jiménez fue y siempre será mi primer amor.

Volando alto

Seguía sus pasos al lado de mi madre; nos teníamos que despedir, no había de otra. A cada metro que se alejaba, con el abrigo doblado sobre el brazo y su mano jalando la maleta, mi corazón se desgarraba. De vez en cuando, él se giraba y me clavaba sus ojos azules. Yo me retorcía interiormente; no era capaz de regresarle la mirada. Mamá me apretaba la mano con ternura, me pedía compostura.

Por fin llegamos a la puerta por la que los viajeros se dirigían al avión. La bailarina se despidió de todos con la mano; yo quise arrancarle mechones del cabello. Era obvio que no lo iba a hacer. Los demás se despidieron brevemente y desaparecieron por el umbral.

José Alfredo giró sobre su propio eje y se aproximó a nosotras; mi respiración se agitaba, ¿qué podía decirle?, ¿por qué hasta ahora y de esta manera se mostraban mis sentimientos? Tuve tantas oportunidades para dialogar: aquel día cuando fuimos a comprar su cheesecake favorito; cuando lo vimos alejarse con la bailarina y pagarle por mostrar sus talentos de danza en el show, incluso ahí pude haber intervenido, mientras esperábamos la indicación de embarque. ¡Fueron tantos los momentos!

Se despidió de mi mamá con respeto y gratitud. Yo extendí mi mano y él la tomó. Nuestras palmas encajaron perfectamente y sus dedos me apretaron con cariño. Ambos teníamos manos muy grandes y largas; me encantó sentirlas unidas.

—Padrino, cuando cante su canción "Extráñame", acuérdese de mí —atiné a decir; las lágrimas se me resbalaban y ya no valía la pena ocultarlo. José Alfredo emitió una mueca de extrañeza y se marchó.

Como siempre, esperamos a que el avión se perdiera entre las nubes. Caminamos silenciosamente hasta nuestro automóvil y viajamos de la misma manera. Mi madre palmeaba mis piernas de vez en cuando, suspiraba, canturreaba canciones inentendibles. Yo procuraba no pensar; pretendí que dormía para esconder el dolor de mi pecho.

Pasaron unos días, pasó una semana. Encontré entre mis cosas la funda de plástico con el disco que José Alfredo me había obsequiado. Meses después vi el material a la venta; la portada era un dibujo borroso que mostraba a una mujer sobre un caballo blanco, ella tenía botas y piernas voluminosas. No había duda sobre quién era: Irma Serrano.

La canción que más me gustaba escuchar era "Un mundo raro". Me acostaba sobre mi cama y me emocionaba con los instrumentos que comenzaban la canción. Me gustaba imaginarme al Rey cantando en medio del mariachi, con sus ojos inspirados y románticos observándome; las inflexiones de su voz me motivaban a cantar; los vaivenes del violín, las voces masculinas como coro… absolutamente cada elemento de esta canción me fascinaba. Sin embargo, lo que más disfrutaba era la letra, aquella que había emanado del genio musical de José Alfredo:

Y si quieren saber de mi pasado,
es preciso decir otra mentira,
les diré que llegué de un mundo raro,
que no sé del dolor,
que triunfé en el amor
y que nunca he llorado…

Cada vez que terminaba esta pieza, me limitaba a suspirar. Era como si él mismo me lo estuviera revelando: él triunfa en el amor, él viene de un lugar que desconozco… él no llora. ¡Era imposible! Lo sabía, la realidad que compartía con José Alfredo en California era un simple episodio para él que bien se podía terminar con una llamada telefónica, una carta, un boleto de avión. Eran niñerías mías pensar en un romance entre tan famoso artista y yo. Mas mis fantasías continuaban, no podía reprimirlas, no me detenía y repetía la canción. Después de todo, la misma letra especifica que el es mundo raro, que sus lágrimas inexistentes y que sus hazañas amorosas son mentira.

La escuela continuaba, mi faena en el restaurante también. Mamá había sido muy discreta con el capítulo ocurrido en el aeropuerto; yo me sentía tranquila. En clases Martha aún cuchicheaba conmigo sobre mi trayectoria profesional: fue siempre una excelente amiga y confidente, pero no le podía contar sobre lo que estaba creciendo en mi corazón: eso ya era demasiado.

—Amiga, oye, Alicia —me susurró en clase de matemáticas.

—¿Qué pasó, Martha?

—¿Qué vas a hacer este fin de semana?

—Lo de siempre.

—¿Cantar? —Sus ojos me miraban sorprendidos.

—Sí, me está yendo muy bien con Los Latinos.

—Bueno, ni hablar —susurró abatida—; quería ir al cine contigo.

—¿Vamos entre lunes y jueves de la próxima semana? Perdón, Martha, trabajo casi todos los fines de semana.

—Claro, puedo esperar para salir con mi mejor amiga, la famosa —las dos compartimos una risa pueril; la maestra se levantó escandalosamente de su silla y se acercó hasta nosotras.

—¡Niñas, a callar!

Los Latinos era un grupo estilo La Sonora Santanera. La música que tocaban era bailable y motivaba a los asistentes a pararse de sus asientos y disfrutar. Estábamos ocupadísimos, éramos exitosos y la mayoría de nuestros espectáculos ocurrían en Santa Bárbara. Me divertía muchísimo con ellos en el escenario, lo que apoyaba a la formación de mi carácter y figura profesional. Mamá también disfrutaba mucho de esta música y esta etapa; decía que me iba muy bien. Me sentía fantástica.

Un lunes después de regresar de la escuela, vi sobre una mesa un sobre con sello aéreo; era para mí. Dentro había otro sobre, éste era de RCA Víctor y rezaba: Escuincla Alicia López, y mi dirección. Mi corazón comenzó a palpitar apresuradamente; extraje la carta y la desdoblé.

9 de enero de 1968, México DF

Mi muy querida ahijada:

Nuestros planes, tal y como te lo prometí, están en pie para llegar a esta gran ciudad cuando puedas o quieras. No necesito cantar mi canción "Extráñame" para acordarme de ti puesto que no hay día que no te recuerde con cariño y ternura. Lo del aeropuerto en Los Ángeles no fue una despedida sino un hasta luego y quiero que sepas que yo también me subí al avión llorando y es necesario que sepas que en ese pequeño viaje inspiraste la primera canción que yo te dedico; ojalá y que vengan muchas más porque no todas las personas saben inspirar al artista. Te adjunto la letra de ésta, nuestra primera canción. Saludos sinceros a tus familiares.

José Alfredo, tus lágrimas.

En el sobre había otra hoja doblada y escrita a máquina. Dos estrofas, tres versos y una línea final; en estas oraciones encontré todo —¡y muchísimo más!— de lo que había pedido ciegamente desde que lo dejé en el aeropuerto. Era una respuesta a mi curiosa petición de que no me olvidara, era la contraparte a mis pensamientos negativos cuando escuchaba "Un mundo raro".

La primera canción que me escribió se titula "Tus lágrimas" y al leerla no pude evitar llorar otra vez. En cada palabra, cada verso, mi corazón se hinchaba de gusto, de amor, de cariño. ¿Estos pensamientos, estos destellos de necesidad, emergían de un sentimiento recíproco y sincero hacia mí? No lo creía, no sabía qué hacer. La leí una vez más:

Tus lágrimas
o las pago con lágrimas
o mejor no las pago
si tú lloraste por mí
yo he de llorar por ti
o a ver lo que hago.
Mi corazón
está sembrado en una tierra
donde crecen puros desengaños
tú empiezas a vivir
no sabes elegir
yo tengo muchos años.
Pero tu edad
No sabe del dolor
que te vas a encontrar
más adelante.
Pero tu edad
tampoco va a saber
del eterno querer
que yo te canto.
Por eso quiero
pagar con lágrimas tus lágrimas
y llorar por tu amor
como lloraste tú valientemente.
Tus ojos se empezaron a nublar y lloraste por mí delante de la gente...

Mamá leyó la carta y la canción un millar de veces más que yo. Ahora que los años han pasado, me he percatado de que las cosas sucedían tan deprisa para mí, de una manera tan vertiginosa y precoz, que a mí se me olvidaba sentir o entender tantas emociones. Mi vida era un tren de alta velocidad; yo no lo podía detener y no tenía paradas esporádicas: siempre avanzaba como un rayo sobre las vías. No había tiempo para escudriñar hacia dónde se dirigía.

Para mi madre, el hecho de que su gran ídolo le compusiera una canción a su hija era una anécdota increíble. Ella releía cada verso y suspiraba, le causaban fascinación y entusiasmo los sentimientos de José Alfredo, su forma de expresarse. Es totalmente diferente cuando escuchas una canción —en la rocola o en vivo— y en tu cabeza se crea un vago boceto de la situación que pudo haber inspirado dicha letra. Sin embargo, conocer perfectamente a la persona que había motivado al Rey a utilizar su pluma y llorar, era una experiencia única y nueva para nosotras.

Mi madre y yo estábamos muy felices. Ni ella ni yo decíamos algo, mas eran evidentes nuestros sentimientos. Yo continué con Los Latinos, brillaba más sobre el escenario, disfrutaba cada espectáculo: en el horizonte de mi existencia, mi contrato con RCA Víctor y mi visita a la Ciudad de México se asemejaban a un bellísimo y real oasis. No contaba los días para graduarme porque, reitero, no entendía todo lo que estaba pasando.

Para mí, ir a grabar un disco significaba entrar al estudio, cantar, esperar mis copias y regresar a Oxnard. Estaba equivocada, como ya me lo había hecho saber José Alfredo Jiménez. A principios de junio, cuando me subí a un avión por primera vez para viajar a México, desconocía que ya no iba a regresar.

Mis padres pudieron comprar sólo mi boleto. No era para nada barato conseguir tres asientos. Ellos se fueron por carretera, tardaron muchas horas; yo, en cambio, me senté plácidamente y me aferré con fuerza a mi lugar. Seguí todas las indicaciones de la asistente del vuelo: me daba mucho miedo equivocarme en algo y no salvarme durante una catástrofe. Ella me relajó con jugo de manzana y me platicó de sus variadas experiencias por encima de las nubes.

Miré embelesada a través de la ventana, ¡el cielo era impresionante! A nuestros pies todo lucía pequeñísimo y muy lejano. Observé el trazo impecable de las calles, las avenidas, los pueblos, los caminos: todo tenía un orden.

Recuerdo cómo me sorprendió ver la parte superior de las nubes. Se apelmazaban entre ellas creando figuras insospechadas o, por el contrario, algunas muy obvias; parecía el algodón de azúcar que vendían en algunas plazas de Los Ángeles.

En el aeropuerto de la capital de México me esperaban mis padres (quienes naturalmente habían salido con muchísima anticipación para estar a tiempo para recibirme), un tío y mi padrino José Alfredo. Cuando mamá me vio caminar por el pasillo con mis maletas, se me echó encima. Confesó haber estado muy nerviosa; papá no necesitó hablar porque su rostro lo decía todo. José Alfredo me saludó y me dio la bienvenida a la ciudad:

—¿Ya lista para grabar, verdad? Recuerda lo que te comenté sobre el disco, no puedes dejarlo ahí ya grabado.

Era irreal. Frente a mí estaba el hombre merecedor de todo mi cariño y lágrimas; yo sabía que él también sentía algo por mí, pero ambos entendíamos perfectamente nuestra relación: era mi padrino profesional y yo su ahijada.

El Distrito Federal, la Ciudad de México, la capital: no se comparaba para nada mi ciudad en el condado de Ventura con esta combinación de trazos modernos, arquitectura colonial, variado transporte público y cantidad y mezcla de personas. Yo ya conocía esta ciudad porque mis abuelos paternos vivían ahí, pero ahora la observaba con otros ojos; iba muy atenta dentro del carro: afuera, en las calles, cualquier bullicio cautivaba mi atención y quería admirarlo.

Nos alojamos en la casa de mis abuelos y mi tío Héctor. Ellos vivían en la colonia Reforma Iztaccíhuatl, en el oriente de la ciudad. En esta zona terminaba la corrida del autobús. A los papás de mi padre no los frecuentaba mucho; en aquella temporada descubrí que estaban muy arraigados a las costumbres y modales de antes. Acomodé mis cosas en la casa y descansé. Estirada sobre la cama, me hallé a mí misma con una sonrisa de oreja a oreja; no sabía qué me emocionaba más: grabar mi primer disco o estar, una vez más, con el Rey.

En esa primera semana, José Alfredo marcó la pauta de lo que serían los próximos meses: llegaba muy temprano por mi madre y por mí (papá se regresó a cuidar nuestra casa y nuestra familia en Oxnard), desayunábamos juntos, íbamos a RCA Víctor para saludar y trabajar, comíamos, asistíamos a espectáculos en el teatro y regresábamos a casa.

Cada parte de esta rutina poseía un grado de importancia según mi padrino; estar en los pasillos de la casa productora era poner en práctica uno de sus refranes favoritos: "Santo que no es visto, no es adorado"; e ir a los shows funcionaba como fuente de inspiración. Él me explicó que en los teatros hallaría mis tablas, mis cimientos, las bases que me conducirían a mi estilo propio. Claro, José Alfredo fue muy enfático en que no estábamos robando ni copiando espectáculos. Como artistas, era parte de nuestro trabajo conocer a los demás cantantes para crear relaciones y lazos, inspirarnos con el ingenio de otras personas y aprender de su carisma sobre el escenario.

El primer espectáculo al que asistimos los tres fue muy emocionante. De hecho, fue la misma noche que llegué a la Ciudad de México. El ambiente nocturno era totalmente nuevo para nosotras.

Íbamos los tres en el coche, era casi como en California sólo que ahora José Alfredo manejaba y mi mamá fungía como copiloto. Yo me sentaba en el mismo sitio: atrás, en medio.

—¿A quién vamos a ver? —le preguntó mi mamá. Ella iba muy guapa con un vestido tinto.

—Es una sorpresa —contestó él—, pero le aseguro que será una fantástica manera de recibirlas en la Ciudad de México.

Mamá sonrió y volteó a verme; yo le contesté con otra sonrisa. Era noble y magnífico el sacrificio que mi madre estaba llevando a cabo para que yo pudiera triunfar como una cantante e intérprete. Llegamos a un lugar llamado El Amanecer Tapatío; había fotógrafos e individuos de prensa. Mamá se aproximó a un cartel y se llevó las manos a la boca:

—Mira, Alicia, tu padrino tenía razón. Ésta es una genial manera de comenzar nuestra vida en la ciudad, cantará nada más y nada menos que Federico Méndez.

Yo no tenía ni remota idea de quién era él, pero me imaginé que era un gran artista. Las dos nos tomamos de la mano y nos dirigimos a buscar nuestra mesa. Estaba muy emocionada porque el lugar era un cabaret, ¡era la primera vez que entraba a uno! Yo sólo cantaba en teatros y auditorios (aparte, en Estados Unidos sólo permiten la entrada a mayores de edad), así que esto era muy nuevo para mí. El lugar era pequeño y no había mucha gente, estaba oscuro. Yo miraba a todas partes con atención.

Cambiaron la iluminación, la atención se enfocó en el escenario y los aplausos inundaron estruendosamente el cabaret. Sentí que mi piel se erizaba; estrujé la tela sobre mi regazo. ¡Qué diferente era este espectáculo! Luché por esconder el nerviosismo que albergaba; estaba fuera de mí, ya quería ser una gran cantante mexicana.

Nueva vida, nuevas rutinas

—¿Te está gustando el show, escuincla?

Todavía no lograba perder el miedo y la pena de entablar una conversación con José Alfredo; le sonreí agradecida y asentí con la cabeza.

—Me da gusto, ahijada —contestó él. Y luego se dirigió a mi mamá—: señora, ¿qué quiere tomar?

—No tengo carta, señor Jiménez.

—¡Qué desconsiderado! Mesero, unas cartas por favor.

Se acercó un mesero elegantemente vestido y se inclinó para acomodar los menús sobre la mesa.

—Buenas noches, señor Jiménez, ¿gusta algo de whisky? Tenemos una gran colección.

Antes de que el mesero comenzara a explicar cuáles licores conformaban su catálogo, José Alfredo lo detuvo con un ademán.

—Voy a querer un refresco, tome la orden de las damas.

En aquel verano de 1968, José Alfredo no bebía alcohol. Había sufrido de una embolia y el doctor lo sentenció: la única manera de sobrevivir era si dejaba totalmente cualquier licor y bebida embriagante. José Alfredo sabía que su doctor era muy serio; no vaciló para cumplir con su orden.

—Bueno, escuincla, ¿qué te parece la bella y colosal ciudad de México?, ¿era así cómo la recordabas? —una vez más José Alfredo intentaba que yo hablara. Sabía que expresarme sería desde ahora el pan de cada día; tenía que comenzar a hablar si quería lograr mis metas. Me esforcé por contestar con elocuencia y destreza.

—¡Oh, sí! Es maravillosa.

—¿Oh, sí? —repitió él lo que yo había dicho. A mí me preocupaban un poco los vicios de mi español pues, a pesar de que lo hablaba muy bien, yo notaba algunos errores que cometía—. Escuincla —continuó él con aquella palabra que utilizaba siempre para referirse a mí—, aquí en México decimos "ah, sí", sólo los pochos dicen "oh, sí".

Yo reí divertida y mamá casi tira su bebida ante la sorpresa de la corrección, todos reímos; aquella fue la última vez que utilicé la frase "oh, sí".

Un amigo de nuestro anfitrión se acercó a nuestra mesa y saludó cálidamente a José Alfredo. Él nos presentó:

—Ella es la señorita Alicia Juárez y su madre; Alicia es intérprete, oriunda de La Barca, Jalisco, por eso tiene esos ojos tan tapatíos.

—Muy bella señorita —contestó el otro y nos saludó con cortesía a mi madre y a mí.

Lo que José Alfredo había dicho no era mentira, yo había nacido en México y nos habíamos ido a Oxnard a muy temprana edad. Lo que mi padrino acababa de hacer eran relaciones públicas; me imaginé que aquel señor era alguien importante en el medio.

Pasadas unas horas, mamá decidió que ya era hora de retirarnos. José Alfredo se ofreció a regresarnos a la casa de los abuelos paternos y nos dirigimos al carro. Durante el trayecto, él nos platicó sobre varias anécdotas de su vida, todas ellas eran interesantísimas.

—Bueno, José Alfredo, ¿cuántos años tienes? —le cuestionó mi madre.

—Tengo cuarenta y uno —contestó con aplomo.

—¡Ah, bueno! Entonces estás joven.

Desde el asiento trasero yo lo miré sorprendida. A mi parecer él era mucho más joven, al menos en su mentalidad: era un hombre moderno, abierto y tolerante. No estaba chapado a la antigua ni se enojaba por asuntos tradicionales como la asistencia dominical a misa. Me costó mucho al principio adaptarme a su pensamiento porque mi familia nos había educado con fuertes arraigos a tradicionalismos morales.

En mi primera semana en la Ciudad de México conocí muchos teatros, restaurantes y espacios para los espectáculos y el arte.

—Vístete como si fueras a cantar.

Ésta fue la indicación que me dio José Alfredo la primera vez que asistí al teatro Blanquita. Yo no dudaba sobre ninguna de sus instrucciones; sabía muy bien que su trascendencia rebasaba a la de muchísimos y que sus conocimientos eran de gran valor. Desde que él decidió apadrinarme yo hacía lo que él me aconsejaba sin chistar y aquella noche me preparé con uno de los tantos vestidos que mi mamá había confeccionado. Me miré en el espejo y no pude evitar sonreír: tenía casi dieciocho años (faltaban escasas semanas para ser considerada una ciudadana en México) y mi cuerpo sí que lo reflejaba.

En el teatro nos sentamos en la tercera fila como José Alfredo nos había pedido; él iba a cantar. A pesar de que ya había presenciado un sinfín de sus conciertos, sabía que éste sería particular. A la mitad del show detuvo la música y no cantó; le pidió al público que recibiera con un fuerte aplauso a su ahijada:

—¡Alicia Juárez!

Los aplausos cayeron de todas partes; cientos y cientos de pelotas con las que yo no podía lidiar, sin embargo, en esta segunda ocasión a donde se me llamó sin previo aviso sobre un escenario, yo sabía que no debía hacer malabares con ellas: estaban ahí como muestra de aceptación y cariño.

Me dirigí hacia el escenario; estaba muy nerviosa y emocionada. Ahora entendía por qué José Alfredo me había pedido vestirme de gala. Los reflectores nos alumbraban y no podía contar el número de ojos que me miraban; reconocí a mi madre en la tercera fila y le mandé besos, definitivamente me faltaba mi padre para que ese momento fuera completamente perfecto.

José Alfredo se aproximó a mi costado y me preguntó con cuál canción quería complacer al público. Yo estaba tan ensimismada en el momento que ninguna canción vino a mi mente. Él soltó una carcajada y me pidió que lo acompañara. Juntos cantamos con un espíritu muy diferente al que solíamos proyectar en Estados Unidos: ésta era mi presentación.

Al final del evento platiqué con muchas personas de prensa y me tomaron fotografías; estaba muy entusiasmada. Esa noche, en mi cama, me sentí la persona más privilegiada y suertuda: la probabilidad de que me marcaran a mí para el show del Rey en Oxnard, era muy remota. Me di cuenta de que una no llega a sus metas sola, se necesitan de personas para impulsarte y obligarte a dar lo mejor de ti. En mi caso concreto: mi padre, que le preguntó a José Alfredo por una opinión profesional sobre mi voz; mi madre, que insistió en ir al festival latinoamericano; y, sobre todo, el cantautor guanajuatense, que auténticamente se comprometió con su calidad de padrino; todos ellos habían construido mi historia, la de Alicia Juárez. Dormí plácidamente, la felicidad es un excelente somnífero.

Para casi cualquier persona, terminar la secundaria es el cambio de una etapa estudiantil. Dicen que en la preparatoria realmente comienza a perfilarse la trayectoria del estudiante, así como sus intereses y pasiones que lo llevarán a escoger una carrera. Yo ya había escogido la mía —sin darme cuenta— y no tendría que esperar unos años más para comenzar con los papeleos y los procesos de admisión: yo ya estaba aceptada. Rubén Fuentes había sido mi evaluador y había dicho que sí.

Teníamos que grabar; como José Alfredo alguna vez me dijo: "Yo ya podía y quería". El día que fuimos a RCA Víctor estaba particularmente observadora y tensa. Me entretuve viendo las cabinas de grabación y las de control. José Alfredo nos presentó a casi todas las personas que se cruzaban con nosotros: "Mira, aquella es mi secretaria, ¡qué tal, buenos días! Él es otro artista naciente, ¿cómo te va? Y justo aquí está el inigualable y mejor director artístico que podrás conocer (aunque ya lo conoces): ¡Rubén Fuentes!"

El ejecutivo de la mejor casa productora de México nos saludó efusivamente; no faltaron las palmadas en la espalda entre los dos hombres y los buenos apretones de mano. Cambiando totalmente la intención, se dirigió a mi madre y a mí para saludarnos.

—La señorita Alicia Juárez, por fin la tenemos en nuestra casa, listos para hacer relucir su preciosa voz.

Yo me ruboricé ante semejante comentario. Rubén, que era un magnífico director tanto fuera como dentro de la cabina, nos condujo hasta el lugar donde grabaríamos y me pidió estar relajada. Sinceramente el maestro Fuentes me incomodaba bastante; era uno de esos hombres con gran presencia. Cuando posaba sus ojos sobre mí, podía sentir cómo me estudiaba completamente, cómo su mirada iba de arriba abajo analizando mi silueta, estatura y peso. Sentía un escalofrío e intentaba quedarme quieta, inmóvil, como si de esta manera ya no le interesara a él. El aspecto más curioso es que ni siquiera mostraba sus ojos, pues utilizaba unos lentes de color verde. Aun así, podías sentir ese par de espías conociéndote a cabalidad sin permiso ni licencia. Después aprendería que la hipocresía era una de sus actividades favoritas.

A pesar de este detalle, yo sabía el excelente y profesional maestro que él era. Dentro del mundo folklórico, ser grabada y dirigida por alguien con su trayectoria era de las mejores cartas de presentación.

Entré a la cabina de grabación mientras que el maestro Rubén, mi madre y mi padrino ingresaron por donde estaba el ingeniero que manejaba los controles y las consolas.

Entre los dos hombres me explicaron hacia dónde dirigir mi voz, qué intención imprimirle a cada pieza y cómo mover mi boca para escucharme mejor. Nunca había estado dentro de un estudio; estaba batallando bastante para entrar a tiempo en la pista, escucharme a mí misma y pronunciar bien cada palabra. Las canciones no eran para nada difíciles; ambas las había escogido José Alfredo. La primera se llama "Dame un poco de ti" y fue de las primeras escritas para mí. La segunda era una canción del tiempo de la Revolución; no aplicaban regalías sobre ella porque era ya de dominio público, se titula "La máquina". No me gustaba, la detestaba porque parecía melodía para jardín de niños. Naturalmente no me quejé, sabía que mi padrino tomaba las mejores decisiones para mí.

Los nervios me estaban acosando y los dos profesionales aplicaban toda la maestría de sus genios musicales para que pudiéramos grabar con éxito. El rostro de mi mamá reflejaba la mezcla de confusión, frustración y nerviosismo que también sentía. Auguraba que tarde o temprano uno de los dos se iba a enfadar. No estaba equivocada.

—¡No me estás dando ni el cincuenta por ciento de lo que ensayamos!

Era José Alfredo, quien había entrado al estudio y me reclamaba estrictamente que trabajara como él sabía que yo podía trabajar. Con su regaño tuve bastante para sentirme terriblemente: ¡comencé a llorar como una niña pequeña! Tal vez la selección de "La máquina" no había sido tan errada porque en ese momento quería ser una chiquilla que asiste al jardín de niños. Mi llanto fue tan colosal que no podía respirar... ya no se diga cantar. No sabían cómo tranquilizarme; ni siquiera yo lo lograba. Mamá se rascaba la cabeza; José Alfredo intentaba reparar el daño; Rubén le comentó algo al oído.

—Escuincla, vamos a relajarnos; señora López, síganme.

En fila india llegamos a una oficina. Nos sentamos, mamá tomó mi mano: tampoco servía. Escuché el sonido de un líquido que cae sobre hielos, era un vaso de vidrio. José Alfredo me pidió que bebiera, me dijo que era para relajarme. Yo me lo llevé a la boca, era color caramelo. En cuanto lo probé, me asqueé.

—¡Guácatelas! Qué horror —exclamé.

Los tres se percataron de que el coñac no iba a ser la respuesta para solucionar mi llanto. Decidimos aplazar la grabación para dentro de tres días. En este lapso me forré de valor y valentía para no repetir la escena. Si José Alfredo me había pedido el cien por ciento, yo estaba dispuesta a entregarle el ciento cincuenta. Al tercer día logré grabar las canciones sin contratiempos; cuando terminé, mi madre, mi padrino y el maestro me aplaudían desde la cabina de control.

—Me gusta, me gusta mucho —le decía Rubén a José Alfredo, éste último asentía con la cabeza. Los cuatro estábamos sentados escuchando el material recién grabado. Mi mamá se mordía el labio inferior discretamente; estaba intrigadísima —como yo— por la tecnología tan avanzada que utilizaban en RCA Víctor para captar la voz y la música.

En los siguientes días en la Ciudad de México asistimos a obras de teatro cómicas, de revista y muchos shows estilo cabaret, todos estos le fascinaban a José Alfredo. Sin embargo, vivir en la capital y ser compañeras diariamente del Rey significaba ver de frente sus problemas; abundaban en el mismo nivel que sus anécdotas divertidas. Sus conflictos eran generalmente de corte familiar. Sus exparejas, Mary y Julia (a quien le decían Paloma), vivían en guerra con José Alfredo. Constantemente lo buscaban para exigirle algo en relación con sus hijos.

Alguna vez íbamos sobre la avenida Insurgentes, la cual es muy grande y amplia. ¿Cuántas oportunidades hay de encontrarse, sin planearlo, con alguien en una gran ciudad? Muy pocas. Sin embargo, la probabilidad crece si ese alguien es una persona con la que no te quisieras cruzar.

Mary nos vio primero; sin medir las consecuencias y como en una película mexicana, se nos cerró; era imposible movernos.

José Alfredo detuvo el carro en seco y se bajó, se acercó hasta ella y los observamos alegar por muchos minutos. Dentro del carro, mi mamá y yo estábamos asustadísimas. No conocíamos esta faceta del Rey; para nosotras, él era sinónimo de fiesta, inspiración y alegría. Del otro lado del vidrio, de repente se volvió una persona mayor y muy fatigada. La escuchaba por unos minutos para después explotar en enojos. Mary tampoco mostraba mucha paciencia; podíamos escuchar que le recriminaba una vez tras otra.

Ya habían pasado muchos años desde que ellos dos divorciaran después de un matrimonio de once años. Antes de ella él había estado con Paloma (entre tres y cuatro años) y posteriormente con otras parejas; cuando llegamos a la Ciudad de México llevaba un año de haber concluido una pasión (como él la describía) con Irma Serrano, su "cariño".

Definitivamente, el problema con Mary ya no era romántico: era por los hijos de ambos. Este tipo de situaciones se repetían y, siempre al concluir, José Alfredo se quedaba sin energías ni chistes; a pesar de ello, él insistía en que no las tomáramos en cuenta y en que no permitiéramos que nos arruinaran el día.

Mis conversaciones con José Alfredo se estaban volviendo más prolongadas; ya no era un problema tener que estar a solas con él cuando mamá se bajaba del vehículo por algo o cuando teníamos que esperarla fuera de tiendas o sanitarios. Los dos éramos tímidos y silenciosos; eso nos gustaba mucho. Bastaba con una frase de él para que yo entendiera a lo que se refería, lo mismo sucedía cuando yo me expresaba.

Un día nos marcó a la casa de mis abuelos. Su voz denotaba entusiasmo y alegría.

—¡Escuincla, hoy es noche de debut y le toca al señor Manzanero!

Después me explicó que el cantante y compositor, Armando Manzanero, se presentaría en un lugar nuevo llamado Fórum. Mi padrino me dijo que no había manera de que yo faltara porque la prensa, los artistas y las demás personas del medio dignas de conocerse estarían ahí.

—Tienes que hacer acto de formal presencia. Dile a tu madre y pasaré por ustedes alrededor de las ocho.

Siempre le confirmábamos nuestra asistencia, así que le pedí que esperara en la línea mientras mamá contestaba como usualmente: "Sí". No obstante, esta situación fue diferente. Cuando la vi, detecté en sus ojos mucho cansancio. Me contestó entre bostezos: "No, hijita, yo paso. Vete tú con tu padrino". Dentro de mi estómago sentí un gran vuelco, aunque no dejé que se percibiera en mi rostro.

—Padrino, mi mamá no irá, pero yo aquí lo espero.

Se escuchó un leve silencio desde el lugar donde él se hallaba y después contestó:

—Está bien, escuincla. Ahí te veo.

Estaba nerviosísima, como nunca antes. ¿Qué sería esto, una especie de cita? Desde que llegué a México reconocíamos que existía un sentimiento entre los dos pero no estaba definido. Tragué saliva incontables veces pensando en cualquier episodio que se pudiera presentar aquella noche.

Mamá me ayudó a escoger mi atuendo, como siempre. Decidimos que un vestido oscuro que acentuaba mi figura era la mejor opción. Aquella prenda la usaba de vez en cuando durante mis años en la secundaria. Los chicos se burlaban de mí porque tenía una capa; me llamaban Batichica cuando lo vestía. De cualquier manera era un vestido muy bonito e iba con la ocasión.

Maquillé discretamente mi piel y pómulos, resalté mucho mis ojos con delineador y máscara negra, me agregué color en la boca y peiné mi cabello de lado para que la mayor parte de él cayera sólo sobre un hombro.

Faltando cinco minutos para las ocho, se escuchó el timbre. Mamá, la abuela y mi tío me despidieron desde la sala; José Alfredo Jiménez en la puerta no era novedad. Moví el picaporte y distinguí rápidamente su silueta en el umbral: las luces del interior de la casa iluminaron su rostro varonil, su cabello rubio, sus ojos azules y su bigote rojizo que solía oscurecer con el hueso quemado de un mamey. Me gustaba saber que ya conocía muchísimos secretos de uno de los grandes ídolos de México.

Fuegos artificiales

—Buenas noches, escuincla.

—Buenas noches, padrino.

—Vamos, acá dejé el carro.

Yo lo seguí por la acera; pensaba en mi vestimenta y mi maquillaje: si eran lo adecuado para aquella noche. Al parecer José Alfredo venía escuchando mis pensamientos porque, mientras abría la puerta, me dijo:

—Te ves muy bien; está curiosa tu capa; llama la atención y eso es bueno. Habrá mucha gente importante del medio.

Subí al carro e inmediatamente me sentí incómoda y fuera de lugar. Desde adelante todo se veía muy diferente, no conocía las proporciones y la nueva cercanía con el cantante hizo que me sentara rígidamente, con las manos casi adheridas a mi regazo. Mi espacio era en la parte trasera, no tan pegada a la ventana, a un palmo del costado de José Alfredo, con el poder sobre la radio y sus botones.

Él prendió el motor; nos dirigimos en silencio a Fórum. Durante el camino me comentó que ya se quería retirar, ya estaba cansado y anhelaba días de descanso en su natal Dolores Hidalgo. Me explicó cómo eran las calles, el clima, la cantidad de árboles; a mí se me antojó tan pintoresco lugar e inmediatamente recurrí a mi memoria basada en películas mexicanas para visualizar todo lo que el Rey me compartía.

Las luces rojizas del semáforo evidenciaban su intento por ocultar el verdadero color de su bigote: se le notaban unos manchones oscuros y con poca uniformidad que no se limitaban a cubrir su vello facial sino que se extendían sobre su piel. Mis cualidades de observación me permitían notar estas pequeñeces; él sintió mi mirada y me preguntó por la razón de tanto escudriñamiento.

—Se te ven unas manchas oscuras —le contesté.

Él sonrió aliviado de que aquel fuera el motivo y procedió a arreglárselo con ayuda de un espejo.

—Gracias, escuincla.

Llegamos al lugar y me ayudó a bajar del coche. Ya me había acostumbrado a toparme con fotógrafos en la entrada, conocidos de José Alfredo que lo saludaban efusivamente, y periodistas que le palmeaban la espalda con interés y alegría. Para mí guardaban una mirada especial: era la duda sobre mi futuro, las especulaciones y conjeturas que rodeaban a mi figura profesional, y la estrecha relación con uno de los más grandes cantantes.

El lugar estaba llenísimo; era muy difícil moverse entre la multitud sin perder de vista a José Alfredo. A ratos me sentía entre un laberinto de personas, sin embargo, la mano de mi padrino me jalaba fuera de los pasillos humanos y me acomodaba en un lugar seguro. Me percaté de que había una minúscula pista para bailar; ya varias parejas se encontraban moviéndose al son de la música.

Nunca he sabido a ciencia cierta qué pensó José Alfredo; yo me imagino que sentado frente a una pista de baile con una chiquilla de mi edad, sintió compasión por mis deseos naturales de danzar y me invitó a bailar. Supongo que tuvo que liberarse de la idea de que él ya no estaba para dichos trotes, pero que mi curioso vestido, mi rostro y mi peinado elaborado, gritaban a todo pulmón que quería bailar. Mi padrino estaba ahí para complacerme.

—Escuincla —me llamó de manera tierna y con un toque de nerviosismo—, ¿quieres bailar?

Yo, que estaba muy cómoda a su lado, contesté inmediatamente que sí sin saber por qué. Me levanté de mi asiento. Él tomó mi mano y el contacto fue completamente natural, cómo debía ser. Nuestras manos estaban destinadas a tomarse, a guiarse; conectados de esa manera me sentía completamente realizada. Encontramos un lugar vacío en la pista y nos preparamos para bailar. Al principio era una situación bochornosa: a pesar de que yo era una excelente bailarina (pertenecía a un club de danza folklórica) me preguntaba dónde acomodar mis manos o qué tanto moverme. ¿Qué intención tenía esta invitación? Decidí que todos los concursos a los que había ingresado, mis presentaciones en el escenario y los demás intentos de mis padres para que yo rompiera el cascarón y no fuera tímida, habían rendido frutos. Me dejé llevar por la música y por la mano de José Alfredo, quien no me soltaba por nada del mundo. Desde que él me había conocido y se había vuelto mi padrino, su protección había estado conmigo siempre. Él me hacía sentir feliz, inmensamente feliz, así que permití que este sentimiento marcara la pauta de mis pasos. De repente me percaté de que José Alfredo estaba más emocionado que yo… en la manera masculina.

—Escuincla, sentémonos.

El tono de su voz me demostró que se había dado cuenta de que yo lo había notado; se apenó muchísimo. Una vez más, no dudé en seguirlo.

—Bueno, ya bailamos y conste que yo no bailo, no soy oso —me comentó mientras regresábamos a nuestro asiento. Yo quería que me tragara la tierra, no entendía muy bien lo que acababa de suceder por mi edad; sin embargo, sabía perfectamente que fue una situación embarazosa para él. Después de todo nos habíamos acercado bastante y antes de eso nuestro máximo contacto había sido cuando me daba la mano para bajarme del carro.

Todo era nuevo para mí, estaba muy emocionada mirando a mi alrededor y observando a los personajes famosos. No hablaba mucho porque así siempre ha sido mi personalidad, mas por dentro saltaba debido a la alegría de encontrarme en el Fórum aquella noche. Continuamos saludando gente, felicitamos a Armando Manzanero cuando se acercó a la mesa para charlar; nos fotografiaron; comimos y bebimos refresco hasta que José Alfredo decidió que era hora de regresarme a casa.

Retornamos al coche, al lugar que no sentía mío, al silencio (ahora muy incómodo) y a los semáforos que evidenciaban la magia del hueso quemado de mamey. José Alfredo hablaba de vez en cuando para compartirme consejos o trivialidades. Yo sentía que algo se aproximaba.

Se estacionó en el mismo lugar que cuando me había recogido de casa de mis abuelos; apagó el motor y las luces, suspiró lentamente y se puso cómodo en su lugar.

Dejó caer su mano derecha hasta que tocó levemente mi costado; yo sentí que mi corazón palpitaba estrepitosamente: ¡no sabía qué hacer! Él se aproximó más a mi lado, con la vista clavada en mi rostro. Yo giré sobre mi lugar y me asombré de lo cerca que nos encontrábamos; podía apreciar la profundidad de sus ojos azules, las tenues arrugas alrededor de los mismos, su bigote rojizo mal pintado y los dobleces de sus labios.

José Alfredo elevó su mano y con sus dedos me acomodó tiernamente unos mechones tras la oreja; después se inclinó lentamente hasta alcanzar mi boca. En ese momento, mi mundo estalló en serpentinas multicolores, luces vibrantes y fulgurantes, estrellas gigantescas, fuegos artificiales que no terminaban de inundar el cielo detrás de mis párpados cerrados. En mi interior, mis sentidos se descontrolaban y aprendían frenéticamente del amor que José Alfredo imprimía con sus labios. Sin saber dónde acomodar mis manos, que ya no encontraban sitio en mi regazo, yo también toqué su rostro y su cuello. Fue mágico, espontáneo, perfecto y surrealista. Fue el mejor primer beso con el que alguna vez pude haber soñado. Mi deseo más esperado se volvía realidad y el cielo otoñal de la Ciudad de México era mi testigo. ¡Qué bella brilla la luna cuando se respira amor!

Sucedió por lo que tanto había rogado. José Alfredo Jiménez me había visto como una mujer, percibió mi esencia femenina, mi belleza latente, los indicios de mi sensualidad. Ante sus ojos no era más la niña que conoció en la parte trasera de una pantalla de cine; era ahora una fémina con porte y encanto.

Podía darme cuenta por la manera en que sus ojos se habían anclado a los míos, por la calidez de sus manos cuando me atrajo hacia él, por la pasión con la que me había besado y por la manera en la que no había dudado en entregarse a mí mediante un beso.

Cuando nos separamos, me dirigió una sonrisa atractiva. Después me encaró totalmente y comenzó a hablar:

—Mira, escuincla, yo tengo mucha fe en que tú vas a ser la figura grande de México, la estrella, y yo no me equivoco; lo vas a ser porque lo digo yo, y yo soy José Alfredo Jiménez, yo no soy Perico de los palotes. Sin embargo, yo no quiero que tú pienses que me estoy cobrando mis favores, por eso aunque tú quieras algo conmigo o no lo quieras, insisto, te haré la figura más grande de México: ¡yo no te voy a fallar! Ahora que, si tú no quieres nada conmigo, lo entiendo, escuincla, pero necesito que me lo digas.

Permanecí en silencio, estuve callada como si aquel mentado ratón del pasado al que tanto se refería José Alfredo se hubiera hecho presente para robar mi voz. La verdad es que fue la pena la que cortó mi habla. Él me miró con benevolencia y ternura; se acercó una vez más para besarme. No necesitamos palabras, estaba dicho de una manera que sólo él y yo entendíamos. Desde ese momento en adelante ése sería mi lugar y, como su novia, me sentaría más cercana a él que a la puerta.

Me acompañó a la casa entre los leves resplandores de las estrellas que juntos habíamos creado. Entré sintiéndome sobre un cúmulo de nubes esponjosas: mi corazón aún palpitaba con fuerza, motivado por la alegría y la sorpresa de tan romántica muestra de amor.

Una luz artificial y potente entre la oscuridad propia de la noche, me asustó y me tumbó de mi imaginario pedestal.

—¿Alicia? —escuché la voz de mi madre.

—Hola, mamá —contesté—, buenas noches.

—¿Qué tal te la has pasado?, ¿te divertiste? —se levantó del sillón donde me había estado esperando entre sueños y se acercó a mí.

—Muy bien —contesté; vi que sus cejas se elevaban para después arrugarse sobre el ceño.

—¿Qué tienes alrededor de la boca, Alicia?

Mi cerebro se puso en marcha: primero para identificar a qué se refería mamá; y segundo, para contestar. ¡El truco del hueso de mamey! Seguramente tenía los bigotes negros de José Alfredo marcados en mi rostro. Instantáneamente me llevé las manos a la boca y me tallé.

—Creo que... ¡ah, ya sé, es máscara para pestañas, mamá! Venía tallándome los ojos en el carro debido al sueño y seguro después toqué mi boca. ¿Todavía lo tengo?

—Sí, Alicia, todavía —ella seguía mirándome atentamente.

¿Se habría creído lo que le acababa de decir? Nunca lo supe.

—Buenas noches, mamá. Me voy a desmaquillar. Nos vemos mañana, descansa.

Ni siquiera le quise dar un beso de buenas noches por temor a que oliera el aroma de José Alfredo. ¡Qué tontería acababa de decir! ¿Máscara?, ¿no se me pudo haber ocurrido algo mejor? Me encerré en el baño; los ojos se me abrieron de la sorpresa. Efectivamente alrededor de mis labios había una gran mancha grisácea. Pasados unos segundos me reí en silencio, las nubes se acomodaron bajo mis pies y me elevaron. ¡Había tenido mi primer beso!

Mi madre, que siempre ha sido una mujer muy sabia y cautelosa, entendió perfectamente lo que había sucedido la noche del debut de Armando Manzanero. No se inquietó ni me regañó. Ella entendía que yo era ya una mujer de dieciocho años y me trató como tal. Poco a poco nos fue cediendo más tiempo a solas, era más frecuente que no se presentara a los eventos a los que antes íbamos juntas. Yo me sentaba entonces más cerca de José Alfredo; él pasaba su brazo sobre mis hombros y yo veía en el horizonte de la calle las famosas luces artificiales.

Un día mi madre me confesó que pronto se regresaría a nuestra casa en Oxnard:

—Hija, tienes que recordar que yo también tengo una vida allá; allá están tus hermanitas y aunque tu papá sea muy capaz, me necesita. Yo te veo realizada aquí y te noto lo suficientemente responsable para quedarte por tu cuenta.

Se me apachurró un poco el corazón cuando me dijo esto; yo lo entendía, las madres no siempre pueden —ni deben— estar ahí para sus hijos. Mi mamá me había demostrado ya de mil maneras que me amaba tan profunda y desinteresadamente que fue capaz de sacrificar tiempo valioso de su vida con tal de estar a mi lado, de guiarme con certeza en un camino que ambas desconocíamos, y de impulsarme hasta una costa que ella percibía como fructífera para mí: mamá había luchado por que se formara en mí un carácter y una actitud positiva ante la vida. Todavía tenía mucho que aprender de ella pero, mientras tanto, los valores y directrices que me había contagiado eran suficientes para continuar por la vereda que habíamos escogido.

Planeó su viaje de regreso para unas semanas después; yo escuchaba el tic tac del temporizador que marcaba el momento donde estaría sola en la Ciudad de México. No tenía miedo; sentía el apoyo de José Alfredo más fuerte que nunca.

A partir del primer beso, las cosas se aceleraron vertiginosamente entre los dos. Me gustaba tomar la manaza que le sobraba al manejar el automóvil o abrazarlo en cualquier oportunidad que estuviéramos solos; me gustaba mucho, me encantaba, me fascinaba. Yo sabía que era bien correspondida.

—Ah, escuincla, me traes como quinceañero —me decía José Alfredo cuando nos apasionábamos en el carro. Los vidrios escurrían debido a la combinación de nuestras respiraciones. Yo me reía con la timidez que me caracterizaba y esto hacía que él me besara aún más. Era diferente a sus otras parejas, él lo sabía muy bien. Yo era una chiquilla, como él mismo lo mencionaba. Me estaba volviendo mujer entre sus brazos.

Era una novia muy dócil, muy maleable, muy inocente. Recuerdo que en la primera semana que estuve en la Ciudad de México, mi mamá y yo entramos al camerino del lugar donde él tenía una gira musical. El Rey estaba muy abrazadito con una vedette guapísima, jalisciense, de ojos grandes; la llamaban Bambi. En cuanto él nos vio, la soltó y nos dijo nerviosamente que era el cumpleaños de ella. Yo, tan ingenua, también la abracé con mucho gusto. Tiempo después me enteré de que no festejaban ningún aniversario.

Yo todo lo estaba aprendiendo. En realidad, no tenía ningún punto de comparación; no podía basarme en pláticas que había tenido en la escuela secundaria o en programas televisivos. Por más romántica e ingenua que mi historia pudiera sonar, era mía, totalmente mía; no tenía un manual con procedimientos ni señales. José Alfredo y yo nos estábamos conociendo.

Él tenía un tic muy fuerte que se mostraba cuando estaba nervioso. Yo creía que sólo le sucedía antes de subir al escenario, durante reuniones donde no entendía el idioma o en carreteras. No obstante, su tic se activaba e intensificaba cuando nos besábamos. Esto lo descubrí desde nuestro primer beso; ocasionalmente le continuaba sucediendo después, ya que éramos novios. Él comenzaba a aprenderse de memoria mis vicios y mis manías; de qué forma acomodaba mi cabello interminablemente cuando estaba impaciente. Sobre todo, nos estábamos conociendo:

—A ver, escuincla, cuéntame de tu vida de niña, tu infancia.

—Me acuerdo de una casita muy chiquitita. Le pertenecía a mi nana; ella era dueña de casi una cuadra completa, en esta cuadra estaba esa casita que sólo tenía un cuarto. Ahí se ubicaba mi cuna, ahí dormía de bebé. Y después, cuando mi hermano nació me cambiaron de cama, me acomodaron en el sillón de la sala.

—¿Y te gustaba?

—¡Uh! Que sí no… me encantaba porque tenía la televisión para mí sola por las noches y me desvelaba viendo películas sin sonido. También, sobre esa época cuando era bebé, sé que memoricé un libro de poemas infantiles; mi mamá sólo me enseñaba la imagen y yo recitaba los versos. Sus amigas estaban admiradas con mi memoria y ella presumía que yo no chistara para cantar o decir poemas. Era una niña muy tierna, me pedían seguido para ser damita en las bodas de amigos y familiares. Lo hacía muy bien, eh.

—Ja ja ja, pinche escuincla, cuéntame más.

—Mi hermana Amanda tenía asma, ¿sabías? Los pobres de mis papás siempre andaban corriendo a emergencias con ella; desde que nació, cuando yo tenía seis, tenía que ayudar a mi mamá porque ya tres hijos son mucho trabajo. Mi hermano Angelo y yo siempre nos peleábamos por la atención de Amanda; a veces me prefería a mí y de la nada, la condenadita, se me volteaba y se iba con el enemigo —reí mientras le contaba—. ¡Se iba con el enemigo! Ja ja ja, cómo nos divertíamos juntos. ¿Tú tienes más hermanos aparte de Conchita?

—Sí, Juan y Lola, viven en Dolores Hidalgo, gozan del buen clima y comida de nuestro pueblo… pero tú sígueme platicando.

—Mi escuela, Oxnard High School, tiene alberca. No hubo verano que no fuéramos casi diariamente a nadar, ¡ayudaba tanto para contrarrestar el calor! También íbamos mucho al cine los domingos. Yo prefería ir al cine mexicano, le decían la Pulga; a mi hermano le molestaba que yo fuera ahí. Entonces mi papá me defendía, me motivaba a seguir yendo. Mi papá siempre nos enseñó el camino de la rectitud, la formalidad, los buenos modales y los valores propios de la gente decente de la gran ciudad: "Hija, si tú tienes modales, puedes cenar con reyes", siempre me decía.

—Vaya que no mentía —dijo el Rey; reí con él.

—Mamá es diferente porque mi nana es de Sinaloa —proseguí—, son más aguerridas. Mi padre siempre nos llevaba a misa y mi madre no podía ir porque estaba ayudando en el restaurante; ella siempre ha sido trabajadora, mi papá la conoció cuando ella trabajaba vendiendo boletos en la taquilla del cine, ja ja ja.

—Y si tu papá es chilango, ¿qué hacía por California? —me preguntó, curioso.

—Bueno, es que papá estaba por graduarse de Contaduría. Trabajaba en el Palacio de Gobierno del Zócalo y le iba bien, tanto que decidió ir a conocer Estados Unidos; le gustó tanto que se quedó. A mis abuelitos paternos no les agradó la noticia, pero no había nada que pudieran hacer. Después convirtió a sus padres en abuelos y, cuando yo tenía como ocho o nueve años, mis papás se casaron en un templo que hoy no existe porque se incendió; ahora es una clínica.

José Alfredo continuaba escuchándome con atención.

—¿Siempre quisiste ser cantante, escuincla?

Reflexioné mi respuesta y solté una risotada.

—No, claro que no. De pequeña iba a la escuela y, después, a una iglesia que estaba enfrente. Recuerdo que tenía como siete años y las monjas me inspiraban, ja ja ja. ¡Estaba decidida a convertirme en una de ellas! Ya después cuando cumplí once me pidieron que apoyara en el restaurante de la abuela, con eso todo cambió. Luego, como a los quince, me volví muy penosa, callada y un poco antisocial. Fue ya en el último año de prepa que se me quitó, en parte por una muy buena amiga llamada Gloria, que era lo contrario a mí: extrovertida y carismática. Mi mejor amiga se llama Martha Bustos, la extraño un poco. Gracias a Dios que mis padres me hicieron romper el huevo. Imagínate, en menos de un año me convertí en presidenta de clubs y parte del gobierno dentro de la escuela; gané como reina de las fiestas Patrias de Oxnard, primera princesa Señorita México Los Ángeles, y Reina del Blanco y Negro en Santa Bárbara.

—No sé de qué me hablas.

—Gané muchos certámenes y concursos, pues. Incluso con mi grupo de ballet folklórico nos presentamos en programas televisivos y pasarelas, ja ja ja, mi mamá era la encargada de conseguirnos estos compromisos; era algo así como nuestra asistente de relaciones públicas.

—¿Tu mamá es tu mejor amiga, verdad?

—Y confidente —aclaré orgullosa. Pensé en ella, tan guapa con su pequeña cintura y su cabello abundante acomodado en una cola de caballo alta; mi padre era, a mis ojos, el hombre más guapo y musculoso sobre el mundo.

—Sigue platicándome —me pidió José Alfredo cuando se dio cuenta de que yo había callado para sumirme en mis recuerdos.

—No por nada, pero nuestro restaurante (el de mi nana) era el mejor lugar para comer comida mexicana en Oxnard. Tiene lógica, ella es sinaloense y en su establecimiento se vivían sus costumbres, se escuchaba su música. ¡Qué sabrosa comida! Regresando al tema de Las Adelitas, mi mamá nos cosía la ropa, lo hace muy bien. Nos llevaba a todas partes, ahí íbamos todas en el carro entre risas y el gozo de bailar.

José Alfredo reía con mis vivencias; yo me divertía mucho con esta dinámica de conocimiento, este compartir constante y la comodidad de mostrarnos tal cual éramos. Creo que fuimos lo bastante obvios porque él me comentaba sobre personas que le preguntaban acerca de nosotros.

—¿Y tú qué les dices? —le cuestionaba yo.

—Pues, escuincla, ¿qué quieres que les diga? Ya nadie te cree cuando me llamas padrino, ya dime José Alfredo; es muy evidente lo que existe entre tú y yo.

Me recostaba en su hombro y sonreía como en sueños. ¡Claro que ya nadie nos creía! Ambos nos desvivíamos por complacer al otro y no lo ocultábamos.

Cuando mi relación romántica con José Alfredo comenzó, él estaba de gira en el teatro Blanquita con Lucha Villa, una gran amiga suya. Siempre me sentí atraída por su porte, su elegancia, su inalcanzable muestra de orgullo mexicano. Me entretenía observando sus magníficos vestidos, sus peinados elaborados (que sospecho que le molestaban después de un largo rato) y sus sombreros tradicionales. De vez en cuando se acercaba hasta nosotros en los pasillos del recinto y nos dedicaba una sonrisa coqueta y perspicaz.

—Mira nada más, aquí está la "guardería Jiménez".

José Alfredo soltaba una carcajada, yo emitía una sonrisa nerviosa.

—¿Qué harás después de la presentación? —cuestionó él—, ¿alguna fiesta en mente?

—Claro, ¿quieres ir?

Antes de que él pudiera contestar, ella añadió:

—Sólo que no venden malteadas eh, puro whisky.

José Alfredo ya no rio tan fuerte. Él era un hombre que inspiraba respeto a donde quiera que fuera; con una sonrisa bastó para que ella entendiera que debía parar. Eran buenos amigos y por lo mismo se entendían con miradas. En cualquier otro día Lucha podía continuar con las bromas; por hoy se tenía que detener.

—No me gustan los chistes sobre el licor, después de lo que me sucedió casi al aire, no quiero probar ni el rompope.

La embolia que el Rey había sufrido tuvo lugar en Guanajuato durante un programa de televisión; no lo tomaba como juego.

Otro de los aspectos que me gustaba sobre ser la novia de un hombre como José Alfredo era que se imponía: él sabía cómo dominar y mantener las cosas bajo control. Sus expresiones toscas y burdas eran herramientas excelentes cuando quería demostrar sus sentimientos. Aquellos que lo conocían de mucho tiempo, no necesitaban ni mirarlo para descifrar sus suspiros o chasquidos. Era un hombre que se merecía tal respeto; había trabajado con mucho empeño desde muy joven para alcanzar sus metas. Había tocado puertas hasta lograr consolidarse como uno de los máximos exponentes de la música ranchera mexicana. Me gustaba cuando me contaba las anécdotas sobre su camino hasta el éxito.

—Una vez esperé a Miguel Aceves Mejía, ahí afuerita de la XEW. Caminé hacia él, recurría a él porque me gustaba su voz y su talento, aparte intuía que me podía ayudar. Ya a media calle, frente a la estación de radio, le dije: "Señor Mejía, soy compositor y me gustaría que escuchara mis canciones". ¡Claro que era compositor! Sólo que para sobrevivir tenía que ser mesero. El señor Aceves, que era muy soberbio (qué lástima, la verdad), me contestó de una manera muy tajante y grosera: "Yo no grabo canciones de desconocidos". Eso fue lo que me dijo. Después se fue y me dejó ahí, a media calle. ¡Uh, cómo me sentí! Ya desde los cinco años que componía allá en mi Dolores Hidalgo me consideraban la oveja negra de la familia, simplemente porque no quería estudiar. Me divertía cambiándole la letra a las canciones de Gabilondo Soler, Cri-Cri.

—¿Tan pequeño ya componías?

—Claro, escuincla. A los siete compuse "El jinete" y así tal cual es la canción grabada.

—¿Y entonces qué pasó con Miguel? —pregunté llena de curiosidad.

—Entonces continué tocando puertas hasta que Andrés Huesca y sus Costeños accedieron a grabar "Yo"... Yo, yo que tanto lloré por tus besos, yo, yo que siempre te amé sin medida, hoy sólo puedo brindarte desprecios, yo, yo que tanto te quise en la vida...

Me encantaba la voz del Rey; soltó una risotada para proseguir con su relato:

—Después me enteré de que el señor Miguel Aceves Mejía, el que no grababa para desconocidos, andaba preguntando en los pasillos de RCA Víctor que quién era el compositor de esa canción, ¿lo crees? ¡Pues claro, si no, no estaríamos aquí! Exigió conocerme, me dejó en media calle y ahora me tenía en medio estudio, ja ja ja. Miguel interpretó "Ella", ¿la conoces?

—¡Pero por supuesto!

Los dos entonamos esa canción tan emblemática de la música ranchera: "Me cansé de rogarle, me cansé de decirle que yo sin ella de pena muero".

—Pues Miguel la grabó y después empezó a decir que fue él quien me había descubierto, que él fue mi padrino. Eso no es cierto. A mí me apadrinó el pueblo con su aprobación y cariño, ja ja ja. ¡Ah, escuincla, cómo es la vida! Después María Félix estaba diciendo que yo le escribí la canción de "Ella" a ella.

—¿Y no es así?

—No, escuincla. Algún día la verás...

José Alfredo tenía razón cuando se refería a la vida como un viaje estrepitoso y sin caminos o carreteras, nunca se sabe qué hay en la próxima curva.

Una noche, mientras salíamos del teatro Blanquita, nos topamos con un grupo de fans. El Rey rápidamente se dirigió a sonreír, apretar manos y repartir autógrafos; yo seguí su ejemplo con mucha alegría. De improviso José Alfredo me tocó el hombro y señaló con su rostro a una mujer modesta y de poca estatura que salía de entre la multitud. Iba con un señor (quien parecía su esposo) y un niño.

—Mira, escuincla, esa señora se llama Cristina, ella es "ella".

Sonreí pasmada; "no todas las personas saben inspirar al artista", recordé lo que me escribió en la primera carta.

Nuestra rutina diaria consistía en ir a trabajar, estar en las instalaciones de RCA Víctor y acudir a conciertos y presentaciones. Un día, caminando por el pasillo con los señores Guillermo Infante, Constantino Escobar y algún otro ejecutivo, pasamos frente a una oficina que estaban usando como "clóset". Estaba llena de morrales para la promoción de "El morral, la yunta y el sombrero" de quien entonces se hacía llamar Guadalupe Trigo, aunque su verdadero nombre era Alfonso Ontiveros. Estos artículos promocionales se repartían en el famoso Mercado de Discos; era una guerra entre las disqueras para ganarse el aprecio de los compradores. En cuanto José Alfredo observó la tremenda cantidad de morrales les dijo a los ejecutivos:

—Ahí están gastando miles de pesos en alguien que no les va a dar ni un quinto… teniendo a un Juan Gabriel; ése sí les va a dar, ¡denle tiempo!

El emblemático Juan Gabriel, el divo de Juárez, estaba apenas empezando a sonar con "No tengo dinero". Tiempo después compartiríamos el escenario con él. En ese otoño de 1968 se estaba preparando para dejar a RCA Víctor con la boca abierta.

En los días gloriosos, cuando José Alfredo y yo teníamos tiempo para estar solos, nos gustaba ir al Desierto de los Leones. En este bello bosque caminábamos agarrados de la mano y nos besábamos sin tapujo. Habíamos descubierto un lugar excelente para comer mole y lo disfrutábamos como niños pequeños. Jugábamos a ver quién lograba terminar con el platillo sin ensuciarse; siempre acabábamos por manchar al que estuviera ganando. Nos divertíamos de lo lindo viendo las nubes, cantando juntos, coleccionando momentos nuestros y de nadie más.

No sabía que mi corazón fuera capaz de sentir tanto amor, ternura y deseo al mismo tiempo. No sé si fue el factor de la edad lo que me provocaba tales sentimientos o simplemente la belleza y novedad del primer amor, del amor de la vida.

Uno de esos días fantásticos en el Desierto de los Leones, José Alfredo me miró con mucha profundidad y pasión; jugó con mi cabello mientras las comisuras de sus labios se estiraban hasta deformar su bigote rojizo.

—Oye, escuincla —me dijo casi en un carrasposo susurro—, ¿quieres ir a un lugar donde estemos solos?

Un escalofrío me recorrió la espalda. ¿Ya sería el día?

La visita a Indios Verdes

La sangre se me heló, me quedé congelada, casi casi petrificada; no podía hablar ni moverme, ni siquiera dirigirle una de mis típicas sonrisas de ingenuidad y desconocimiento. Era cierto que me moría de ganas por estar en un lugar donde sólo él y yo existiéramos; al mismo tiempo me provocaba el más grande miedo. ¿Qué tenía que hacer?, ¿cómo me iba a comportar?

—¿Un lugar donde sólo estemos tú y yo? —repetí su pregunta, la mastiqué en mi boca hasta que los nervios disminuyeron paulatinamente.

—Sí, escuincla —afirmó él, todavía jugando con los mechones de mi cabello.

—Sí, está bien.

Cuando subí al coche, sentía que mi cuerpo mandaba miles de mensajes; decían: "Ayúdame", "No sé qué hacer", "Estoy nerviosa". José Alfredo era muchos años mayor que yo, claramente no se iba a andar con rodeos ni con pudores infantiles. Debía tranquilizarme. Él me jaló hasta su costado y me abrazó con ternura; besó mis cachetes, mi frente y mis labios mientras manejaba. Canturreaba melodías alegres, estaba muy feliz. Yo me contagié del mismo espíritu y olvidé las preguntas tontas que antes me habían acosado; después de todo el amor no es sobre experiencias ni formas, es la manera y el fondo lo que verdaderamente importan.

José Alfredo estacionó el coche y, para mi gigantesca sorpresa, descubrí que nos hallábamos en una zona de la ciudad llamada Indios Verdes. No era un lugar privado, ni exclusivo, ni único para los dos. En esta área también nos gustaba comer y asumí que era por eso que José Alfredo me había llevado hasta ahí.

Dejamos que nuestras manos se escurrieran, que nuestras bocas tomaran el control y que la pasión se adueñara del tiempo que nos envolvía. Una vez más, los vidrios se empañaban trémulos y sin ninguna defensa; el vaho nos proporcionaba intimidad y seguridad. Yo me sentía en las nubes cada vez que José Alfredo besaba mi cuello o que me susurraba frases de amor al oído.

De repente, algo golpeteó el vidrio del lado del conductor. Me sobresalté y me recorrí hasta la puerta; él se enderezó con mayor tranquilidad y se acomodó el cabello. Bajó la ventana; desde afuera un guardia de seguridad nos miraba. El pobre debió de haberse asustado más que yo porque dijo al momento de reconocerlo:

—¡Señor Jiménez! Disculpe usted, perdón que lo haya molestado… qué pena, perdón… que tengan buena tarde.

Todos lo conocían, todos sabían quién era. El cuidador del parque se retiró a alta velocidad; José Alfredo subió la ventana dejando en el vidrio ríos húmedos, prueba de la pasión. Comencé a reír con fuerza y él se encogió de hombros. Si hubiéramos sido cualquier otra pareja, el guardia de seguridad no nos hubiera permitido continuar nuestra sesión de amor.

Cuando llegaba con mamá después de estas citas y escapes, ella se limitaba a mirarme y sonreír. "Ya estás encarrilada, hija", "Qué bonito se te ve este color", "Vas a ser una estrella grande". Ella no dejaba de motivar e impulsar mi carrera, aunque fuera con frases y pensamientos. Estaba orgullosa de mí; a la vez, yo notaba su ahínco y su necesidad de marchar. Hablaba por teléfono con papá para colgar abatida; su casa la requería.

Pasaron alrededor de cinco días desde el suceso en el parque de los Indios Verdes. José Alfredo y yo habíamos logrado escaparnos otra vez para comer un bocadillo y continuar enamorándonos.

—Escuincla, quiero ir a un lugar donde podamos estar solos, ¿tú quieres ir?

Esperando ir una vez más al parque de la vez pasada, contesté que sí. Motor encendido, carro en marcha, su mano sobre mi mano, la radio prendida y los dos canturreando una canción: qué bonito era lo bonito.

Sin embargo, no nos dirigimos al mismo lugar; José Alfredo condujo un rato más. Llegamos a una construcción grande; no tardé ni un segundo en leer el letrero: Hotel Santa Fe. Entonces esta vez sí era real, esta vez sucedería, ésta era mi primera vez. ¡Me puse nerviosa! Me llené de sentimientos encontrados.

Entramos con el carro a una cochera y tras de nosotros cayó la cortina que dotaba de privacidad al espacio. Los dos nos bajamos: seguramente él repleto de una gran felicidad y entusiasmo; yo, por el contrario, pletórica de dudas, una extraña especie de miedo y vergüenza.

—Ve subiendo, escuincla —me dijo mientras señalaba unas escaleras en el fondo—; yo pediré algo de tomar.

Intenté poner mi mente en blanco, pero era imposible; subí a la primera planta. La distribución del lugar, su escueta decoración, me hizo sentir peor. La cama estaba justo en el centro… y nada más. No había una sala, un comedor, ningún otro elemento que disimulara lo que iba a suceder. ¿Debería de estar aquí?, era la pregunta que martillaba mi cabeza. Me senté en la orilla de la cama; sentí que todos mis paradigmas, mis enseñanzas, todo lo que me habían mostrado sobre el comportamiento, ¡mi moral!, todo estaba cayendo al suelo frente a mis pies.

Comencé a llorar; lo único que se me ocurrió hacer fue rezar; recé frenéticamente y sin pensar un padrenuestro. A cada línea que susurraba le seguía una lágrima. Estaba verdaderamente contrariada y no sabía cómo solucionar el conflicto interno que me estaba torturando.

La solución fue más sencilla de lo que creí: escuché por las escaleras a José Alfredo, entonces terminé con los rezos, me sequé las lágrimas y me senté con compostura. Al ver su rostro, sus ojos y su sonrisa, me convencí de que ésta era la mejor decisión, la única. Estábamos completamente enamorados; teníamos que vivir nuestro sentimiento y amarnos de mil maneras.

Me di cuenta de que él estaba tan nervioso como yo: su corazón latía frenéticamente al cien por hora. Se abalanzó sobre mí y lo pude sentir. Buscó mis labios para besarme y yo le correspondí, no obstante, un pensamiento cruzó mi mente. El vestido que traía puesto estaba hecho de una tela muy delicada. Generalmente después de estar sentada se arrugaba en la parte trasera, en el torso, pero nunca en la zona del busto al vientre. Si llegaba con mi vestido tan arrugado, mi mamá —ahora sí— diría algo.

—José Alfredo, espera, creo que me arrugas el vestido.

Se detuvo y se incorporó:

—Claro, escuincla, ponte cómoda.

Recordé una película mexicana que alguna vez vi en el cine: la protagonista, que está en un encuentro romántico, decide ir al baño para desnudarse completamente y luego se envuelve en una toalla. Se presenta ante su amante y deja caer el único manto de su desnudez, al pie de la cama.

Intentaría hacer lo mismo que ella. En el baño me quité con sumo cuidado mi lindo vestido verde con blanco; lo doblé lo mejor que pude para no arrugarlo y me envolví en una toalla. Me miré en el espejo y acomodé mi cabello sobre los hombros; aproveché la abundancia y longitud para lucir más seductora y atractiva. Tomé el picaporte, respiré hondo y abrí la puerta.

Él estaba recostado completamente sobre la cama y con la mirada clavada en el techo; cuando me vio salir, se acomodó sobre la parte trasera de sus antebrazos y emitió una sonrisa de fascinación. Caminé hasta los pies de la cama, una mano temblorosa sostenía a la toalla. ¡Ni de broma iba a hacerlo, no podía dejarla caer! Me acobardé en el último segundo y mejor me metí bajo las sábanas de la cama con todo y mi manto.

Fue la entrega más tierna, paciente y hermosa. Él fue comprensivo y nunca me forzó ni me hizo sentir expuesta o fuera de lugar. De su mano aprendí tantas cosas románticas y bellas. En todos los segundos me sentí amada y apreciada: cuando me besaba, cuando me decía frases sinceras, cuando hundía su rostro en mi cabello.

A pesar de los cariños y la delicadeza, era mi primera vez y me dolió mucho. Pasados unos minutos, él notó que yo sufría y me dijo:

—Escuincla, el amor nunca debe ser dolor.

Se detuvo. Nos volvimos a vestir al mismo tiempo que compartíamos caricias y apapachos. Cuando salimos del Hotel Santa Fe me sentía completamente diferente: sabía que brillaba, que mi mirada había cambiado, que era otra. Era un 3 de diciembre de 1968; me sentía peculiarmente poderosa. José Alfredo era mío y yo era de él.

Como parte de mi muestra de poder e independencia, decidí no ponerme el brasier. Lo traía doblado sobre el brazo bajo el abrigo que traía puesto. Este detalle íntimo y personal me empoderaba aun más. ¡Me sentía muy fregona!

Nos dirigimos al teatro Blanquita sin saber lo que nos esperaba; la primera en recibirnos fue mi mamá, a mí se me cayó la cara de la vergüenza: me conocía tan bien que seguramente se había dado cuenta... ¡y yo que traía el brasier cargado en el brazo!

—¡Hola, hija! —me saludó efusiva.

Yo la interrumpí con una frase atropellada y cargada de nerviosismo:

—Hola, mamá. Voy al baño, ya no aguanto —subí corriendo a vestirme adecuadamente y cerciorarme de que no presentaba ninguna otra evidencia de lo que acababa de suceder.

Cuando bajé nuevamente, me enteré de la conmoción que se estaba viviendo en el teatro: la dueña del mismo, la señora Vallejo (a la cual le interesaban en demasía los asuntos personales de José Alfredo) estaba discutiendo con las exparejas de José Alfredo —Paloma y Mary—, quienes se habían presentado en el lugar porque la señora Vallejo le había llamado a la segunda. Decían que Mary había sacado una pistola y que la dueña del recinto y Paloma estaban muy sobresaltadas. La policía había llegado y se había armado un gran alboroto.

Al parecer cuando vieron que Mary tenía una pistola, le llamaron a Paloma para que solucionara el conflicto pero esto sólo complicó más la situación y molestó a José Alfredo.

—¿Para qué la llamaron?, ¿quién la llamó? Paloma no debería estar aquí, ella hace años que resolvió sus asuntos. Hace décadas que no tengo nada que ver con esa señora. La que está loca es Mary pero, ¿qué hace Paloma aquí? Este problema es con los empresarios.

Me llegaban sus gritos encolerizados a través de las paredes. Yo no quise investigar más, no era curiosa ni entrometida. Mi mamá y yo estábamos resguardadas en el camerino por indicaciones de él; José Alfredo llegó después, con la capa caída y los ojos con lágrimas; nos pidió que nos retiráramos:

—Señora, escuincla: perdón, me apena bastante que tengan que ver todo esto; ustedes no son parte del problema ni quiero que lo sean así que les pediré que se retiren. Yo las buscaré luego. Tomen un taxi.

Pasado un silencio, se dirigió a mí:

—Escuincla, yo no entiendo por qué me hacen esto, si yo fuera cualquier otra persona me dejarían en paz…

Ambas afirmamos con nuestras cabezas; la situación era muy violenta y, al parecer, infundada. Mi mamá y yo nos despedimos y nos marchamos. Yo estaba nerviosa por la situación: estaba por conocer a fondo el medio artístico. La señora Vallejo era esposa de don Guillermo Vallejo, dueño de la caravana Corona y del teatro Blanquita. Su esposa también se involucraba en la organización y administración; había adquirido, del medio, la prepotencia, arrogancia y falsa superioridad que describía a varios de los artistas. Yo venía de un medio completamente diferente; las personas a mi alrededor siempre fueron nobles y sencillas. No existían sujetos que creyeran que valían más, no había soberbia. Sin embargo, de mis primeras lecciones en la Ciudad de México fue que el desprecio también es silencioso, pues muchas veces lo sentí sin necesidad de palabras. Lo notaba en las miradas, los desplantes, los ademanes de algunos personajes hacia mí. Lo hacían de esta manera para que el Rey no saliera a mi rescate. Yo lo ignoraba todo.

En Oxnard la grosería más grande que recibí no fue ni un diez por ciento de la que viví en México. Fue precisamente cuando conocí a Lucha Villa; ella y José Alfredo se presentaban en un auditorio nuevo y moderno perteneciente a una familia que también poseía un supermercado. Eran las personas más presumidas de mi ciudad. Cuando mamá y yo quisimos entrar, nos negaron el acceso. No nos creyeron que habíamos llegado con José Alfredo. Posteriormente él se enteró y se enojó muchísimo. Yo no comprendí la gravedad del asunto, únicamente sentía negatividad por parte de los cuidadores de la puerta.

Cuando me presentaron a la señora Vallejo, descubrí en cuestión de segundos su hipocresía y falsedad. Estábamos en su casa, íbamos de salida cuando ella me tomó por el brazo y con una mueca simulando felicidad en el rostro, me dijo:

—¿Te doy un consejo? A todo lo que te diga José Alfredo, no le hagas caso y ya verás cómo eres muy feliz.

Yo me sentí confundida; no sabía qué significaba aquello. Hice oídos sordos y le sonreí. Supuse que eran muestras de envidia porque en mí se notaba a leguas la felicidad de compartir parte de mi vida con José Alfredo. Al conocer el medio artístico, creció en mí una infinita gratitud hacia mi familia, mis raíces y mis principios; me enseñaron el armonioso funcionamiento del mundo, la sencillez, la belleza de contar con lo suficiente. Agradezco a mis padres por su amabilidad, sinceridad y decencia; doy gracias a Dios por mi pueblo que nunca me ha faltado ni dejado de apoyar. Por su solidaridad, gracias.

Aquella noche, José Alfredo se quedó solo con la bronca; mamá insistió que no pensara en ello, que olvidara el semblante contrariado del Rey mientras se quejaba del problemón sin sentido que reinaba en el teatro.

Debo de admitir que la tarea fue muy fácil porque en mi mente estaban muy frescos los recuerdos de aquella tarde. Una vez más me sentía en las más esponjosas y suaves nubes; estaba de excelente humor y no paraba de reír con cualquier chiste tonto que mi mamá hiciera.

Mi relación con José Alfredo no había cambiado, mis sentimientos no se habían intensificado después de aquel 3 de diciembre. Nos habíamos unido totalmente para nunca más separarnos.

El 5 de diciembre nos volvimos a ver. Estaba todavía más emocionada, internamente sabía a donde iríamos sin que José Alfredo me dijera. El mismo hotel nos esperaba con sus cortinas metálicas y sus camas. Esta vez subí decididamente las escaleras: no lloré, no recé, no sufrí un extraño colapso moral. Eso ya estaba superado. Los dos, que ya conocíamos perfectamente el cuerpo del otro, nos reencontramos con amor y ternura.

—Ya eres mía, escuincla —me dijo él.

—¿Qué quieres decir?

—Precisamente eso: tú ya eres mía y eres una mujer.

Con esta frase sentí que me había subido en un cohete que me llevó hasta el espacio y de regreso en un parpadeo. Me sentía única, especial, hermosa y atractiva. Salimos del hotel como la pareja más feliz sobre el mundo; yo escuchaba campanas de gozo y celebración tras de mí. Por fin esas frases lindas, las miradas románticas, las manos tiernas eran todas mías y no canciones a través de un aparato. No tenía ya que imaginar que esos versos eran para mí porque tenía la total certeza de que después de "Tus lágrimas" vendrían muchos —muchísimos— más. El mundo raro dejó de ser ajeno para mí y me percaté de que lo estaba construyendo constantemente junto con José Alfredo.

Yo ni sospechaba que estaríamos juntos por varios años: lo que le restara a él de vida, sería nuestro lapso como pareja. Fuimos muy devotos de nuestra relación, nos hacía bien tenernos a un costado y compartir nuestros pensamientos, creaciones y silencios. De hecho, las únicas dos veces que nos separamos fueron cuando murió mi abuelo; y en una ocasión debido a un problema en Ciudad Juárez.

José Alfredo quería que yo grabara con él algunas canciones para que yo hiciera catálogo en RCA Víctor. Acepté gustosa y, junto con el director Rubén Fuentes, nos divertimos muchísimo en el estudio. Pasé de ser su ahijada a su novia, pero esto no restaba los esfuerzos que él emprendía para que mi carrera prosperara: veíamos espectáculo tras espectáculo con el afán de aprender, me presentaba en ruedas de prensa para que mi rostro se viera en los televisores, y cada vez que podía me instaba a presumir mi voz.

—Tengo tanta esperanza en ti, escuincla —me decía con sus pupilas a centímetros de las mías.

Llegó el día señalado y esperado por mamá como su partida. Cuando la vi con las maletas listas y su gabardina doblada sobre el brazo, me puse a llorar. ¡La iba a extrañar horrores! La casa, nuestro cuarto, no sería para nada similar a cuando ella estaba conmigo; me faltarían sus consejos, sus chistes, sus ánimos y su entusiasmo imperturbable. No obstante, recordaba muy bien sus motivos; logré mutar mi tristeza y miedo en una enorme gratitud. Ella también agradeció mi carácter y mis decisiones, me dijo que la había llevado a vivir una aventura sin precedentes.

—Conocí a todos mis ídolos, no sólo me tomé fotos con ellos sino que cené y platiqué con ellos. Fue increíble —me abrazó con fuerza. Por un momento reflexioné sobre qué tanto habían cambiado los abrazos de mi mamá: ya no eran envolventes y magnánimos como los sentía años atrás. Ahora podía decir que eran reanimadores y juveniles: era consciente de que yo había madurado, de que mi cuerpo había crecido, y ya no eran abrazos de protección sino de un gran y honesto cariño.

—Te extrañaré, mamá. Salúdame mucho a todos y dales mis abrazos.

A pesar de que mamá se marchó, mi rutina permaneció intacta: desayuno, casa productora, asistir a eventos, teatro, comida y amor, mucho amor. Mis andanzas por RCA Víctor me permitieron conocer a un gran número de personas del medio. Me ubicaban muy bien por mi nombre de bautizo profesional: Alicia Juárez.

Con las exparejas del Rey las cosas se habían tranquilizado. Al menos no se repitió el extraño evento del teatro Blanquita. José Alfredo estaba feliz de no tener que lidiar con problemas; yo todavía más feliz de ser su pareja.

—¡Escuincla, te quiero, ah, cómo te quiero!

Yo le repartía besos por toda la cara, le inyectaba energía con mis cariños de chiquilla enamorada. Me gustaba jugar con sus orejas, jalar su bigote, calzarme sus zapatos. Nos complementábamos muy bien.

Un día, llegando a casa de mis abuelos, me peleé con mi tío Héctor, quien también vivía en el mismo lugar. Fue una riña muy absurda, sin embargo, él estaba histérico.

—¿Sabes qué, Alicia? Ya no te voy a aguantar. ¡Te me largas de la casa ahora mismo!

—¡¿Qué?!

—Como escuchaste: ¡te vas, te vas!

—Pero, tío…

—No hay pero que valga; ándale, vete por tus chivas y te largas de esta casa. Te estoy corriendo, ¿entendiste?

Yo subí los escalones de dos en dos hasta mi cuarto; abrí la maleta con la que había llegado y, con lágrimas en los ojos, comencé a empacar rápidamente todas mis cosas: vestidos, faldas, blusas, maquillaje… ¡No podía ser! ¿A dónde iría ahora? Sabía que podía acudir a José Alfredo; lo que me faltaba era un medio para llamarlo, no existían los celulares.

Con la presión de que mi tío subiera para recordarme que no me quería en la casa, me apresuré para salir con mis maletas y caminar hasta la esquina. Me senté sobre una de las valijas y apoyé mi mentón en la palma de la mano. Ni modo, no habría de otra, tendría que esperar. No tenía reloj para contar las horas así que no sé cuánto esperé, incluso pudieron haber sido sólo un par de minutos hasta que en la lejanía de la calle alcancé a ver el carro de José Alfredo. Se estacionó a un lado mío y bajó del vehículo.

—Escuincla, ¿qué pasó?

Comencé a berrear como una niña de tres años y me abalancé sobre él.

—¡Mi tío me corrió de la casa!

Me consoló un rato entre sus brazos.

—Ya ni qué hacerle, escuincla, vente: te voy a ayudar.

Subió mi equipaje al carro y me ayudó a subir. Durante el trayecto me abrazó todavía más fuerte y me llenó la frente de besos.

—Quiero que estés feliz; dime qué más hacer por ti.

—Sólo protégeme.

El departamentito

Saber que José Alfredo tenía un lugar preciso y reservado para mí, me encantaba. Durante el trayecto en automóvil recordé nuestras giras por California organizadas por Joe Herrera. Obligadamente asistíamos a un hotel en Los Ángeles llamado La Alejandría. En este lugar convergían los mayores artistas y deportistas de la época: actores, cantantes, bailarinas, boxeadores. Estaba ubicado justo en el centro de la ciudad y era muy sorprendente detenerse en el hotel por la cantidad de periodistas y sujetos de prensa, así como de celebridades que pululaban entre los pasillos y el lobby. Si estabas en La Alejandría, estabas entre estrellas.

José Alfredo iba para hacer relaciones públicas; cuando se convirtió en mi padrino, otra de sus actividades en este hotel consistía en presentarme como "la figura grande de México". Profetizaba un porvenir dorado para mí, para Alicia Juárez. ¡A mí me causaba una pena tremenda! Lo que pensaba era que aquellas personas desconocían totalmente quién era yo y ahí estaba el Rey, uno de los grandes cantautores de México con unas cuantas copas encima, celebrando un inminente éxito que pocos veían con los mismos ojos que él. Era obvio, era una chiquilla californiana que lo acompañaba en sus giras por Estados Unidos. Nadie me conocía.

—Les voy a presentar a la figura grande de México; ella va a ser la figura más grande, no va a haber otra como ella.

La inconfundible voz de José Alfredo me presentaba a una caravana de artistas que acababan de llegar al hotel. Entre los recién llegados estaban las hermanas Minias, dos intérpretes que gozaban de fama en aquel entonces. Una de ellas se atrevió a decir:

—Bueno, si Dios quiere.

José Alfredo sonrió ampliamente antes de contestar lleno de seguridad y convicción:

—No, aunque Dios no quiera; yo digo y yo soy José Alfredo Jiménez.

La mayoría soltó vítores de júbilo, chocaron copas. Yo quería que me tragara la tierra, me aferraba a la mano de mi madre y sonreía con timidez. ¿Qué podía hacer? Me apenaba hablarle a la gente; seguramente los que escuchaban al Rey pensaban: "Y esta estúpida, ¿de dónde salió?"

Sin embargo, así era José Alfredo. Él se imponía, sabía perfectamente cómo hacerlo y lograba que los que lo escuchaban con atención le creyeran. Era dominante si se lo proponía; era un referente musical de respeto y trayectoria; ante sus augurios, todos enmudecían y afirmaban. Con sus palabras, con su cariño y su impulso, me abrí paso entre los intérpretes y artistas de la música ranchera del siglo xx.

Un semáforo con luz roja me regresó a la realidad. Evidentemente esto no era ni Oxnard, ni California. Estaba dentro del carro de José Alfredo; mis padres no estaban a escasos kilómetros, menos mi cama, mi espacio. ¿Qué iba a hacer? Nunca me había quedado sin casa en mi vida; estaba indefensa en una ciudad que no se comparaba para nada con mi localidad en el condado de Ventura. Aun así no se notaba mi nerviosismo; si una cosa sorprendía a los que conocían bien mi personalidad era que nunca demostraba el estrés, las dudas o los nervios que albergaba. Nunca se me notó el miedo tan tremendo que sentía al cantar (mi mamá se maravillaba con esto) porque sabía cómo mantener mi espacio, mis pensamientos y mis temores en privado.

—Escuincla: tenlo por seguro, mientras esté a tu lado nunca te va a faltar un techo.

Su voz concisa, pesada, definitiva: eso era lo que necesitaba. A mi corta edad, mi experiencia se limitaba a casi nada, en realidad. Necesitaba de una guía, un apoyo, un puerto seguro en el cual soltar anclas. José Alfredo era eso —y más— para mí en varios aspectos. Me agarré fuerte de su brazo y esperé recibir valientemente el golpe que me tocara; me habían corrido de mi casa.

Llegamos a las oficinas de RCA Víctor. Caminé rápidamente al lado de José Alfredo quien llevaba por delante su pecho sólido; estaba dispuesto a conseguirme un lugar donde estar. Sus zancadas eran contundentes; yo lo seguía casi al mismo paso debido a mi altura (con tacones era más alta que él), pero definitivamente carecía de su decisión y dirección.

José Alfredo utilizaba las instalaciones de la casa productora como oficina. Se sentó cómodamente en uno de los tantos espacios del lugar y tomó un teléfono. Sin que me lo dijera sabía que le marcaría al Pato, un estilista que fungía como su secretario y asistente. José Alfredo confiaba plenamente en él.

—Pato, qué tal, necesito un favor gigantesco y tiene que ser para hoy. Quiero un departamento para la escuincla y que esté cerca de donde tú vives por si ella necesita algo.

José Alfredo permaneció en la línea mientras la voz del Pato se escuchaba tenuemente en el fondo.

—Yo lo sé, lo que te pido no es sencillo, sin embargo, sé que lo vas a lograr. Ya, no más excusas, te marco pronto para ir con la escuincla y que acomode sus cosas.

El Rey colgó; el silenció se amontonó entre los dos. Pasados unos minutos, en los cuales el rayó sobre unas hojas y yo me divertí con las hebras que le colgaban a mi playera, él se dirigió a mí:

—¿Quieres hablar de lo que pasó, escuincla?

—¿En mi casa?

Afirmó con su cabeza. Después de un largo suspiro, le conté todo. Él se reía a ratos, torcía la boca en otros. Finalmente se sentó a un costado mío y me abrazó muy fuerte. No precisé de muchas palabras o frases para expresarle mi sentir; eso era algo que adoraba de nuestra relación: podíamos contarnos todo con nuestros silencios, los gestos y las posturas. Era un noviazgo sincero donde ambos podíamos crecer paralelamente.

Fuimos a comer, a perdernos en nuestras locuras y pasiones; queríamos hacer tiempo. Yo no sabía si el Pato lo lograría; José Alfredo podía apostar su vida a que en cuanto regresáramos a RCA Víctor, el teléfono sonaría y su secretario nos diría la dirección.

Así fue. No habían transcurrido ni cinco horas y el Pato ya tenía en sus manos las llaves de un departamento en planta baja, estaba a unos pasos de su hogar (a la vuelta de la esquina, de hecho). Cocina, comedor, recámara, baño y sólo un cuarto. José Alfredo me narró las características con el rostro acongojado:

—El Pato dice que es un lugar minúsculo. ¿Te importa?

Negué con extrañeza. ¡Un techo y una cama, eso era lo que necesitaba! Me sentía cansada después del caos de aquel día. Nos subimos al carro y manejamos al que sería mi nuevo nido. En efecto era muy pequeño, no obstante, mis cosas cabían perfectamente en el clóset y yo, sobre el colchón.

José Alfredo continuaba frunciendo el ceño al descubrir las proporciones; su asistente le dijo que si hubiera tenido más tiempo, el lugar sería diferente. Yo no esperaba ningún tipo de palacio y sabía que éste era el primer lugar donde mi voz sería la de mayor autoridad, las reglas serían impuestas por mí, y no tendría que avisar a dónde iba ni mis horarios. Me gustaba ese sentimiento de libertad.

No desempaqué más que mi pijama. Me dejé caer sobre la cama; mi inmensa cabellera cubrió los costados de mi rostro. Estaba increíblemente cansada, pero pletórica de seguridad. No estaba en la calle.

Mientras me acostumbraba al nuevo departamento y a la presencia de una mujer que me ayudaba con el aseo, Licha, José Alfredo también se aprendía de memoria la cantidad de pasos para llegar del recibidor a la sala o el acomodo de la despensa. Muchas noches se quedaba a dormir y nos fundíamos casi al punto de volvernos un solo cuerpo debido al reducido espacio. Me gustaba imaginar que éramos niños gigantescos que se negaban a crecer; ni nuestros juguetes o nuestras ropas correspondían a nuestra edad, pero nos enfurruñábamos en no dejarlo ir. Nuestra relación producía uno que otro chiste sobre la diferencia de edad, sin embargo, eran bromas tontas que callábamos con besos y felicidad.

La llegada de la primavera había significado bastante para mí; había impactado sobre la rutina en la casa de mis abuelos hasta mutarla en una vida casi idílica en un pequeño departamento capitalino. Continuaba realizando las mismas actividades y viendo los mismos rostros, sin embargo, sentía que me habían retirado un velo de los ojos. Disfrutaba en demasía al asistir al teatro Blanquita; saludaba a todos y conocía cada recoveco. Había descubierto cuáles eran los asientos más mullidos y desde qué ángulo los espectáculos se veían mejor; me gustaba ver dentro de los camerinos a las vedettes arreglándose. Me sentía estimada en dicho recinto y aún más amada e idolatrada en brazos de mi José Alfredo.

—¡Escuincla, empaca tus cosas! —fue el saludo con el que José Alfredo entró un día al departamento. Yo, que miraba la televisión, me incorporé parcialmente para verlo entrar y sentarse a mi lado. Posó su mano sobre mi muslo y me sonrió con entusiasmo.

—¿Qué pasa? —le interrogué.

—¡Nos vamos a Bogotá de gira!

Bailé emocionada sobre el sillón y corrí al teléfono para contarle a mamá.

El viaje fue como me lo esperaba: conocimos los monumentos más emblemáticos, los restaurantes y teatros más prestigiosos, convivimos con muchas estrellas en ascenso y nos cansamos terriblemente.

Carmenza Duque fue la cantante colombiana que nos abría el show. Me gustaba mucho su cabello castaño y su gran sonrisa. Era muy tierna y amable; decía que estaba orgullosa de tenernos en su país. Cuando la conocí, la consideré una grandiosa mujer, hasta que tuvo un desliz que no me agradó… Después de que Carmenza se presentaba, se metía al camerino para descansar. Luego de ella cantaba y bailaba un muchacho en el escenario. Posteriormente nos presentábamos José Alfredo y yo con nuestras famosas coplas. Casi siempre íbamos juntos al camerino para refrescarnos, para compartir nuestros comentarios sobre el concierto, para besarnos. Sin embargo, un día me detuve en los pasillos a dialogar. Después de unos minutos me dirigí hacia el cuarto; cuando abrí la puerta vi a la desgraciada, a Carmenza, sentada muy cerquita de José Alfredo y con su mano en el hombro de él. Me enojé, ¿quién era ella para tomarse tal atrevimiento?, ¿así demostraba el orgullo de tenernos en Colombia?

Me acerqué hasta ellos dos en un ritmo normal, no quería acelerar mis pasos y que se notara mi enojo. Cogí la mano de Carmenza como si yo fuera una grúa y la dejé caer lejos del cantautor. Sus dedos impactaron pesadamente sobre su rodilla, ella no esperaba aquella reacción de mi parte.

—Para nada, eh —fue lo único que le comenté a la artista.

Ella se encogió de hombros y dirigió su mirada a otro lugar. Entonces yo sí puse mis manos sobre los hombros de José Alfredo; sonreí ampliamente. Naturalmente ella ya no me dijo nada. Entendió a qué me refería y permaneció en silencio. No aguantó ni un minuto más en mi presencia; se levantó y se retiró del camerino. El portón de la puerta fue seguido por las carcajadas de José Alfredo, quien me dijo:

—Pinche escuincla, me encanta que seas así, nadie se imagina cómo eres, cómo eres en realidad.

—¿A qué te refieres? —le interrogué yo.

—Es que tienes carácter, qué bueno, es buenísimo en este medio. Yo lo noté desde los primeros días en la Ciudad de México… —hacía pausas para reírse—. ¿Te acuerdas de que un pájaro te cagó cuando fuimos tu mamá, tú y yo a conocer la catedral?

Yo asentí. Recordé la asquerosa sensación caliente sobre mi hombro descubierto. Mi madre no podía contener sus risas: para ella fue muy gracioso que una paloma decidiera dejar caer su excremento sobre mí.

—Tu mamá se burló y tú te enojaste; mostraste carácter, pues. ¡Me encanta! Lo necesitas para que no te hagan mensa. Te haces presente a pesar de ser muy silenciosa. Ésa es una gran herramienta. Y ahora con Carmenza…

Estalló en carcajadas; yo también me reí. Me gustaba que José Alfredo entendiera cómo era, cómo soy.

—Entonces soy silenciosa pero brava, ¿verdad?, ¿eso es lo que estás diciendo?

—Sí, escuincla, nadie se imagina que una mujer como tú así de joven, sencilla, callada, respingue tanto con determinados actos. Defiendes lo que es tuyo, a eso me refiero, aunque a veces…

—¿A veces qué?

—A veces eres un poco pueblerina, diría yo.

—¡Cómo! —estallé.

—No te alteres; a veces eres demasiado amable, dudas poco de la gente. Ten cuidado, ahí muestra tu bravura… mejor.

Leyó bien mis facciones y supo que yo no sabía a lo que se refería.

—Es como en el teatro Blanquita. Tú saludas a todos, eres muy dulce, muy linda. Ten cuidado, eso es todo. La gente de la ciudad no es como la imaginas. Algunos poseen mucha maldad.

Me abrazó y sentí la vibración de su pecho; todavía se reía. "Pinche escuincla", murmuraba. Le sellé la boca con un beso.

Después de uno de los espectáculos, fuimos invitados a una fiesta muy elegante con diplomáticos, políticos y miembros de la embajada. Yo observaba atentamente a todos porque creía que no tenía nada con qué contribuir a la conversación. De repente cruzó el umbral un señor muy distinguido y maduro. Motivado por la música de fondo, se aproximó a José Alfredo y a mí. Le preguntó al Rey:

—Señor Jiménez, ¿me permite usted bailar con su señora?

Su voz era muy formal y ceremoniosa; su parsimonia reflejaba aptitudes para la estrategia y la danza. José Alfredo le contestó:

—Mire amigo: en México, ni la pistola, ni el caballo, ni la mujer se prestan.

Su voz, en cambio, sonó cortante, brava y definida. Así era José Alfredo Jiménez y en aquella, nuestra primera gira internacional juntos, me demostraba que no iba a cambiar sus modos por un diplomático ni por nadie. Durante aquellos días me di cuenta de la grandiosa aventura en la que mi vida se estaba convirtiendo y me sentí muy feliz.

Al subir al avión de regreso a México mi corazón se alegró aún más; después de dormir un rato, abrí mis ojos y vi a José Alfredo rendido sobre su asiento, frente a él estaba una mesa plegable extendida y había varios papeles sobre ella; tomé uno de ellos y leí lo que sería un discurso que daría en el teatro Blanquita por sus veinticinco años de trayectoria. Uno de los fragmentos del texto decía:

Comprobé que Alicia Juárez a los diecinueve años estaba lista para triunfar en la capital de la patria al mismo tiempo que yo me sentí orgulloso de tener en mi humilde espectáculo a una gran intérprete que, por su edad, todavía ni yo mismo sé hasta dónde puede llegar. Ella es una muchacha sencilla pero muy preparada; sus estudios llegan hasta lo que nosotros llamamos bachillerato y debido a que es graduada de uno de los mejores colegios de California en Estados Unidos, su inglés es perfecto; por lo tanto, sé que puede hablar del triunfo sin que se le llene la cabeza de humo como pasa con muchos artistas que, por falta de educación, llegan hasta las nubes y luego caen al peor de los abismos. Éste es un consejo para todos mis compañeros, los artistas, que llegan a un primer lugar: tenemos la responsabilidad de representar con mucho orgullo y sin ninguna vergüenza a nuestro México en cualquier parte del mundo.

Mi corazón se paralizó por un momento después de leer sus pensamientos. Lo único que atiné a hacer fue besarlo en sueños y recostarme sobre su hombro.

Cuando José Alfredo cumplió veinticinco años como autor musical, como el hijo del pueblo, hubo muchas celebraciones y eventos para homenajearlo. Él no cabía en sí mismo de la felicidad. Yo no me quedé atrás y comencé a prepararme para cantarle una canción en la hacienda de Los Morales, en la Ciudad de México. La pieza la había compuesto Federico Méndez y los arreglos estuvieron a cargo de Jesús Rodríguez de Híjar. Era una canción bonita titulada "Gigante de la canción"; estaba inflada de alegría por interpretarla. Chuy tenía que entrar a mi camerino para checar tonos, sin embargo, era una tarea complicada porque mi camerino quedaba justo enfrente del de José Alfredo; si el Rey notaba que Chuy entraba al lugar, se iba a armar una gran bronca. En un descuido, entró para montar la canción de la manera más silenciosa posible. Nadie podía escucharnos.

—¿Lista, verdad?, ¿ya te sientes preparada?

—Sí, Chuy, ahora sal con cuidado porque si nos cachan, ya no habrá sorpresa.

Chuy afirmó con su cabeza y salió con cautela. Mala suerte. José Alfredo lo vio. Entró como un torbellino a mi camerino y comenzó a gritar; yo me mordí la lengua para no hablar, lo aguanté todo con tal de que el Rey no se enterara de que Chuy había venido a afinar detalles para que la canción sonara bien.

—¡¿Qué chingados hace un cabrón en tu camerino?!

Tragué saliva.

—¿Por qué salió de aquí?, ¿qué estaban haciendo?

José Alfredo estaba encolerizado; busqué cualquier pretexto para distraerlo y tranquilizarlo. Ni siquiera recuerdo bien qué le dije para zafarme de la bronca. Llegado el momento pude cantar "Gigante de la canción" sin ningún contratiempo; después le expliqué a José Alfredo la situación del camerino. Estaba tan conmovido que ni me peló, no indagó. Sonrió ampliamente y me besó.

En su pueblo, Dolores Hidalgo, también le hicieron un fantástico homenaje; Armando Manzanero y Juan Gabriel estaban ahí para interpretar sus grandes éxitos. José Alfredo estaba impactado con la cantidad de personas que asistieron porque eran miles y miles. Los podías ver sobre los techos de sus casas, subidos a los árboles, cargándose unos a los otros para alcanzar a captar aunque fuera una partícula del gran show diseñado para el Rey. Inclusive llegaron de ranchos aledaños. José Alfredo estaba infinitamente conmovido; esa expresión de felicidad y gratitud era muy complicada de conseguir.

—Se dice que nadie es profeta en su tierra… ¡yo sí lo soy! —me comentó emocionado.

A raíz de este evento, compuso la canción "Gracias". A muchos les gusta pensar que esta pieza fue escrita como si presintiera su muerte, sin embargo, la canción nació antes de que enfermara. Yo, en lo personal, estaba muy agradecida con este gigante que había llegado a inyectarle energía, pasión, romanticismo y excitación a mi vida.

Agridulce

odavía no cumplía diecinueve años; ya estábamos muy cerca de la fecha. Quería celebrarlo de una manera especial; sería la primera vez que lo festejaría lejos de mi familia; una mezcla de sentimientos encontrados me agobiaba. José Alfredo me animaba con planes y lugares a los que podíamos ir para festejar. Sin embargo, días antes —cuando estábamos listos para mi cumpleaños— me comentó que trabajaría ese día. Me entristecí, eso significaba que estaría totalmente sola soplando mis diecinueve velitas. Entendía que el trabajo es primordial y no discutí.

Le pedí a la señora que aseaba el lugar que permaneciera esa tarde de julio en la casa. Aceptó y estuvimos viendo la televisión por un largo rato. No estaba muy divertida y mucho menos animada. De repente escuché una melodía desde mi cuarto.

—Creo que dejamos un radio prendido en el cuarto, ¿podrías ir a checar? —le dije a la mujer. Sin embargo, antes de que ella se incorporara recibí el sonido con mayor atención: era música de mariachi y quien cantaba era José Alfredo.

Entré a mi recámara para confirmar mi ligera sospecha, el Rey me había traído serenata —¡la primera de toda mi vida!— con el mariachi Vargas. El corazón se me llenó de alegría y una inconmensurable emoción; sentía cómo palpitaba casi a punto de desbocarse. Me asomé por la ventana y la imagen que recibí fue algo que nunca pude haber soñado, ninguna película mexicana de la era de oro me había enseñado esto: José Alfredo estaba frente al grupo de músicos; sus ojos extasiados mostraban el más puro cariño; y con sus manos delineaba las bellas palabras que emanaban de su alma; la luz nocturna hacía brillar los atuendos del mariachi y los ojos de mi primer y único amor. Ésta sería la primera de muchas, muchas serenatas.

Los invité a pasar al departamento y, como pudimos, nos congregamos en la sala para continuar con las canciones y los apapachos. Fue el mejor regalo que pude haber pedido y (como todos los obsequios que resultan magníficos) ni siquiera me lo esperaba.

Desde esa noche se estableció un patrón: si estábamos felices, José Alfredo me cantaba al oído; si quería que nos reconciliáramos después de una pelea, acudía al pie de mi ventana con el mariachi para pedirme otra oportunidad. Naturalmente, no me podía negar. Ninguno de nuestros problemas fue lo suficientemente grande como para separarnos. Debido a estas serenatas propias de una película, las vecinas me pedían que de vez en cuando me peleara con José Alfredo para que todo el vecindario disfrutara de la música nocturna.

Desde aquella vez, todos los años que cumplí a su lado, gocé de una preciosa serenata en la cual él le cambiaba la letra a "Las mañanitas" y la personalizaba para mí. Ensayaba con el mariachi para que a todos les saliera perfecto; se esforzaba porque yo festejara con dicha mis aniversarios. José Alfredo era increíble para sorprenderme y dejarme con la boca abierta.

—¡Licha, ya va a empezar el programa! —le grité a la mujer que me ayudaba con el aseo y que vivía en mi pequeño departamento ubicado en las calles de Lerma y de Río Guadiana.

—Ya voy —me contestó desde la cocina; en ese mismo momento José Alfredo cruzó la puerta de entrada con una sonrisa de complicidad en su rostro. Desde el umbral me hizo señas para que lo siguiera. Me levanté de un brinco del sillón y lo seguí. Cuando Licha salió de la cocina se encontró sola, mas con un excelente programa en la pantalla.

Seguí a José Alfredo hasta la calle; dentro de su carro había alguien. Me jaló de la mano hasta la puerta del copiloto y la abrió. En el asiento había un chico regordete; su rostro todavía era el de un niño, sin embargo, por su postura sospeché que tenía alrededor de once o doce años. Volteé la mirada hacia José Alfredo, quien con el temple muy serio nos presentó:

—Mira, escuincla, éste es mi hijo: José Alfredo Jiménez Gálvez; mira hijo, yo no te pido que la quieras, sólo que la respetes porque es la mujer que hace feliz a tu padre.

A esta última frase le imprimió todavía más seriedad y rigor. El hijo no emitió ningún sonido, ninguna reacción. Únicamente permaneció mirándome con intriga. La luz de la luminaria cercana resaltaba sólo una mitad de su rostro. Pasados unos segundos detecté que las comisuras de sus labios se estiraban hasta formar una tímida sonrisa. Con ese honesto gesto, comenzó mi relación con Joseal, que así era como le llamábamos al chico.

Yo era seis años mayor que él, sin embargo, Joseal sabía muy bien cuál era mi lugar, cómo se me debía tratar y lo que yo significaba para su papá. Sin que su madre lo supiera, solía asistir a nuestro departamentito para comer o los tres salíamos juntos a pasear. Era una relación muy linda y tranquila. Joseal nos visitaba tanto que inclusive conoció a Amanda, mi hermana.

Amanda era seis años menor que yo. Siempre bromeábamos por el parecido de nuestras voces, retábamos a los demás a cerrar los ojos e identificar —sólo con los oídos— a cada una de nosotras. Nos reíamos mucho porque, a excepción de amigos muy allegados, las personas fallaban. Recuerdo que Amanda estallaba en carcajadas; yo reía sin mostrar mis dientes, me cubría con la mano. Mi hermana menor heredó el carácter alegre y extrovertido de mi mamá. A ella no le costaba mostrarse frente a un grupo de personas y cantar; le gustaba mucho bailar.

Cuando Amanda no estaba con sus amigas o haciendo reír a los mayores con peripecias, estaba en el hospital. Su vida tenía dos polos muy marcados debido a su enfermedad: sufría de asma. Mis padres estaban a veces largas jornadas frente al escritorio de un doctor o esperando en los blancos y pulcros pasillos. No era gravísimo, pero sí requería tiempo. Yo casi no acompañaba a mis papás en estas travesías; los veía llegar a la casa y dejarse caer con pesadez sobre los sillones. Amanda estaba bien y sana, otra vez. Me causaba una felicidad inmensa.

En comparación con ella, yo siempre fui callada y la que poseía un apego más especial por las artes. Cuando escuchaba una pieza, una melodía, sentía que la piel se me erizaba; me invadían unas ganas tremendas de ponerme a llorar.

—Se te nota, escuincla, tú sí sientes la música —me dijo alguna vez José Alfredo cuando no nos conocíamos muy bien; sin embargo, él notó el leve temblor de mis manos ante las cuerdas de una guitarra. Se identificó conmigo cuando descubrió mi pasión musical.

Yo ya había percibido que las canciones provocaban algo en mí que no les sucedía a todos a mí alrededor. En el restaurante de mi nana asistía un señor llamado Numen; él tocaba la guitarra con mucha maestría y elegancia. En cuanto cruzaba la puerta del establecimiento, el ambiente cambiaba. Ya sabíamos muy bien que la presencia de Numen era sinónimo de bellas canciones. A mi madre le fascinaba cantar con él; terminaba con los menesteres que la mantenían ocupada para después tomar un lugar a un costado del señor. Yo también quería estar a un lado de él para observar la agilidad de sus dedos sobre el instrumento o para enamorarme de la voz de mamá. No obstante, ya sabía que si me atrevía a hacerlo naturalmente los dos me verían y me pedirían que cantara con ellos. A mí me provocaba muchísima pena por lo que recurría a escabullirme bajo las mesas y ahí, en ese escondite perfecto, los escuchaba con atención, asomaba mi mirada entre los manteles blancos y observaba sus gargantas vibrantes.

¡Qué hermosa era la música!, ¡qué grandísima sensación! Mis labios se movían también cantando, pero lo hacía en sumo silencio para no ser descubierta. Justo en ese instante de júbilo personal, entró corriendo Amanda de nueve o diez años por la puerta del restaurante. Numen no dejó de tocar, mamá giró el torso para detectar a la recién llegada; al ver a su pequeña hija le abrió los brazos, quien corrió a sentarse en sus piernas. Entonces los tres cantaron juntos. Mi piel continuaba erizada.

Yo le pagaba un dólar a Amanda por cada canción que se aprendiera. Me gustaba mucho escuchar su dulce voz entonando boleros. Mi hermano la convencía para realizar tareas domésticas que él no quería realizar; eran sólo dos o tres obligaciones las que le tocaban a él, ¡se la pasaba jugando todo el día! Dependiendo de quién le diera la mayor cantidad de cosas, era con quien Amanda se juntaba más. En realidad, yo era la única que le podía pagar con el dinero de mis propinas. Ella siempre fue una niña tierna y vivaz. Disfrutaba sus días y los detalles cotidianos que la vida ofrece. Cuando me mudé de Oxnard y me percaté de que no regresaría a Estados Unidos en un largo rato, temí por distanciarme de mi familia. Amanda cambió estos pensamientos.

Llevaba escasos meses en el departamento pequeño cuando mi mamá me llamó con la noticia de que alguien iría a visitarme próximamente.

—¿Quién, mamá? ¡Dime!

—Es bella y es tu hermana.

—¿Amanda?

—Sí.

Solté un chillido de la emoción; en ese segundo preciso me di cuenta de que la extrañaba muchísimo. Mamá continuó hablando:

—Irá por sus vacaciones de verano.

—Excelente, no puedo esperar.

Colgué; tenía que hacer planes, decidir a donde llevarla, preparar mi cuarto para hacerle algo de espacio. A pesar de los seis años que nos separaban y del largo tiempo en el que no nos habíamos visto, estaba cien por ciento segura de que congeniábamos.

Amanda llegó y ésa fue su primera de muchas más semanas de vacaciones en la Ciudad de México conmigo y con José Alfredo. Él y mi hermana se agradaron desde el principio; ella se acordaba del Rey por nuestros tours y shows en California, pero nunca había platicado tanto con él como cuando nos visitó en aquella ocasión. Se encariñaron mucho; se hicieron grandes amigos. Salíamos al cine, a comprar ropa, a comer a deliciosos restaurantes. Con todo, había momentos donde no tenían planes o actividades para realizar. Los tres estábamos en la sala, casi casi bostezando del aburrimiento cuando a Alicia se le ocurrió algo qué hacer:

—¿Y si nos maquillamos?

—¿Cómo? —preguntó José Alfredo—, ¿qué dice tu hermana, escuincla?

—Yo ya estoy maquillada —le contesté yo.

—Y yo soy algo joven para que me maquillen… —dijo Amanda con una sonrisa maliciosa.

Emití una mueca de oreja a oreja y en una sincronía espontánea mi hermana y yo giramos nuestras cabezas hacia el cantante.

—Sigo sin entender qué vamos a hacer —dijo él sin saber lo que se aproximaba.

Amanda corrió al cuarto por mi maquillaje, yo acomodé una toalla en el cuello y el pecho a José Alfredo. Él mantenía el semblante de confusión; cuando vio a la chiquilla de trece años a un lado suyo con una brocha para aplicar polvo, se intentó zafar.

—Están locas.

—Ándale —le dije—; déjate querer.

Amanda sostuvo sus hombros en caso de que él se intentara parar. José Alfredo se resignó y cerró los ojos para que yo le pegara las pestañas postizas. El resultado fue demasiado cómico para ser grotesco y demasiado grotesco para ser considerado bello. Los tres nos reíamos a carcajadas de los gestos que hacía José Alfredo por la cantidad de maquillaje o por cómo batallábamos para pintarle de rojo los labios. Sacamos la cámara fotográfica para recordar siempre esa ocurrencia.

—¿Mañana qué van a hacer? —me preguntó él mientras guardábamos el maquillaje y Amanda iba al cuarto por algodón y cremas; José Alfredo no saldría maquillado de mujer a la calle.

—Mañana… no lo sé.

—Vayan al cine, acá por Reforma. Te queda muy cerca.

—Es buena idea.

—Yo vendré por la tarde para… pues para ver qué otra travesura quiere hacer tu hermanita.

José Alfredo se marchó; Amanda y yo nos metimos en mi cama, la compartíamos. Se quedó dormida después de decirme que le gustaba mi relación con José Alfredo, algo que ella no había imaginado antes por la diferencia de edad. Al día siguiente hice lo propuesto por José Alfredo. Después de la película comimos en el restaurante Denny's y después fuimos a las tiendas para conocer las nuevas tendencias. Al asomarme fuera del local, noté que anochecía. Le pedí a Amanda que se apurara (se estaba probando unos vestidos) porque repentinamente sentí que ya era tiempo de volver.

Mientras caminábamos por la lateral de avenida Reforma, vi el carro de José Alfredo estacionado frente al departamento. Amanda y yo corrimos juntas a su encuentro, sin embargo, su postura y actitud no fue lo que esperábamos: estaba enojadísimo, encolerizado. Las venas le sobresalían cerca de la frente y sus puños estaban fuertemente cerrados.

—Métete al departamento, Amanda —le dije mientras le daba las llaves. Ella no lo pensó dos veces; sin saludar efusivamente al Rey corrió dejando tras de sí un silencio sepulcral.

Escuchamos la puerta de la entrada principal del edificio, nos imaginamos sus ágiles piernas corriendo al departamento, su cuerpo delgado cruzando el umbral. Amanda ya estaba adentro. Entonces José Alfredo me jaló por el brazo hasta el porche del edificio.

—¿Dónde estaban? —me interrogó con ira.

—Fuimos al cine, luego a comer algo…

—¿Tan tarde? —me interrumpió.

Estaba por contestarle cuando sentí su manaza caliente impactar con enojo y violencia sobre mi mejilla. La cachetada fue tan pesada que caí al suelo. Sentía los cachetes hirviendo; el dolor se propagaba sobre toda mi piel. Nunca nadie me había tocado de esa manera. Jamás había sido golpeada. Sentí el asfalto duro bajo mi cuerpo, la sangre que me recorría ciegamente dentro de las venas. ¿Qué hacía? Mi impulso natural fue levantarme velozmente y huir de la amenaza, huir de José Alfredo. Corrí de regreso hasta Paseo de Reforma. Sudaba. Tras de mí sentía las pisadas de él; me perseguía casi con la misma rapidez. Si yo aceleraba, él también. Estaba sobre mi sombra; el aliento me faltaba, el golpe dolía y estaba hirviendo, el sudor dificultando mi visión… caí derrotada.

José Alfredo arribó segundos después, se dejó caer a un lado mío. Me protegí el rostro con las manos; creí que volvería a atacarme. Aproximó sus dedos y me acarició. Me pidió perdón entre sollozos y lágrimas.

—Perdóname, escuincla. Se salió de control. Las estaba esperando y me enojé… perdón.

No entendía nada, apenas ayer todo estaba bien, en perfecta armonía. Él se divertía conmigo y con Amanda; se reía con nuestras ocurrencias; nos cantaba imitando a otros cantantes… apenas ayer él parecía haber sido otra persona.

—Perdón, escuincla, te lo ruego que me perdones. Mírame, por favor.

Su rostro era el de un hombre roto y desorientado; sus ojos estaban llenos de lágrimas gordas que caían vertiginosamente por sus mejillas; su piel se había tornado rojiza por la exaltación y el ejercicio. En el fondo de su voz, escuché lo que catalogué como arrepentimiento. Continuaba implorando que lo disculpara.

Pasados unos minutos, recobré el aliento. Mi respiración se tranquilizó. El dolor provocado por la cachetada se había difuminado por mi cabeza y hacía que me punzaran diferentes zonas del cráneo. Me descubrí el rostro y, guiada por no sé cuál sentimiento, permití que él me besara, que me abrazara. Todavía se disculpaba. Mi miedo se evaporó de un segundo a otro. ¡Pero, claro! Era José Alfredo, el amor de mi vida, ¿por qué tendría que creer que me iba a lastimar otra vez? Lo había hecho previamente con una cachetada, lo sé, pero me estaba explicando a qué se debió. Lo veía llorar y me calaba el corazón. No dudaba de la veracidad de sus disculpas. Le limpié las lágrimas y lo abracé con una exagerada ternura. Lo amaba mucho, demasiado como para herirlo con mi silencio, mi temor; lo suficiente como para ignorarlo. Él insistió en ver el golpe; me masajeó el cachete y me prometió que dejaría de dolerme pronto. Estaba descontrolado, temblaba a un lado mío. Era un niño indefenso. Y era mío.

—No se va a repetir, jamás, te lo juro.

—Está bien —le contesté, para mí su palabra poseía una valía gigantesca. Le creía.

Flores para León

Regresamos al departamento tranquilamente. Amanda se había dormido sobre el sillón con la televisión prendida. José Alfredo se despidió de mí en la entrada con un largo beso; lo vi marcharse en su carro desde la ventana. No le platiqué a nadie sobre lo que había ocurrido ese día. Fue muy extraño, fue inusual. Viendo mi reflejo en el espejo, no encontré rastro de la cachetada, entonces también lo podría esconder entre mi memoria.

Amanda y Joseal se conocieron desde la primera vez que ella fue a visitarme a la Ciudad de México. Tenían casi la misma edad y se divertían haciendo las mismas cosas. Los dos eran energéticos y alegres. Cada año que ella venía de vacaciones, comentaba cosas nuevas con Joseal. Le hablaba sobre su escuela, sus hobbies. Le comentaba sobre nuestro otro hermano y él, sobre los suyos.

—Deberías de conocerlos.

—¿Y cómo? —le preguntó mi hermanita.

—Pues ven a comer a mi casa.

—Bueno, pero tú sabes quién soy yo, ¿qué no?, ¿Cómo vas a llevar a la hermana de la novia de tu papá a casa de tu mamá?

—Mi mamá no te conoce.

Los dos planearon su travesura: dirían que Amanda era una amiga del colegio. El día señalado ella asistió con entusiasmo;

junto con Joseal se pasearon por toda la casa y a la hora de la comida su hermana mayor, Paloma, fue la encargada de servirle los alimentos a Amanda.

—¡Tenía las uñas pintadas de blanco! —me confesó mi hermana cuando ella y Joseal regresaron con José Alfredo y conmigo por la tarde.

—Son muy traviesos —dije yo en tono reprobatorio. Volteé con el Rey para conseguir apoyo; él se moría de la risa al imaginar a mi hermana comiendo en la casa de su exesposa.

—Perdón, escuincla —se disculpó entre risas—, es que es brillante… tu hermana, mis hijos…

Volvía a estallar en risas. Amanda y Joseal también reían, así que me les uní.

Los cuatro fuimos a Guanajuato de gira en alguna ocasión. José Alfredo y yo teníamos espectáculos que no podíamos —ni queríamos— cancelar. Preferimos llevarlos con nosotros y aprovechamos para conocer el centenar de callejones, los teatros y varios restaurantes pintorescos y exquisitos. Subimos el cerro del Cubilete para conocer el monumento a Cristo Rey; nos tomamos fotos a un costado de la estatua, con el grandioso paisaje de fondo.

Fue un viaje donde definitivamente no importaron nuestras edades. El punto era convivir y divertirnos; todos sabíamos cómo hacer eso. Las vacaciones eran más sabrosas con la presencia de Amanda. Joseal nos visitaba a lo largo del año y lo invitábamos a paseos y salidas en la ciudad. Cuando mi hermana se regresaba a Oxnard y el hijo de José Alfredo no estaba presente, el departamentito mantenía su alegría y sus colores. Sin embargo, no todo fue felicidad en aquel lugar cercano a Reforma…

Era un día nublado, aunque había sol; el teléfono había retumbado dentro del pequeño departamento. Cuando contesté, la voz rota de mi mamá me explicó con lamentos que el abuelo se había muerto. Me dolió. A pesar de que no era el papá de mi madre, sino el segundo esposo de mi nana, lo queríamos mucho; era un hombre noble, inteligente y amoroso. Era el abuelo León.

Rápidamente me organicé para viajar a Oxnard; quería asistir a los tres días de luto. Le marqué a José Alfredo para darle la noticia, se entristeció pues ya lo conocía y lo consideraba un gran señor.

—Han de estar muy tristes todos —dijo el Rey a través del parlante.

—Sí.

Comencé a llorar.

—Escuincla, entre antes mejor. Tienes que estar allá.

Preparé mis maletas sin ánimos; me despedí de José Alfredo en el aeropuerto y dormí en el avión. El abuelo León era importante para mí; tenía amor para todos. Seguramente mi nana estaría devastada; pensé también en mi mamá que absorbía sentimientos ajenos al intentar consolar a los demás. Sin duda me aguardaban días tristes. Me sorprendí con el tamaño de mi pueblo, lo veía todo más pequeño; mi casa, por el contrario, se me figuraba gigantesca después de haber vivido en el departamento de la calle Río Guadiana. Mi padre me abrazó con fuerza. "Te he extrañado, Alicia", me dijo. En medio de la tristeza y el gris, las muestras de amor entre los miembros de mi familia resplandecieron como gigantescos diamantes. Los tres días de luto se vivieron intensamente; al cuarto desayuné con gusto la comida de mi nana y partí hacia el aeropuerto. Le podía decir adiós al abuelo León con un corazón lleno de paz y tranquilidad.

Llegué por la noche a la Ciudad de México. Curiosamente, ya sentía que era mi hogar. José Alfredo me recogió en el aeropuerto, nunca me dejaba sola; yo iba taciturna y pensativa. ¿Cómo sería para mi nana no contar más con el amor de su vida? Mi edificio aguardaba por mí y ante mis ojos cansados por el llanto y la fatiga, se me figuró como una guarida excelente para el alma y el cuerpo. Subimos con mi maleta ligera;

José Alfredo me dio las llaves para que abriera. Se me hizo raro. Dentro me esperaba un silencio pesado y la oscuridad. También me pareció extraño que Licha no tuviera alguna lámpara prendida; usualmente así manteníamos la casa. Di un paso y pisé algo desconocido, era suave y sedoso; cuando mis ojos se acostumbraron a la escasa luz, me di cuenta de que el lugar estaba repleto de flores.

Percibí el tufo avasallador y cargado de los pétalos; al principio no sabía qué era lo que mi nariz detectaba, ¡era un olor maravilloso! En cuanto crucé el umbral, salieron de mi recámara el mariachi Vargas, la madre, la tía y la hermana de José Alfredo. ¡Todo era flores! El suelo, la alfombra del cuarto: todo tapizado de pétalos de diferentes especies. El aroma que había percibido antes me golpeó con toda su intensidad y, dentro de mi nariz, fui capaz de identificar más de cinco tipos diferentes de flores. Lo que antes era una mezcolanza confusa ahora deleitaba mis sentidos. Los músicos interpretaban "Muchacha bonita":

Muchacha bonita,
bonita, bonita;
en todas las noches que duerma, te juro que siempre,
te voy a soñar.

Yo estaba cubierta de lágrimas por la emoción. Esta serenata era muchísimo más personal porque la razón que la había motivado era un duelo interno, un golpe conciso en mi corazón. Era por esta característica que los músicos tuvieron que sorprenderme desde dentro de mi hogar, en la intimidad de mi espacio. La música emanaba de adentro para fuera. Esta melodía me levantaba el ánimo hasta mil metros de altura.

Doña Carmen, la madre de José Alfredo, su hermana Conchita y su tía Cuca se acercaron una a una a darme el pésame y a abrazarme. Comenzaba a sentirme muchísimo mejor. Cuando él me envolvió en sus brazos y me besó la frente, sentí que descansaba. Me ofreció su amor con ternura y delicadeza. Con el rostro hundido en mis cabellos, me pidió que mirara hacia una pared en específico. Pude leer, escrita con su pluma, una carta para mi abuelo.

Para León, de José Alfredo Jiménez:

Se murió León, el hombre de tu nana, el hombre grandote que con todos platicaba; el que supo ganarse el amor de una familia sin ser de la familia, ni pariente ni nada, pero tanto lo quiso la seño-ra Delfina que nosotros también aprendimos a quererlo. Hoy se fue para siempre de esta vida y nos da tristeza no volver a verlo. Una cita con Dios: León tenía que cumplirla. Nosotros nunca dejaremos de quererlo porque él nos quiso a todos mientras su corazón latió en la vida, porque un hombre que estuvo hecho de amor se tendrá que enterrar, pero nunca se olvida. Nunca dejare-mos de quererlo. Él tenía una ternura divina, se sentía en el salu-do de su mano; él caminaba poco y, a pesar de eso, yo sé que en cada esquina se encontraba un amigo, se encontraba un hermano.

El Rey había logrado describir con pocas palabras a mi abuelo; la exactitud de sus pensamientos demostraba la senci-llez de la pareja que mi nana había escogido. Más lágrimas acu-dieron a mis ojos después de haber leído el texto. Abracé con fuerza a José Alfredo y me puse a cantar con el mariachi: por los buenos tiempos, por los tragos amargos de la vida.

En ese momento no fui capaz de entender lo que José Alfre-do estaba haciendo por mí; no detectaba su nivel de gentileza, la belleza de su espíritu que lo había impulsado a consentir-me de tal manera. Era una historia de amor y pasión, ¿quién haría semejante festejo para consolar al ser amado? Algún tiem-po después, mucho después, me percaté de que la acción había sido extrema, sin embargo, el resultado había tenido la misma intensidad: habíamos celebrado la partida de León entre música, flores y risas. Si en Oxnard me despedía de él con paz y tranquilidad, en la Ciudad de México, dentro de la comodidad de mi nuevo hogar, lo hacía con alegría y contento: el abuelo León se merecía el gozo de una vida bien vivida.

Me sentía incluida y apoyada dentro de otra familia: la del Rey. Me refiero a que estuve acompañada, conté con una mano amiga para las situaciones fáciles y las difíciles.

En aquella primera semana de conocimiento y asombro en la magnífica Ciudad de México, José Alfredo nos presentó —a mi madre y a mí— a doña Carmen, su mamá. Era una mujer noble y atenta.

—Ella es Alicia Juárez, mamá: la escuincla. Yo soy su padrino.

—Sí, hijo, me lo habías comentando antes.

José Alfredo se rio ante la agudeza mental de doña Carmen. Ella escuchó las anécdotas sobre Disneylandia que su hijo le contaba, la consistencia perfecta del cheesecake del hotel Biltmore, el barullo entre cajas antes de cualquier concierto. Todo lo escuchaba ella con interés y emoción. Después de compartir más momentos y botanas, nos despedimos.

—Mi mamá no fue mi mamá hasta que yo me hice José Alfredo Jiménez —nos confesó él después de visitar a doña Carmen, íbamos en el carro. Mamá lo cuestionó más.

—Yo llegué a esta ciudad cuando tenía nueve años; vine porque mi papá se había muerto y mi madre me mandó con mi tía Cuca… ella sí que me apoyó desde el principio.

Yo escuchaba con detenimiento sus palabras, sus deseos de marcharse de Guanajuato desde pequeño; nos contó que corría hasta un punto cercano a las vías de tren y los veía marcharse; cada vagón, cada rueda, cada engranaje poseían más libertad que él. Poseían una misión. Inocentemente, el niño José Alfredo creía que los trenes corrían hacia sus sueños y sentía que la consecución de los suyos no era en Dolores Hidalgo.

Al llegar a la capital de México tuvo que trabajar arduamente para conseguir lo que quería; nunca estudió técnica musical, era algo con lo que había nacido. Doña Cuca estaba totalmente al pendiente de él y percibió con prontitud sus dotes naturales. Por eso fue que ella no chistaba en ayudar; si tenía que empeñar alguna joya o cualquier otra posesión para conseguir dinero para su sobrino, lo hacía.

A José Alfredo le había costado su lugar, el pedestal que había alcanzado. No sucedió milagrosamente como me sucedió a mí, no recibió una llamada en su casa ni creyó que era una broma de las chicas envidiosas de su clase. No. A él le tomó tiempo e ingenio convertirse en un ícono, en un cantautor reconocido internacionalmente.

Sentada en el carro, en mi lugar antes de ser novia y confidente de José Alfredo Jiménez, me sentí afortunada de la oportunidad: grabar en RCA Víctor con el maestro Rubén Fuentes. Desde que me llamaron al escenario en la fiesta de trajes regionales en Los Ángeles hasta el momento en que José Alfredo me recogió entre llantos en una acera porque me habían corrido de la casa de mis abuelos maternos, he creído de manera ciega y con muchísima fuerza que así debían ser las cosas, que era mi destino y que yo lo estaba siguiendo. Estaba agradecida con cada una de las oportunidades y me quería seguir preparando; era inmensamente feliz desde el refugio que Pato me había conseguido.

José Alfredo me presentaba con la mayoría de los artistas con los que nos cruzábamos. En una ocasión estábamos en una sección muy oscura del teatro Blanquita. Su dedo índice señaló una silueta que se aproximaba hacia nosotros y me susurró que ella era Toña, la Negra. Cuando ella estaba frente a nosotros, él la saludó. Ella inmediatamente contestó el saludo y se dirigió a mí:

—¡Quihúbole, hija de la chingada!

José Alfredo soltó una risotada e intervino.

—Toña, ella es Alicia Juárez.

—Ah, caray, perdón; ¡pensé que eras Lucha Villa!

También empezó a reír; yo me uní al coro. José Alfredo me abrazó con picardía.

—Así es la señora Toña, escuincla, ya la conocerás.

Me gustaba mucho conocer a gente nueva, percibirlos como seres humanos comunes y corrientes, no como los galanes y las mujeres inalcanzables que aparecen en los posters. En los estudios de RCA Víctor conocí a la mayoría; de hecho, creo que ahí me presentaron con Lola Beltrán. Cuando la vi me pareció grandísima y muy simpática; se reía mucho y sus manos eran muy bonitas, las movía de una manera atrayente. Desde el principio ella fue muy cariñosa conmigo; decía que le recordaba a su hija que estudiaba en Europa, por lo cual me llamaba "venadito" porque ése era el apodo maternal que ella utilizaba.

—¡Ah, compadre! De verdad que parece un lindo venadito —le decía a José Alfredo mientras me acariciaba la cara. Este comentario no me gustaba para nada, me hacía sentir como una niña pequeña cuando yo ya era una mujer.

Lola era gran amiga del Rey; en una ocasión llegó a nuestro departamento para festejar su santo. Llegó con su pareja de aquel tiempo, un policía amigo nuestro llamado Octavio Menduet. Luego llegó el mariachi Vargas, el empresario Arnulfo "el Gordo" Delgado y más conocidos. Fue una velada llena de chistes e imitaciones de los demás artistas colegas por parte de los Vargas y José Alfredo. Las carcajadas componían la música de fondo.

Todos los conocidos del Rey ya lo sabían: yo, Alicia Juárez, era su mujer. Él siempre me dio mi lugar. En todo momento me defendía de las críticas y me aconsejaba sobre cómo proceder ante reacciones negativas de los demás hacia mí. Por ejemplo, durante una temporada con Lucha Villa y Cornelio Reyna, falté varios días porque me habían sacado las anginas. Me dolía increíblemente tragar saliva, ¡me quería morir!, ¡no soportaba la molestia! Aun así asistí al teatro y, como en días anteriores habíamos ido a Chalco por gelatinas, decidí llevar varias para los colegas. Sabía que a Lucha le encantaban, así que cada vez que íbamos al pueblo cercano a los volcanes, traía entre cincuenta y sesenta de ellas para compartir. Me acerqué al camerino y la vi rodeada de amigos y empresarios. Me vio y me preguntó con un tono amargo:

—¿En dónde ha estado? José Alfredo estaba perdido sin usted.

—Me operaron de las anginas.

Alzó las cejas y fingió sorpresa.

—¿Cómo? Esas operaciones son para las niñas, no para las que se creen niñas.

La verdad es que no entendí el comentario, pero me ofendió bastante. Por su tono supe que no había sido amable y por los rostros incómodos de los que la rodeaban, me avergoncé. No me importó entregar las gelatinas, me regresé al camerino de José Alfredo y le pregunté qué significaba el comentario que Lucha me había hecho.

—¿Qué?, ¿quién te dijo eso?

Estaba claramente molesto; le dije el nombre y resopló.

—No le hagas caso, escuincla; es pura envidia.

Poco a poco, me convertí en la mancuerna de José Alfredo; le ayudaba a prepararse para los espectáculos, a ponerse en forma, a grabar con pista sus canciones o a que las recordara. En una ocasión estuvimos en Guadalajara —la magnífica Ciudad de las Rosas, la Perla de Occidente— con Rubén Fuentes y también con Lucha Villa (ella y José Alfredo cooperaban bastante juntos); íbamos a grabar frente a un templo precioso. El maestro los preparaba y entusiasmaba. Los dos íconos de la música ranchera bromeaban entre sí para mostrarse naturales y alegres. No había mariachi. Sabía que a los dos les costaba mucho detectar en cuál momento de la pista entrar si no contaban con el apoyo de las guitarras, trompetas y violines. Rubén me invitó a la cabina de producción que estaba instalada dentro de un tráiler; yo lo seguí.

Todo iba de maravilla hasta que Rubén se marchó. Tenía que atender otro asunto pero sí regresaría. Lo que les hubiera costado nada con el mariachi, les llevó largas horas al dúo Villa-Jiménez. No lograban entrar a tiempo, estaban nerviosos, tenían calor y cada vez era un lapso mayor desde que habían comido por última vez. La canción se acababa antes de que ellos lo hicieran y nadie los estaba ayudando. Yo escuchaba todo desde la cabina con el técnico. A través del vidrio veía a José Alfredo y a Lucha intentarlo sin resultados; poco después entró el Rey y me pidió ayuda. Yo era muy buena para detectar cuándo era la entrada y avisarle, sin embargo, algo me dijo que esa vez no le ayudara; fue un instinto de conservación, me negué.

Continuaron con sus intentos; mis tripas también sufrían por el hambre. Lucha entró al tráiler sudando a chorros; se sentía a leguas su negatividad y fatalismo.

—No entiendo por qué no nos sale —se expresó molesta.

—Están entrando muchísimo después —dije yo sin pensarlo, casi en un susurro.

—Es que tú cantas como machetito, nosotros no; nosotros fraseamos, ¿me entiendes?

Su respuesta me pareció muy grosera; ¿quería decir que yo no cantaba bien? Me enojé mucho, también me entristecí. Sentía que los ojos se me aguaban; me concentré en no llorar y continué mirando el monitor y los botones. No sabía cuánto les llevaría lograrlo. Me entretuve jugando con mis manos, canturreando, mirando el techo. Al final entraron a tiempo y la canción quedó muy bien. Estábamos listos para irnos. José Alfredo me abrazó fuera del estudio, bajo un cielo nocturno. Lucha esperaba con molestia al chofer que nos llevaría al hotel. Había sido un día largo y arduo; habían llevado a cabo una tarea complicada y desgastante. Cuando llegó el vehículo, José Alfredo abrió la puerta trasera y permitió que Lucha y yo entráramos; él se sentó en el lugar del copiloto. Todos teníamos mucha hambre. Lucha Villa comenzó a pelar una naranja. Yo estaba tan sentida que ni siquiera volteé. Lucha extendió su mano hasta mí y me ofreció un poco.

—No, gracias —le contestó mi orgullo; no me había gustado su grosería.

—Ándale, no has comido nada en todo el día —insistió.

Tomé la fruta; le agradecí. Entendí que ésa era su manera de pedir una disculpa. Esa naranja me supo deliciosa.

Lucha Villa era una gran artista, una gran mujer. Imponía. Fue ella quien volvió popular la canción escrita por José Alfredo bautizada como "Amanecí otra vez". Aunque se rumora que esta pieza fue escrita para ella, la verdad es que no: ella y el Rey nunca estuvieron en una relación romántica. José Alfredo me confesó en alguna ocasión que, mucho tiempo antes de que él me conociera, se estaba encariñando con ella, la quería muchísimo. La invitó a una fiesta organizada por un productor de televisión muy importante en aquel tiempo —el señor Ferrer— a la cual acudirían los mejores artistas. Entre las copas, la música y el baile, Lucha comenzó a platicar con alguien más; se marchó con esta persona y desde ese día, José Alfredo se rindió en los intentos de acercarse a ella. Prefirió ser sólo su amigo y así fue como cultivaron una gran amistad entre autor e intérprete.

"Amanecí otra vez" se la escribió a una vedette del teatro Blanquita llamada Jessica Munguía. También a ella le compuso la de "La media vuelta" pues ella, estando en una relación con José Alfredo, se fue a Europa con un hombre de mucho dinero. Después de haberse divertido del otro lado del mundo, ella regresó sin pareja y sin dinero. Buscó al Rey quien, lógicamente, ya no la recibió. Posteriormente ella se volvió novia de Marco Antonio Muñiz. Ya no hubo más media vuelta, pues hasta la fecha sigue ahí.

Otra canción que nació después de un momento de pasión es la de "Mi Tenampa". Ésta la escribió para una turista gringa, con quien estuvo sólo una noche. Bastaba cualquier pretexto, cualquier comentario o frase para que a José Alfredo se le prendiera el foco y comenzara a escribir. Su genio musical no tenía fondo; a mí me gustaba inspirarlo y motivarlo a componer y a perfeccionar su material. A veces llegaba al departamento con una idea vaga, yo le preguntaba más al respecto para que la pudiera desarrollar mejor. Me encantaba verlo trabajar en la que era su pasión: la música.

Portada del primer álbum de Alicia Juárez en LP, producido por José Alfredo Jiménez en 1969. La canción de mayor éxito fue "El tren". El título del disco era *Alicia Juárez*, pues José Alfredo quería dar a conocer su nombre.

phone= 276020

Enero 9 de 1968   México D.F.

Mi muy querida Ahijada:

Nuestros planes tal y como te lo prometí están en pie, para llegar a ésta gran ciudad cuando puedas o quieras... no necesito cantar mi canción "Extráñame" para acordarme de ti.... puesto que no hay día que no te recuerde con cariño y ternura.

Lo del aeropuerto en Los Angeles no fue una despedida si no un hasta luego, y quiero que sepas que yo también me subí al avión llorando.... y es necesario que sepas que en ese pequeño viaje inspiraste la primera canción que yo te dedico; ojalá que vengan muchas más porque no todas las personas saben inspirar al artista. Te adjunto la letra de ésta nuestra primera canción, saludos cariñosos a tus familiares.

José Alfredo   y/o   Tus Lágrimas.

Ésta es la carta que acompaña la primera canción que José Alfredo escribe para Alicia, titulada "Tus lágrimas". José Alfredo la escribió en el avión desde California a México, pues acababan de realizar su primera gira. Alicia lloró cuando se despidieron.

Esta foto fue tomada el 3 de diciembre de 1969, en un centro nocturno de la Ciudad de México, celebrando el primer aniversario de su primera cita formal.

La servilleta pertenece a la boda de la pareja. Toda la decoración de la fiesta fue con ese diseño.

(Carta a Alicia, página anterior)
Enero 9 de 1968, México D.F.

Mi muy querida ahijada:

Nuestros planes tal vez, como te lo prometí, están en pie para llegar a esta gran ciudad cuando puedan o quieran… No necesito cantar mi canción "Extráñame" para acordarme de ti… puesto que no hay día que no te recuerde con cariño y ternura.

Lo del aeropuerto en Los Ángeles no fue una despedida sino un hasta luego, y quiero que sepas que yo también me subí al avión llorando… y es necesario que sepas que en ese pequeño viaje inspiraste la primera canción que yo te dedico; ojalá que vengan muchas más porque no todas las personas saben inspirar al artista. Te adjunto la letra de ésta, nuestra primera canción. Saludos amorosos a tus familiares.

José Alfredo/ Tus lágrimas

Escuincla de mi alma.

Parece mentira que una persona le haga tanta falta a otra persona, que una niña que empieza a vivir, le de tanta — fuerza a un hombre que ha vivido tanto, soy como un perro sin dueño, como un cielo sin color, como un río sin agua, ¡soy nada!

Faltan muchas horas para que yo me vuelva a ver en tus ojos negros, que adoro con toda la fuerza que pueda tener un corazón enamorado por primera vez, consciente de lo que hace y completamente seguro de lo que es, y ¿qué sabe, mi niña hermosa, cuánto te quiero? sólo Dios. Pero esto ni te puedo decir, ni la distancia, ni nadie podrán arrancarme éste amor que va a morir conmigo, te quiero más de lo que está permitido querer, soy tuyo porque no podría ser de nadie, y nadie puede decir que ha sido mi dueña como tú lo eres. Alicia, Alicia, Alicia, Alicia, Alicia, Alicia, Alicia, Alicia, Alicia, que bonito te llamas, podría oír tu nombre millones de veces, y seguir oyéndolo más y más con el cariño más puro y más bonito que Dios mismo ha puesto en mi pecho para ti. Porque estoy seguro que éste amor, Alicia ¡ES DE DIOS!

Esta carta la escribió José Alfredo en la primera Navidad que estuvieron separados. Alicia no pudo estar con él porque aún asistía a la escuela y ese fin de año se graduaba. Más tarde, de esa carta le hizo una canción.

Esta fotografía, frente al Hotel Tequendama, en Bogotá, fue tomada durante su primer viaje a Colombia en 1970, donde tuvieron gran éxito con sus coplas. Alicia tendría muchos éxitos aun después de la muerte de José Alfredo.

(Carta de amor a Alicia, página anterior)

Escuincla de mi alma.

Parece mentira que una persona le haga tanta falta a otra persona, que una niña que empieza a vivir le dé tanta fuerza a un hombre que ha vivido tanto. Soy como un perro sin dueño, como un cielo sin color, como un río sin agua. ¡Soy Nada!

Faltan muchas horas para que yo me vuelva a ver en tus ojos negros, que adoro con toda la fuerza que pueda tener un corazón enamorado por primera vez, consciente de lo que hace y completamente seguro de lo que es y lo que sabe. Mi niña hermosa, ¿cuánto te quiero? Sólo Dios. Pero esto sí te puedo decir: ni la distancia ni nadie podrán arrancarme este amor que va a morir conmigo. Te quiero más de lo que está permitido querer. Soy tuyo porque no podría ser de nadie, y nadie puede decir que ha sido mi dueña como tú lo eres. Alicia, Alicia, Alicia, Alicia, Alicia, Alicia, Alicia, Alicia, Alicia, qué bonito te llamas, podría oír tu nombre millones de veces, y seguir llenándolo más y más con el cariño más puro y más bonito que Dios mismo ha puesto en mi pecho para ti. Porque estoy seguro que este amor, Alicia ¡ES DE DIOS!

Carta de perdón
Diciembre de 1971. Ciudad de México.
Carta de José Alfredo a Alicia después de una discusión que terminó en violencia, y tras la cual ella decidió regresar a California con su familia.

Fotografía de Alicia y José Alfredo mientras interpretaban sus famosas coplas, en el restaurante Arroyo en la Ciudad de México, 1970.

(Carta de perdón, página anterior)

Tu amor, en la forma que tú me lo diste, no tiene precio; te lo voy a pagar con amor, con verdad y con ternura. Voy a ser tu esclavo y tu hombre, y voy a ser obediente sin dejar de mandar, y en mí ya nunca habrá mentira. La voy a sepultar en el panteón del olvido de no sé qué ciudad. Voy a adorarte siempre, hasta allá donde se acaba el camino… hasta allá donde el que manda me dé la orden de decirte adiós, pero va a ser un adiós envuelto con todo mi corazón para que cuanto tú lo agarres con tus manos se convierta en un "allá te espero".

        Alicia, cuando te pregunten quién te quiere más en este mundo, contesta segura de ti, sin pensarlo y sin dudarlo.

José Alfredo

Ayer 3 de diciembre 1968

Hoy 3 de diciembre 1971

MAÑANA no habrá un mañana que no te quiera más.

Pedro El herrero.
Huapango de Jiménez / Lico.

No pude ser algo grande
Por no haber ido a la escuela
Voy aprendiendo despacio
Lo que la vida me enseña.

No pude alcanzar la gloria
Por no salir de mi pueblo
Mi pueblo lleno de Historia
No quise dejar de verlo.

No sé ni escribir mi nombre
Yo no entiendo los letreros
Soy de este mundo el más pobre
Hijo de Pedro el Herrero.
Cuanto trabaja mi padre
Por tan poquito dinero.

Y yo no pude ayudarlo
Por no haber ido a la escuela
Sigo aprendiendo despacio
Lo que la vida me enseña.

Me siento lleno de orgullo
Aunque no tenga dinero
De ser hijo de mi padre
Mi padre es "Pedro el Herrero".

José A. J y Carlos Lico

Alicia cuenta que José Alfredo tardó tres días escribiendo "Pedro el Herrero", mientras tomaba licor con Carlos Lico. Se levantaron de la mesa hasta que José Alfredo la terminó. Carlos Lico firmó la canción como un regalo por la compañía brindada.

Nieve de zapote negro para dos

—Escuincla, ya no cabe ni un alfiler en este lugar —me decía él con frecuencia. Yo le contestaba con un grito desde la cocina que no fuera tan exagerado.

—No necesitas gritar, aquí un susurro se escucha desde el cuarto hasta el recibidor.

Yo me encogía de hombros, me encantaba mi departamentito. No obstante, para él ya no cabía; así que un día me propuso que encontrara un nuevo lugar.

—Vamos a vivir juntos, escuincla.

Inmediatamente busqué en periódicos y avisos de ocasión. Como no detectaba uno que fuera de mi agrado, tomé un taxi durante todo un día y rastreé por calles y calles hasta que me topé con uno que contaba con cuatro cuartos. Era muy amplio, elegante y cómodo. Estaba ubicado sobre la calle Nueva York. José Alfredo, sin verlo y por teléfono, me dijo que lo rentara.

Ese mismo día nos dirigimos a una de las mueblerías de los Hermanos Vázquez. El Rey acababa de componerles un jingle publicitario; cuando el dependiente nos vio entrar, se desvivió en atenciones hacia nosotros y nos dijo que viéramos y ordenáramos lo que quisiéramos. Entonces me divertí de lo lindo escogiendo muebles por su color, su material, su tamaño y su estilo. José Alfredo me permitió tomar todas las decisiones decorativas; se limitó a seleccionar una cantina. Yo recorría los pasillos con entusiasmo. Recordaba las revistas de decoración que había hojeado mientras esperaba en el camerino. De hecho, curiosamente, recordé los muebles del hotel Biltmore. No sé si en realidad se parecían o no, sin embargo, estar en la mueblería con José Alfredo escogiendo los sillones y sillas para nuestro hogar me recordó a aquel momento de nerviosismo y tensión entre los dos. Fue siempre tan evidente el chispazo de amor entre él y yo…

—De una vez que los lleven a la casa, ¿verdad, escuincla? —me preguntó José Alfredo rompiendo con mis románticos pensamientos.

—Si se puede, claro que sí —contesté yo.

—Claro que sí, señorita Juárez —dijo el dependiente y llamó a los cargadores.

José Alfredo y yo esperamos ansiosamente en el departamento que sería para siempre nuestro hogar; estaba ubicado en la colonia Nápoles, el número era 401 y tenía un hermoso balcón que daba hacia la calle. El lugar era muy espacioso, contaba con una gran área para el comedor y la sala. La cocina en realidad no era muy grande, pero le cabía todo lo necesario; a un costado de ella se encontraba el cuarto de servicio donde Licha se sintió feliz. El departamento tenía cuatro cuartos; uno era nuestro, otros dos para las visitas y el tercero fue adecuado por José Alfredo como una cantina. Le colgó un letrero de neón que rezaba: MI TENAMPA, y lo decoró con mucho estilo: el bar tenía forma de riñón, como las grandes barras de hoteles de lujo. La madera era hermosísima y lustrosa; las sillas muy cómodas. Lo que auténticamente dotaba al cuarto de estilo, era la alfombra hecha con una tela muy famosa y popular en esa década conocida como *shag* (de "peluche"). A mí se me figuraba que parecía pasto y era tan mullida que se podía descansar sobre ella.

En este lugar se encerraba para componer o para inspirarse. A mí me gustaba que él tuviera su propio espacio para que su ingenio musical fluyera. Le gustaba compartir conmigo sus bocetos de canciones; él nunca componía letra y música por separado porque decía que, si lo hacía de esta manera, se robaba: su cerebro utilizaba impulsivamente una melodía que ya existía para asentar sobre ella la letra de la canción naciente y luego era más complicado separar la música de los versos para componer otro ritmo y acordes.

—¿Y una cantina es necesaria? —le interrogué alguna vez.

—¡Por supuesto, escuincla! Una casa sin cantina no puede ser de José Alfredo Jiménez.

A su Tenampa asistieron muchos artistas a celebrar la vida, compartir momentos y escribir canciones. En una ocasión Juan Gabriel estuvo con nosotros por horas y horas, ¡casi todo un día!; yo los atendía y también me sentaba un rato con ellos para platicar. Nos cantó una canción que acababa de componer días atrás:

> *Quiera el corazón, lo quieras como yo te quiero,*
> *no seas cruel, no hagas más grande este sufrimiento…*

—¡Me encantó!— exclamé emocionadísima.

—Acércate —me contestó él.

Me sonrió con ternura y extrajo un plumón. Escribió sobre la mezclilla de mis pantalones: "Mi canción, 'Ya no insistas corazón', se la doy a grabar a Alicia Juárez con todo mi cariño". Firmó el mensaje. Yo le devolví la sonrisa. Lamentablemente nunca grabé la preciosa melodía; Licha lavó mis pantalones sin percatarse del tesoro que borró. Lo único que queda es el momento vivaz de Juan Gabriel y su característica nobleza y alegría.

Me divertían y fascinaban todos los aspectos de la personalidad de José Alfredo: desde su sentido del humor hasta sus actitudes casi perfeccionistas a la hora de crear canciones. Nos gustaba saber que, a diferencia de lo que muchísimas personas creían, éramos una pareja normal y típica. Yo le guisaba platillos que me recomendaban las vecinas mientras él miraba las caricaturas en pijama, frente a la televisión. Le aconsejaba sobre qué vestir y después me lanzaba a las tiendas departamentales para comprarle ropa que lo hiciera sentir cómodo y elegante.

Cuando la ropa compuesta con elástico salió a la venta, corrí a comprarle un par de pantalones a José Alfredo para que no sintiera que la tela le apretaba mucho cada vez que se sentaba. Al principio se mostró escéptico a vestir con esa tela; todo cambió cuando se la probó. Modeló emocionado por la casa y después hizo la prueba de sentarse.

—Órale, escuincla, qué buena compra.

Aquella fue luz verde para que yo regresara a las tiendas a comprarle más conjuntos de pantalones con chaqueta. José Alfredo comenzó a utilizar estas prendas de diario hasta el punto que las vestía en sus espectáculos. A pesar de que él era muy respetuoso y digno con el traje charro (nunca colgaba ni pistola ni sombrero; le molestaban en demasía los artistas que hacían esto), optó al final por utilizar la ropa elástica con un zarape encima y su sombrero charro bien puesto. Le gustaba la comodidad.

Cuando las camisas con holanes en colores pastel se pusieron de moda, también quise que José Alfredo las utilizara. Me acuerdo perfectamente que le compré una color rosa porque él se había mandado a hacer un traje charro color verde limón. La peculiaridad de aquel traje fue que le habían puesto una franja de satín en el saco, como si fuera esmoquin. José Alfredo abrió brecha entonces en la moda de este tipo de traje de charro. Cuando yo le enseñé la camisa rosada que le había comprado para utilizar con su traje verde nuevo, dijo:

—¿Ese color? Van a pensar que soy…

—¡No! —lo interrumpí—, yo sé que no lo eres, así que póntela.

José Alfredo se alzó de hombros; seguía mis consejos con seguridad. También me permitió cortarle el bigote. No me gustaba cómo se lo dejaba su estilista y secretario, Pato, porque se lo cortaba tanto que los cabellos le quedaban horizontales. También comencé a cortarle el cabello de la manera que creía que le iba mejor. Yo nunca había estilizado el peinado de alguien, sin embargo, él no dudó cuando vio las tijeras en mis manos. No sé si cerró los ojos con fuerza cuando di el primer tijeretazo; le satisfizo el resultado. Luego me enfoqué en sus patillas y su bigote: ambos se los alargué para perfilar su rostro. Le quité la grasa del cabello y lo comencé a peinar con otros productos menos brillantes. No por nada le hacían burla entre sus amigos y conocidos: su apariencia estaba rejuveneciendo a mi lado, a ambos nos gustaba.

Aprendí a hacerle pedicura y le curaba las infecciones. Sufría levemente de acné; le dolía mucho cuando le salían granos en la espalda y tenía que saludar a caballeros, pues siempre se palmeaban la espalda. Yo observaba su cara con mirada de dolor, esto me motivaba a desinfectarle las espinillas que tanto lo lastimaban.

Generalmente, cuando me estaba bañando, escuchaba la puerta que se abría e inmediatamente un piropo emitido por el Rey; le gustaba chiflarme, enviarme besos o de cualquier manera que se le ocurriera, echarme flores por mi figura. "Estás bien buena, escuincla", me gritaba. Yo estaba acostumbrada a estas frases y muestras de cariño.

Me reía mucho cuando sucedía. Un sábado cualquiera me levanté para bañarme; prendí la llave, me metí a la regadera y permanecí bajo el agua para que mi abundante cabello se mojara completamente. Pensé que los chicos pronto se levantarían (los hijos de Mary se habían quedado en el departamento para disfrutar el fin de semana) y yo quería adelantarme y prepararles algo rico para desayunar. Apresuré el paso, cerré la llave, busqué a tientas mi toalla y comencé a secarme. Jalé la cortina y me paré sobre el tapete que estaba afuera de la regadera. Con una toalla enredada en mi cabello, comencé a hacer un ejercicio de equilibrio para secar mi cuerpo. El picaporte giró, ahí estaba José Alfredo. Me giré sin pensarlo dos veces, estaba lista para recibir mi dosis diaria de piropos. ¡No lo podía creer! Solté un grito de miedo y sorpresa, él también. No era el autor de "Amanecí en tus brazos" quien me miraba desde la puerta sino su hijo el mayor: José Antonio, Toño. Él seguía gritando sin saber qué hacer, yo me cubrí lo más rápido que pude y le imploré que se saliera; entendió mi orden y cerró la puerta.

Pasados unos minutos me envolví en mi toalla y salí del baño. José Alfredo seguía en la cama, las sábanas cubrían hasta su barbilla. Me acerqué a su rostro y le hablé con susurros, mi intención era despertarlo.

—José Alfredo, mi amor, oye.

Soltó un gruñido somnoliento a manera de respuesta.

—¿Me escuchas?

—Sí, escuincla —sus palabras sonaban aguardentosas—, ¿qué pasó?

—Pues… pues Toño entró al baño mientras me secaba y me vio.

José Alfredo abrió los ojos y volteó a verme; se quedó callado un minuto aproximadamente, luego se afinó la garganta.

—Yo hablo con él.

Tuvieron que pasar muchos, bastantes años para que me enterara sobre el resultado de dicha conversación. Según José Manuel, el otro hijo de José Alfredo, su padre le preguntó a Toño si era cierto que me había visto desnuda saliendo de la regadera. El chico se rascó la frente con nerviosismo, la mirada inquisitiva de su papá lo hacía sudar. Optó por la verdad y afirmó con su cabeza.

—Sí, papá.

José Alfredo sonrió y le palmeó la espalda.

—¿Está bien buena, verdad?

Él me consentía con todos los antojos que me cruzaban por la cabeza porque siempre he sido una de esas personas con romances gastronómicos y delirios de platillos que se preparan a kilómetros de la Ciudad de México.

—¿Qué quieres comer hoy? —me preguntaba muy seguido cuando nos despertábamos.

—Enchiladas de Morelia, de las caseras —le contestaba sin reflexionar en el impacto de mis palabras.

—Pues vámonos.

Las carreteras eran nuestro refugio de inspiración. A él se le ocurrían muchas canciones mientras conducía con su mano sobre mi muslo. Cuando comenzaba a escuchar que emitía un sonido gutural, como una especie de tarareo, ya sabía que era una melodía que se le había metido a la cabeza. Las montañas, los ríos, los senderos, las nubes y los árboles: todo el paisaje era un excelente estímulo para el espíritu creativo de José Alfredo.

Cuando llegábamos a nuestro destino, él me cantaba la canción para, si se le olvidaba, yo pudiera decirle cómo iba. Me gustaban estos ejercicios, la transmisión de sus ideas a mi cerebro como un receptáculo de confianza y seguridad. También escribía en cualquier servilleta, papel o periódico que se encontrara. Su meta era no perder lo que acababa de forjar entre sus manos. Era como una llama pequeña, la canción, que amenazaba con extinguirse si no se resguardaba de alguna manera.

—Te voy a regalar una grabadora —le dije a José Alfredo alguna vez en carretera.

—¿Para?

—Para que no olvides todas las canciones que se te ocurren. Imagínate cuántas ya se han ido.

Su mirada fue de miedo.

—A veces son tantos, escuincla, los sentimientos de amor que me albergan cuando estoy contigo que también quisiera una especie de grabadora para que los guardaras y disfrutaras de ellos cuando quisieras.

—¿En serio, José Alfredo?

—¡Pues claro! Te lo digo: nunca he sido tan feliz como en ese departamentito que compartimos los dos y mira que ya he vivido en grandes mansiones. Pero lo que tú me das, no lo encuentro ni entre estos maravillosos paisajes.

La pregunta con la que José Alfredo me levantaba: "¿Qué quieres comer hoy, escuincla?", marcaba la pauta de nuestros días, el ritmo. Varias veces nos subimos a un avión para ir a degustar platillos en otras partes de México y entonces el tiempo corría rápidamente entre un vuelo y el otro; sin embargo, a veces mi antojo estaba a cuadras del departamento, caminábamos entonces agarrados de la mano, cantando e inventando melodías juntos. Un día la pregunta cambió:

—¿Ya te conté que en mi pueblo venden la mejor nieve de zapote negro?

Negué con la cabeza.

—Entonces iremos a probarla.

En la carretera, el aire que entraba por la ventana semiabierta se llevaba nuestras palabras; nuestros ojos se llenaban de imágenes encantadoras. Yo albergaba muchas dudas en mi cabeza, ¿cómo sería Dolores Hidalgo, Guanajuato? José Alfredo ya me había comentado antes que anhelaba regresar a su pueblo y retirarse de la trayectoria profesional; yo sentía que mi alma debía estar junto con la suya, así que lo seguiría. Quería conocer las calles de las que tanto me había hablado, iba a compararlo con la ciudad donde me había criado, Oxnard, para ver si existía al menos un ligero filamento, un hilo delgado de similitud entre mi infancia y la del Rey. El momento justo en el que cruzamos el letrero de bienvenida en la carretera y que José Alfredo afirmó que estábamos entrando a Dolores Hidalgo, la respuesta a mi pregunta fue contundente: veníamos de diferentes mundos. Oxnard era una ciudad de Estados Unidos con una infraestructura sólida y moderna, Dolores Hidalgo era un pueblo mágico; José Alfredo había comenzado a caminar entre construcciones coloniales, grandes templos naranjas y piedras antiguas y conocedoras del ritmo de la Independencia y la Revolución. Quioscos, portales, estatuas, iglesias. No me cabía duda de dónde venía el patriotismo de José Alfredo.

—¿Patriota, yo? —me dijo cuando le externé mi pensamiento—. No, escuincla, no conoces a mis hermanos. Ellos sí son patriotas; yo me permito admirar otros países, como en el que te criaste tú, admirar otras ciudades. Ellos, si lo hacen, lo comparan con la belleza de nuestro país, México. ¿Patriota, yo? Ojalá, ojalá un poco más…

Pegada a él en el carro, a un costado pero casi fundiéndome con su cuerpo, le preguntaba todo a José Alfredo; señalaba edificios, nombres de calles, personas, objetos. Soñaba con descubrir la que había sido su vida de pequeño entre esas calles. Él se reía y me proporcionaba la mayor cantidad de detalles que recordara.

—Mira, escuincla, ¡ahí está! Ése es don Victorio. Él hace la mejor nieve, te lo juro; ya verás.

Estacionamos el carro en la acera de la plaza y nos bajamos. José Alfredo estaba a punto de correr; sus pasos fueron acelerados hasta alcanzar el carrito con nieves y a un señor de edad avanzada. Don Victorio se limitó a servir la nieve y sonreírnos.

—A ver, escuincla, quiero ver cómo pruebas por primera vez la mejor nieve del mundo.

Acerqué mi boca y lo hice. Él me miraba con intriga, esperaba mi respuesta.

—Creo que, una vez más, estás en lo correcto.

Con mi bendición y gran satisfacción, José Alfredo engulló su nieve rápidamente.

—Ahora sí, vámonos para mi casa.

Ya conocía a varios miembros de la familia de José Alfredo, no obstante, era totalmente diferente estar en Guanajuato de visita. Sabía que se juntaba un gran número de sus familiares y, aparte, era fin de semana, así que la mayoría tenía tiempo para invertirlo en casa de los abuelos.

Llegamos a casa de su hermana mayor: Lola. Ahí también estaba su sobrino, Guillermo Azanza Jiménez, a quien le llamábamos

Yemo. Él convivía muchísimo con José Alfredo, muchísimo más que su hermano Pepe Azanza. A él el Rey lo apodaba el Politiquillo de la familia. José Alfredo tenía medios hermanos porque su padre, don Agustín, había quedado viudo. Estos cuatro hermanos se llaman: Agustín, Rosario, Dolores (Lola) y Juan. Después, con doña Conchita, tuvo a Nacho, Conchita, José Alfredo y Víctor. Todos se criaron como una gran familia sin distinciones entre un grupo de hermanos y el otro.

Lola y los demás nos recibieron cálidamente, nos abrazaron y rápidamente nos ofrecieron un trago. José Alfredo simplemente negó en silencio; nos pusieron en las manos vasos con agua de jamaica. Por mi edad, no tenía tema de conversación con los mayores; me sentaba cerca de ellos y los escuchaba sin opinar. No había miembros de la familia que estuvieran por los veinte años: los grupos se dividían en los pequeños menores de doce y los grandes mayores de treinta. En medio, quedaba yo. Opté por salir a la calle y ver a los niños y niñas jugar: pateaban una pelota de un lado al otro del empedrado. Me senté en una silla al lado de la puerta y apoyé mi barbilla en mis manos. Los niños estaban presumiendo todo lo que tenían con los vecinos: su balón, sus playeras, sus habilidades.

—Es más —gritó uno—, mírala a ella, es mi tía abuela, ¿tú tienes tía abuela?

Con su dedito sincero y decidido, el niño me apuntaba a mí. Hice las cuentas en mi cabeza; técnicamente yo sí era su tía abuela.

—¿Verdad que lo eres? —me dijo el chiquillo.

—Pues sí —contesté tímidamente.

El presuntuoso juego de futbol continuó con una carcajada por mi parte; José Alfredo me llamó después para decirme que pronto nos iríamos.

—No sin antes pasar a la plaza y comprar otra nieve de zapote negro —aclaró. _____

Caminos y carreteras

Después de días arduos y divertidos fuera de nuestro departamento, después de una caza alimenticia exitosa que comenzaba con una pregunta matinal, regresábamos exhaustos a la cama. Yo me metía sin pensarlo en las sábanas y él se dirigía a su Tenampa a terminar lo que había empezado en el camino: sus canciones.

Guanajuato siempre nos encantó; desde el primer viaje me enamoré de su cultura, su gente y su gastronomía. José Alfredo conocía muchas historias y leyendas de sus callejones y calles empedradas. Me platicaba sobre los gánsteres que habían ideado hacer túneles y caminos subterráneos para comunicarse y llevar a cabo sus delitos. Yo iba con la boca abierta; absorbía cada detalle que se colaba en mi campo de visión, ¡qué hermosa ciudad!

—¿Vamos a ver a las momias?

—¿Cuáles momias? —pregunté, intrigada.

—Ya verás; son momias reales.

Cuando las vi me llevé un buen susto, se podía ver su cabello, sus manos cadavéricas en posiciones de suplicio; una tenía incluso una soga en el cuello. Estaban totalmente al descubierto. José Alfredo me guiaba de la mano, le gustaba verme sorprendida y emocionada con los paisajes y curiosidades que mis ojos no habían visto antes. Luego fuimos a cenar a un restaurante del hotel Real de Minas: estuvo riquísimo. Caminamos por los románticos recovecos de Guanajuato para después conducir hasta León, donde dormiríamos. El hotel donde nos alojamos era muy oscuro y gigantesco. Era hermosísimo, pero a la vez me atemorizaba por su magnitud y antigüedad.

—Escuincla, ¿tú sabes qué pasó aquí?

—¿Qué pasó de qué?

Estábamos ya instalados dentro del cuarto; por la ventana se vislumbraba un cielo nocturno sin muchas estrellas ni luna.

—Te voy a contar sobre la persona que falleció en el cuarto contiguo.

Con mis facciones de terror, José Alfredo se desternillaba de risa. Yo no sabía si creerle o no, sin embargo, era más grande mi curiosidad que mi miedo. Parecía que ésa era su misión diaria: consentirme, complacerme y hacerme reír.

Cuando regresamos de Guanajuato, José Alfredo me invitó a un cabaret llamado Catacumbas. Me explicó que me iba a gustar mucho porque el cabaret era temático y habían creado momias para adornar el lugar; había también ataúdes apilados en las paredes, eran alrededor de ocho o diez. En cuanto vi esto quise acercarme para escudriñar los detalles decorativos. José Alfredo me atraía discretamente hacia él, me besaba, me contaba algo, se las ingeniaba para que yo no siguiera acercándome tanto. Esto sólo provocaba más curiosidad en mí. Continué acercándome y José Alfredo repetía sus ademanes para alejarme. Por fin llegamos al último ataúd y —cual niña pequeña— me acerqué sin pensarlo. Dentro había una momia tan real que hasta respiraba; cuando me percaté de este detalle, el muerto abrió los ojos y me gritó: "¡Bu!" Yo solté un grito escalofriante que se escuchó a kilómetros de distancia. El Rey me abrazó y entendí por qué se había estado empeñando en que yo no me acercara tanto: ¡la última momia era un actor disfrazado! Pasado el susto, reímos juntos.

También disfrutaba de compartir su sabiduría conmigo, como la primera vez que fuimos a Chalco y él me contó la leyenda de los volcanes Popocatépetl e Iztaccíhuatl, en cuyas faldas está el pintoresco poblado. Yo lo escuchaba con toda la atención del mundo; en su voz el romance entre el guerrero y la princesa azteca sonaba todavía más cautivador.

Cuernavaca era otro de los lugares a los que íbamos con mucha frecuencia a desayunar. Siempre después de haber comido nos paseábamos por sus hermosas calles cargadas de flores, vida, árboles y color.

—Le dicen la ciudad de la eterna primavera —me explicó José Alfredo. No hubo necesidad de preguntar el porqué, la abundancia de vegetación que veía era suficiente para entenderlo.

—¡Mira nada más! —exclamó.

Íbamos en el carro, pasábamos por una calle muy estrecha (más que nada se asemejaba a un callejón) y frente a nosotros había un señor bloqueando el paso con su vehículo, cuyo cofre estaba abierto. El hombre estaba inclinado sobre él y parecía que lo estaba arreglando. Sus movimientos eran lentos y meticulosos; pasaba su mirada del motor de su carro a nosotros, después levantaba un brazo lentamente y dirigía su mano al interior del cofre. Parecía que estaba tardando mucho a propósito. José Alfredo no se iba a rendir, no quería esperar. Torció el volante y comenzó a maniobrar. Con mucho esfuerzo lograría hacer pasar el Ford Galaxy por la callejuela. Los espejos exteriores casi rozaban la pared del edificio junto al coche desvalido.

—Escuincla, baja tu cristal y cuando estemos al parejo de este buey, le dices muy quedito: "Ya tírelo".

Yo, que siempre fui muy obediente y dócil con José Alfredo, giré la manivela para abrir la ventana. En cuanto pasamos a su lado le dije exactamente como él me lo había pedido.

—Ya tírelo.

El hombre volteó con violencia y me encaró con un rostro compungido por la ira.

—¡Chinga tu madre!

Nunca antes en mi vida me la habían mentado; abrí mi boca y la cubrí con mis manos, elevé mis cejas y me quedé congelada. Mi rostro de sorpresa provocó unas carcajadas tan sonoras en José Alfredo que seguramente se escucharon hasta la Ciudad de México. La diversión nunca faltaba en nuestros días.

José Alfredo me incluía en sus grandes pasiones, como el futbol. Me llevaba mucho al estadio, aunque yo prefería verlo en la televisión. No siempre tenía el ánimo para acompañarlo, sin embargo, cuando lo seguía, terminaba emocionándome. Un día que fui sin muchas ganas al estadio Universitario del sur de avenida Insurgentes, nos topamos con una fila kilométrica. Esto no nos preocupó; generalmente había alguien que reconocía a José Alfredo e insistía en hacerle un favor o atenderlo con privilegios. Bajo un intenso sol y entre tanta gente, esperábamos por un buen samaritano que se nos acercara, pero, cosa curiosa, no sucedió.

—Habrá que hacer fila —le dije.

Se alzó de hombros y tomados de la mano nos instalamos al extremo de la línea de personas. Había personas que iban solas, parejas románticas, familias enteras, chiquillos que corrían a diestra y siniestra. Yo me percaté de que José Alfredo se estaba impacientando. Pasados unos minutos estaba enojadísimo.

—¿Cómo es posible que con tanta gente haya sólo una taquilla? —comenzó a gritar.

La gente de frente y de atrás nos miró sorprendidos. Yo le apreté la mano en un intento infructuoso de tranquilizarlo.

—Por eso estamos como estamos… mexicanos pendejos.

Yo tensé la mandíbula; aquel último comentario fue recibido con menos entusiasmo. Muchos comenzaron a murmurar sobre lo que el Rey acababa de decir. Un señor muy fornido que estaba cerca de nosotros recogiendo y vendiendo boletos, escuchó la frase de José Alfredo. Se acercó con grandes zancadas, un rostro sudoroso y de pocos amigos. Yo lo observaba todo como si fuera cámara lenta; los curiosos alrededor también enfocaban su atención en este individuo.

—A mí nadie me llama pendejo —fue lo único que dijo.

Se quitó el reloj frente a nosotros; José Alfredo, muy a pesar de ser menos alto que él, hinchó el pecho. El Rey no se rajaba. El brabucón fornido levantó su puño en microsegundos, aunque para mí fueron largos minutos. Vi con antelación el golpe que estaba por aterrizar sobre la cara de José Alfredo. Casi a punto de ocurrir, me crucé entre los dos hombres. Tomé su mano y grité:

—¡Ya basta! Vámonos, mi amor.

Al grandote lo empujé del estómago; él no se pudo defender. Estaba perplejo ante una mujer que lo ponía en su lugar. Todavía no terminaba, antes tenía que decirle algo al encargado de los boletos que quería golpear a José Alfredo:

—¡Y sí son pendejos!

Me retiré caminando rápidamente con el Rey de mi mano. Estaba impresionadísimo; yo aún me sentía enojada. Tal vez había sido el calor. La idea de disfrutar del partido en casa con bebidas frías sonaba ahora muy tentadora.

A veces, al día siguiente de nuestras escapadas a las carreteras, pueblos mágicos o recovecos de la capital, me encontraba notas sinceras y espontáneas sobre el buró. Eran de él para mí; cien por ciento de su corazón para el mío. Saboreaba cada una de sus letras, se imprimían en mi alma; él sabía cómo definir puntualmente nuestro amor:

Los locos: nuestro amor es un amor nada más para nosotros; nuestro amor es un amor nada más para ti y para mí, que estamos locos. Yo te digo te quiero, tú me dices te adoro y después nos volvemos a decir; nos besamos temblando, nos besamos llorando y después empezamos a reír.

Las notas de amor siempre fueron un común denominador en nuestra relación. Cuando apenas comenzaba nuestro noviazgo y nadie sabía al respecto, me escribió una pequeña carta que yo le leí a mi mamá. No era algo que nos evidenciara, yo sólo quería compartir las palabras tan bonitas que alguien me había dedicado. Sin embargo, recuerdo que hubo un enunciado donde José Alfredo se refería a mis "nalgotas" y antes de pronunciar la palabra interrumpí abruptamente la lectura.

—¿Qué más dice? —preguntó mi madre que leía la misma nota desde atrás mío, su mirada sobre mis hombros.

—Ya nada, mamá —dije con nerviosismo y escondí la cartita.

José Alfredo tenía la receta perfecta para agregarle acidez o comicidad a sus notas. Generalmente, en las últimas líneas solía darle una vuelta de tuerca con pocas palabras. Por ejemplo, en una ocasión que nos peleamos, escribió lo siguiente para reconquistarme:

Alicia, amor, no dejes que se acabe nuestro amor porque yo te podría jurar que nuestro amor es tanto amor que no lo tiene nadie; tú eres la que tiene que decirme que me vaya porque yo soy más cobarde que tú; yo siento que estamos en el camino que va rumbo al final y estamos recorriendo los últimos kilómetros. Me va a ser muy difícil vivir sin ti porque no hay en ninguna parte del mundo una mujer que siquiera se parezca a ti, pero un frío, que no sé de dónde viene, está envolviendo nuestro amor. Defiéndelo, te quiero mucho, tanto que voy a pelearte aunque tenga que perder. El adiós que tú me des será el adiós más doloroso de mi vida. Si lo evito, me harías un gran favor porque sé que si te veo cuando te vayas, me voy contigo. Te quiero más que nunca, tú dices lo mismo y, sin embargo, ya empiezas a necesitar la ausencia, y el que aguanta lejos del que tanto quiere es que ya no lo quiere tanto; piénsalo bien la próxima vez, porque la próxima vez te mando a chingar a tu madre.

JOSÉ ALFREDO JIMÉNEZ, que tanto te quiere.

La primera vez que leí esta carta pasé de la ternura a una gigantesca carcajada. ¿Cómo dejarlo si me conocía a la perfección y sabía qué hacer para contentarme?

Éramos muy románticos. A él le gustaba sentir mi piel y a mí me gustaba jugar con la suya: le mordía los cachetes, le chupaba la nariz, lo llenaba de besos en la frente. Nos separaban más de veinte años; yo era muy niña con él, mi cariño era uno puramente inocente y pueril. No obstante, la edad no era ningún obstáculo para nosotros. Yo era más tímida en mi forma de expresar mi amor, pero cuando lo hacía, él rápidamente lo notaba.

Descubrí que le encantaba la sopa de cebolla que preparaban en los Estados Unidos; en algunos lugares la servían con queso gratinado encima, en otras con rodajas de pan. Siempre, al mover estas cubiertas, estas guardianas del aroma, nos topábamos con una llamativa sopa de color café con los tentadores pedazos de cebolla caramelizada. José Alfredo no la admiraba, la atacaba. Disfrutaba del delicioso sabor, la lúdica textura. Así que un día me animé, me dirigí a buscar un recetario, compré los ingredientes y, mientras él no miraba, preparé la predilecta sopa de cebolla.

—¡Escuincla! ¿Qué es esto? —exclamó al ver el plato sopero—, ¿preparaste sopa de cebolla?, ¡qué rico!

Con la cuchara surcó el caldo marrón, la probó. Emitió un gemido de gusto y continuó llevándose la cuchara a la boca. Le expliqué que lo había intentado porque sabía muy bien que esa sopa le encantaba. Soltó entonces la cuchara, volteó a verme.

—Estoy conmovido. Gracias. Te amo.

Ambos sonreímos. Me gustaba guisar para él; hacía arroz y picadillos, sin embargo, el platillo que él me pedía con más frecuencia eran los huevos a la mexicana. Sinceramente, yo creía que este desayuno era bastante simple; no detectaba la partícula especial de sabor que hacía que José Alfredo lo adorara. Eran huevos con chile y jitomate, nada más, pero a él le encantaban.

"Nadie prepara los huevos a la mexicana como tú", me decía con alegría. Él notaba los pequeños detalles, mis tiernos intentos por hacerlo sonreír, por provocar el amor.

—Escuincla, me encantas: "Si no sé hacer la sopa, aprendo a hacerla; si no hay tal bebida, voy a la tienda y se la traigo". Gracias por consentirme tanto. ⟵

Siempre le fui muy fiel; cuidaba muchísimo que no se hicieran chismes, los que a veces en el medio sobran...

Alguna vez tuve que ir al teatro Blanquita con el coreógrafo del lugar, Ricardo Luna. Él me estaba haciendo varios vestidos, pues yo todavía no tenía modistos. José Alfredo no me pudo acompañar porque era el cumpleaños de uno de sus hijos; Amanda estaba de visita en la ciudad, por lo que me acompañó. El Rey estaba preocupado de que fuéramos solas. Nos aconsejó quedarnos con el mismo taxista en ambos trayectos: de ida y vuelta.

—Sólo dile que las espere en el taxi afuera del teatro. Muy abusada, cuídense mucho —me dijo.

Al final del pasillo donde se hallaban los camerinos, estaba el número setenta y siete, que era el más grande y generalmente era usado como oficina. En dicho lugar, Ricardo me probaría los vestidos. El pasillo y los camerinos estaban retacados. Era un día muy concurrido. Vicente Fernández estaba presente. En cuanto nos vio se acercó hasta nosotras y, de manera efusiva, nos saludó de beso a las dos.

—¡Alicia!, ¿cómo estás?

A mí no me agradó el saludo; sentía que sólo lo hacía a manera de presunción frente a los otros señores que venían con él. Me comentó que Ricardo no estaba pero que podía esperarlo en su camerino, ¿en el camerino de Vicente, mi hermana y yo, sin José Alfredo? ¡Nunca!

—Fíjate que no; gracias —le contesté tajantemente.

Fui grosera adrede. Me marché con Amanda a ver entre cajas la presentación del mariachi Vargas. Vicente se paró a un costado mío; me estaba reclamando por mi respuesta. Seguramente lo había apenado con sus colegas.

—¿Sabes qué, Vicente? —interrumpí sus reclamos—; no me gusta que cuando no está José Alfredo me trates así. No lo hagas porque la gente que nos mira va a creer que yo te estoy provocando; ¡siempre culpan a las mujeres! Así que te decides: o me saludas siempre de una manera o de la otra.

—No, Alicia, no puedo saludarte así con él porque… porque Pepe es muy celoso.

—Pues sí, es celoso, pero no tonto. Si me saludaras de una manera normal él no tendría por qué enojarse; pero si me saludas de maneras diferentes, él va a pensar que algo lo está causando.

Vicente palideció.

—Te lo juro, Alicia, que de ahora en adelante te voy a saludar normal donde sea que nos encontremos.

Me tranquilicé con su respuesta. No quería que por terceros mi relación se enturbiara pues, como en todos los romances, teníamos ciertos problemas.

A veces estábamos de mal humor; nos peleábamos, nos decíamos cosas feas. En una ocasión se marchó de un portazo y me quedé sola en nuestro cuarto. Había sido un pleito cualquiera que después le sirvió de inspiración. Después regresó.

—Toma —me dijo.

En mis manos depositó una hoja con su caligrafía. Era la letra de una nueva canción; la leí rápidamente y me ofendí bastante. La había titulado "En el último trago" y era una mezcla de reproche, de ruptura, de indiferencia.

—Otra vez a brindar con extraños y a llorar por los mismos errores… ¿mismos errores?

Estaba hablando conmigo misma en un susurro; él ya no estaba en el cuarto conmigo. Me ofendió la comparación con las demás porque sabía muy bien que yo era diferente, era su escuincla, su Alicia Juárez. Fui a buscarlo y a reclamar con un beso la distinción que yo sabía que poseía. Las reconciliaciones siempre eran hermosas y llenas de amor.

Platicábamos muchísimo, aunque siempre era él quien llevaba la batuta de la conversación. Yo no poseía tantas anécdotas y vivencias como él. Me gustaba mucho una historia que me contaba sobre la famosa actriz Ana Bertha Lepe: cuando José Alfredo estaba empezando su trayectoria fue invitado a una cena en la casa de María Félix, ella era la anfitriona. Llegó muy puntual al encuentro con otros artistas; estaban disfrutando de bebidas y canapés cuando por la entrada vislumbraron a Christiane Martel con un despampanante atuendo. Naturalmente, los caballeros que estaban presentes acudieron a elogiarla. Después de eso arribó Ana Bertha Lepe y una vez más se repitió la escena de los hombres acudiendo a la fémina para agradarle. El Rey recordó inmediatamente que dentro del bolsillo, en su cartera, guardaba con recelo una fotografía en blanco y negro de la recién llegada. En persona era muchísimo más guapa y atractiva: sus curvas se acentuaban con el vestido que llevaba aquella noche. Ana Bertha Lepe era la única artista que José Alfredo confesaba admirar.

Los invitados pasaron a sentarse a la mesa para comenzar a comer. Por las escaleras vieron bajar a la Doña, quien no había estado presente hasta ese momento; lucía un sencillo vestido negro. Su porte y su elegancia fueron suficientes para opacar a las mujeres más jóvenes que, minutos antes, eran los dos grandes focos de atención.

La cena transcurrió alegremente y una vez concluida, pasaron a otra pieza de la casa para compartir anécdotas y chistes. José Alfredo me contó que Ana Bertha encontró una broma tan divertida que no podía parar de reír; a los ojos de todos, la artista no pudo aguantar más las carcajadas y ¡se orinó encima! No hubo algún tipo de borlote en especial; cuando el Rey abandonó la residencia, extrajo la adorada fotografía de la cartera y la rompió en mil pedazos. Estaba desilusionado, decepcionado del temperamento y comportamiento de la actriz.

Muchos años habían pasado desde aquel suceso y ahora estábamos por ir al cabaret La Fuente, el cual era un recinto de primera, elegantemente decorado y con asistentes prestigiosos. El mayor espectáculo de aquella noche era, nada más y nada menos, que Ana Bertha Lepe en una gigantesca copa de champagne. Bajamos del carro dentro del famoso estacionamiento donde había sido asesinado el prometido de Ana Bertha, según dicen, en manos de su padre.

Una vez instalados en nuestros asientos comenzó el sensual y fabuloso show de luces donde ella mostró sus majestuosas piernas al ritmo de la música. Nos divertimos de lo lindo y cada tanto, como ya era una costumbre, José Alfredo me recordaba que checara cada detalle, que me empapara de ideas nuevas para nuestros espectáculos. Un rápido pensamiento cruzó por mi cabeza: ¿sería yo tan atractiva como Ana Bertha? En una de esas extrañas coincidencias, José Alfredo me clavó la mirada y me sonrió con galantería.

—Estás guapísima, escuincla.

Después tomó un marco de papel diseñado para mostrar fotografías; en la parte trasera del mismo estaba impreso un retrato de Ana Bertha Lepe vestida como salía en el espectáculo; en la parte delantera se notaba el papel estraza. José Alfredo recortó un pedazo y comenzó a escribirme:

Cuando te diga adiós será cuando me muera; para dejarte a ti tendré que ser muy hombre porque te llevo en mí, tan lleno de ti, tan envuelto en tu nombre que no podría vivir en un mundo sin ti. Tus ojos son el sol que alumbra el rincón más oscuro de mi vida; y si quiero llorar, me empiezas a besar con una ternura para mí desconocida. Porque un mundo sin ti sería un mundo muy pobre.

José Alfredo Jiménez

149

Noviembre

Siempre hubo amor, magia, encanto. Me distraían tanto las cosas que sucedían a nuestro alrededor, que tenía que recordarme a mí misma que el gran sueño de amor que estaba viviendo era real.

Un día llegó algo que tuvimos que enfrentar con todo nuestro amor. No teníamos mucho tiempo de habernos mudado juntos. A mí no me bajaba. Antes de decirle a José Alfredo pensé en posibles explicaciones, me negaba a pensar siquiera en la respuesta más lógica y obvia. Apenas tenía diecinueve años.

—Mi amor, no me acuerdo desde hace cuánto que no tengo la regla.

—¿Cómo?

Su reacción no fue de espanto, ni mucho menos enojo. Estaba intrigadísimo. Decidió llevarme con un médico para que me checaran. El examen sería físico y se llevarían a cabo unos análisis en laboratorio. Ambos íbamos en el carro sin hablar del tema; José Alfredo buscaba un estacionamiento fuera del consultorio: no hallaba ninguno.

—Escuincla, tú bájate y yo ahorita voy, ¿está bien? Mientras encuentro un lugar.

Yo quería que él me acompañara en este proceso que yo definía como complicado; los carros no se detenían, no se agotaban. Era una furiosa batalla para encontrar cualquier hueco donde estacionarse. Con decisión entré al edificio e hice lo que me tocaba; cuando salí José Alfredo seguía sobre el carro sin conseguir un lugar. Sabríamos si estaba o no embarazada en cuestión de minutos, tendríamos que aguardar.

—Los resultados estarán en unas horas —le dije.

—Pues vamos a comer por aquí.

Mientras comíamos y hacíamos tiempo, algo comenzó a formarse dentro de mí: era la ilusión de ser madre. De repente me caché a mí misma pensando sobre ropita, juguetes y carriola. Aunque no podía ver el rostro del bebé, me imaginaba sus pequeñas manos y pies. Una parte mía luchaba para no sentirme así; sabía muy bien que aquella no era la edad ni el tiempo adecuado para embarazarme. Por fin comenzaba una carrera artística prometedora tras el esfuerzo en conjunto de mis padres, José Alfredo y yo. No era el momento para ser madre… ¿o sí?

Ya era hora de recoger los resultados. Una vez más tuve que bajarme sola debido al estacionamiento. Entré a la recepción, donde varias mujeres embarazadas esperaban sentadas con la nariz metida en una revista o simplemente observando sus vientres abultados. Todas lucían felices, plenas, lindas y completas; era el fulgor maternal en todo su esplendor. Me acerqué hasta la secretaria y le sonreí. Ella, muy mona y con un tono de voz dulzón, me preguntó:

—Bueno, ¿qué quieres: que sea sí o que sea no?

A mi alrededor había por lo menos cinco mujeres casadas y que estaban por comenzar una familia. Supuse que si contestaba negativamente, las que me escucharan supondrían que yo no me había casado. Lo último que quería era un puñado de chismes sobre mí: que por qué una soltera tendría que realizarse una prueba de embarazo, que si podría hacerse responsable, etcétera, etcétera. Preferí mentir:

—Sí, quiero un sí.

—Pues, felicidades: es un sí.

Me extendió un sobre. Mantuve una sonrisa falsa, giré sobre mi propio eje mientras sentía que el mundo, el estómago, la sangre y la vida se me iban hasta los pies. ¿Qué iba a hacer? Salí de ese cuarto sintiéndome minúscula.

Bajé para encontrarme con José Alfredo; no pude evitarlo: estando a un palmo de distancia, me solté a llorar. En mis ojos se encapsulaba una mezcla de emociones, sentimientos, miedos y preocupaciones. Nunca antes me había sentido así.

—¡José Alfredo, estoy embarazada!, ¿qué voy a hacer?

Él no se inmutó; me abrazó con todo el cariño que era capaz de entregarme. Me besó los cachetes y limpió mis lágrimas.

—Escuincla, lo que tú decidas vamos a hacer. Tú eres mi mujer y yo no te voy a dejar.

Afirmé con la cabeza; su respuesta fue un gran consuelo. Yo nunca pensé que un embarazo pudiera separarnos, en realidad no. Lo que me aterraba era contarles a mis padres. En aquel entonces un bebé no planeado era un tabú gigantesco; sabía que mis papás no lo tomarían bien. A un rincón se fueron por unas horas todas aquellas ilusiones color pastel. Ésta era la vida real y el destino esperaba a que yo tomara una decisión.

En los días que siguieron me di cuenta de que dentro de mi cabeza yo era dos personas: por un lado, era una chica segura y confiada en que no debía ser madre, pues estaba mortificada con lo que pudieran pensar de mí mis padres; por otra parte, estaba emocionadísima, brillaba con ternura cada vez que escuchaba o relacionaba algo con bebés. Es imposible silenciar los deseos, así como los miedos más profundos.

Cuando me encontraba con una mujer embarazada por la calle, se me antojaba verme y sentirme como ella; ¡lucían tan felices!

Comencé a tener antojos, José Alfredo no dudaba en complacerlos. Me percaté de que un abrigo que me había regalado mi mamá ya no me cerraba; dejé de abotonarme los pantalones por lo mismo.

No podía dejarlo de lado más tiempo. Tenía que armarme de valor y hablarles con la verdad a mis papás, quienes no tenían ni la mínima idea de que yo estuviera embarazada. Decidí escribirle una carta a mi madre exclusivamente y enviarla el domingo, así la carta llegaría a su destino en un día entre semana, mi papá estaría trabajando y yo tendría que lidiar únicamente con mi mamá que sería la primera en tomar la carta, abrir el sobre, leer mis palabras un ciento de veces, taparse la boca, coger el teléfono y buscarme.

—¡Alicia, tienes llamada!

Me llamaban desde la tienda de abarrotes cercana al departamento. Como todavía no habíamos rentado el servicio de telefonía, utilizábamos el teléfono del local. Bajé rápidamente, ya sabía muy bien quién me esperaba del otro lado de la línea. No obstante, nunca esperé escucharla tan histérica.

—¡Alicia!, ¿qué ejemplo le estás dando a tu hermana? —tronó la voz de mi mamá en mis oídos.

—Mamá, yo…

—¿Cómo piensas decirle a tu papá, eh?, ¿con qué cara?, ¿qué le vamos a decir a la familia?

—Sí, mamá. Yo aún no…

—Deshazte de eso ahorita que puedes, no seas tonta; cásate cómo debe ser y ya después podrás tener todos los hijos que quieras.

—¿Qué me deshaga de… de eso?

—Sí, hija, como escuchaste.

—Pero es un bebé.

—Todavía no es un bebé, estás muy a tiempo. Hazlo, no seas tonta.

El silencio imperó entre nosotras. Ella había dicho todo lo que había querido decir; yo había escuchado todo lo que necesitaba escuchar. Colgamos. Caminé hasta el departamento sin saber qué hacer. Me puse a llorar. José Alfredo me preguntó con respecto a la llamada y le platiqué. Me sentía muy mal, perdida, desorientada y dubitativa.

—Creo que lo mejor será casarnos primero y ya después tener hijos —dije casi es un susurro.

—Escuincla, yo ya te lo dije: lo que tú quieras hacer, eso vamos a hacer.

·Estaba aterrada. La presión social que se cernía sobre mi madre en caso de que yo tuviera un bebé la había llevado a tratarme de esa manera. Durante la llamada no me preguntó, sino que me ordenó que abortara; no se interesó por dónde podía hacerlo, con quién o qué tan limpio estaría el lugar… ella se preocupó únicamente por solucionar "el problema" lo más pronto posible y porque se enterara la menor cantidad de gente. Ni siquiera entendía cómo me sentía al respecto, no hubo oportunidad de contarle sobre mis tiernas ilusiones o de hacerle entender que lo que llevaba en mi vientre sí era un bebé, un ser humano. Ahora sé que actué como la niña de casa que todavía era, no había roto el cordón umbilical: seguí las instrucciones de mi madre sin chistar y sin meditar sobre las consecuencias. Mi decisión estaba tomada desde que levanté el teléfono para hablar con ella: yo no iba a ser mamá.

Me sentía rota y desilusionada. Deshacerme (como decía mi mamá) del bebé también significaba eliminar de mí sentimientos que por primera vez albergaba. Él me observaba y notaba mi tristeza, creía que siguiendo los consejos de mi madre y esquivando los rumores, tal vez me sentiría mejor. Ni él ni yo sabíamos lo que queríamos.

José Alfredo buscó el contacto de un doctor que, clandestinamente, practicaba abortos. Ticha, la gorda, era una empresaria que —de vez en cuando— iba al camerino de José Alfredo para brindar con un coñac en la mano. El Rey sabía muy bien, por lo que decían los demás, que ella conocía a muchas personas y entre sus contactos se hallaban profesionistas que se animaban a realizar acciones turbias. Fue ella la que recomendó al doctor encargado de llevar a cabo el aborto.

—Compañero, yo conozco un médico que es el médico de las estrellas.

—¿De verdad?

—Sí, te lo juro. Aparte es muy confiable. Esa operación es sencilla y aparte con la anestesia no se siente nada.

Nos contó que ese doctor acababa de realizarle un aborto a otra colega muy famosa. Tragué saliva, era imposible no sentir nervios: los abortos estaban prohibidos en aquellos años y no conocía al médico.

—¿Te animas o no, José Alfredo?

—Sí, pues sí. Vamos a concretar una cita.

—Es más, si quieres hasta yo la llevo para que nadie se entere de quién es el papá.

José Alfredo la miró con una mezcla de extrañeza y enojo, no tardó ni un segundo en contestarle.

—Alicia es mi mujer, todos lo saben. Yo voy a llevarla.

Ticha se encogió de hombros y procedió a darle el número telefónico. Yo sentía que un escalofrío me recorría todo el cuerpo.

Llegó el día de la cita; hasta la fecha no sé quién estaba más nervioso, si José Alfredo o yo. Él tenía la boca seca y su tic estaba descontrolado. De verlo así, me sentía impaciente. Subimos al carro, manejó por las avenidas. Era un domingo en la tarde; la ciudad estaba sola, dentro de los millones de departamentos la gente descansaba. Habían escogido ese día porque el edificio al que íbamos estaba cerrado. Ningún consultorio médico abría los domingos; no queríamos testigos, ni el doctor ni nosotros.

Como el edificio estaba cerrado, no había electricidad y, por ende, no servían los elevadores. Preparé mis piernas, sólo había una manera de subir. Recuerdo perfectamente las escaleras: parecían de teatro. Aun en la oscuridad, pude identificar su elegancia. Parecían enrollarse eternamente cada vez que dirigía mi mirada hacia arriba. No estuvimos mucho tiempo allí, pero, a pesar de ello, sentía que nunca íbamos a llegar; se aligeraba mi alma al pensar que no teníamos que hacer lo que estábamos a punto de hacer. ¿Qué no había otra manera?

Sin embargo, llegamos al consultorio; era muy pequeño. Contaba con un cuarto a manera de recepción y otro que el doctor había adecuado para llevar a cabo la operación. Ya nos esperaban él y una enfermera. Saludamos con nerviosismo; quise asegurarme de que no me dolería, por lo que le pregunté al doctor sobre la anestesia y el proceso.

—No, no habrá anestesia —me contestó.

Me helé; José Alfredo, también; y se le disparó el tic nervioso.

—¿Creían que sí? —continuó el médico—; no puedo hacerlo porque si alguien llegara a verla, señora, saliendo del edificio un domingo en ese estado, nos podría ir muy mal.

El doctor no mentía. Un aborto estaba penado y a aquel que lo efectuara se le quitaba la cédula profesional. Estaría consciente, estaría despierta y en mis cinco sentidos mientras sentía cómo... no quise ni pensar en lo que estaba a punto de pasarme. Ya estaba con ambos pies dentro del río, ahora venía la corriente. La única opción era dejarme arrastrar.

El doctor me indicó con la mano que pasara; con mis ojos repasé las esquinas del cuarto, sin embargo, lo que más llamó mi atención fue la mesa donde me acostarían y las herramientas acomodadas a un costado. Después de ver esto, olvidé los demás detalles del lugar. No podía hablar del asombro. José Alfredo permaneció afuera sentado en un banquito. Podía ver su silueta a través de un vidrio esmerilado, sentía su tensión. No quería asustarlo, me comprometí en enfocarme y no gritar; no quería preocuparlo todavía más.

La enfermera me acomodó en mi lugar, después me puso un lápiz entre los dientes y me dio su mano. Tensó la quijada mientras me clavaba la mirada. Eso sólo podía significar una cosa: "Agárrate, porque te va a doler". Dolor no es la palabra que lo describe. Fue un espanto, un auténtico y terrorífico espanto. El doctor batalló al principio porque no podía abrirme. De mis ojos se escapaban las lágrimas, pero no los gritos de mi garganta pues sabía muy bien que José Alfredo escuchaba todo.

Por fin acabó la operación. Procedieron a limpiarme.

—Terminamos —dijo el doctor y me dejó en manos de la enfermera.

Salí después de unos momentos; cambié la sintonía que reinaba en mi cabeza: tenía que alejarme de mí misma y concentrarme en apoyar a José Alfredo. Podía ver en su rostro el dolor y la preocupación. Me miró de arriba abajo; me besó con más miedo que ternura. Yo quería que él ya no sufriera por lo que acababa de suceder. Él se dirigió el médico:

—¿Listo, doctor?

—Sí, era un bebé muy grande. ¿Sabe cuántos meses de embarazo eran?

Negamos con la cabeza; el doctor soltó un leve resoplido.

—Yo calculo que alrededor de cinco; era un bebé muy grande. Si yo hubiera sabido esto de antemano, no realizaba el aborto. Señora, le toca reposar y cuidarse mucho.

Se me rompió el corazón. Cinco meses. Era noviembre, el bebé hubiera nacido junto con la primavera… los hubiera no existen; yo había tomado aquella decisión.

Licha nos esperaba en la casa con consomé, por órdenes de José Alfredo. Él me cuido muy bonito y con mucho amor. Estábamos tristes y confundidos. Preferimos no hablar mucho del tema. Matrimonio e hijos: según mis padres así debía ser. Me consolé pensando que así sería. Sentía que me faltaba algo que nunca antes había tenido. Mejor dormí.

El dueño del pueblo

José Alfredo veía poco a sus hijos. Sí, podían ir los fines de semana y los recibíamos con mucho amor, pero había temporadas que era imposible. Joseal y Paloma a veces lo buscaban únicamente para conseguir dinero. Él les daba cada vez que llegábamos de gira o en fechas especiales (como sus cumpleaños). Me acuerdo perfectamente de haber visto al Rey sentando en la cama haciendo montoncitos de billetes.

—Uno para mi mamá, otro para la tía Cuca, otro para… para Paloma; y otro para mi hermana.

Después hacía otro montículo con lo que había sobrado y lo señalaba.

—Escuincla, esto es lo que nos queda, ¡gástatelo!

A José Alfredo no le importaba tener billetes para aventar al cielo, sino hacer lo que más le apasionaba que era la canción: componerla, vivirla, interpretarla y compartirla. No buscaba fama, millones, ni seguidores. Había nacido con el don de la composición y seguía muy bien sus instintos musicales, se los regalaba al pueblo con la misma sencillez, humildad y facilidad con la que repartía el dinero entre sus familiares.

Me gustaba observarlo con sus hijos, especialmente con los de Mary Medel. José Alfredo la conoció cuando ambos trabajaban con los señores Vallejo en la Caravana Corona. Mary era vedette y tenía una bebé de meses de nacida. Era hermosa, frágil y enternecedora. Mary le contó que se llamaba Lupita y juntos fueron al registro civil (ya eran pareja) porque José Alfredo deseaba registrarla como su hija. Lupita se parecía mucho a su mamá; sin duda alguna se convirtió en una bonita muchacha y después una guapa mujer. Esta chiquilla era de lo más cariñosa cuando se quedaba junto con sus tres hermanos en nuestro departamento durante los fines de semana. Yo notaba cómo se desvivía por hacer sonreír a su papá: le hacía cariños en el cabello, le cantaba, lo abrazaba y lo cubría de besos. No temía mostrar el amor que sentía por su padre en público; durante las temporadas en el teatro Blanquita asistía casi a diario. Con la cabeza del Rey sobre su regazo jugaba con su cabello y se reía a carcajadas con los chistes que él le contaba. No obstante, Lupita se enteró de la verdad: cierto día arribaron los cuatro hijos de Mary, se notaba rápidamente que algo estaba mal. Todos lucían tristes y desanimados, pero en especial Lupita. Ella permaneció recargada en el marco de la puerta, no se acercó ni llamó nuestra atención con mimos y arrebatos cariñosos. Me acerqué a José Alfredo y le dije discretamente:

—Mi amor, hay algo raro con Lupita, se ve muy triste; yo voy a bajar con los demás a ver el show y tú platica con ella.

Él afirmó con la cabeza y yo hice lo que había dicho. El cuarto quedó en silencio para los dos.

—Lupita, hija, ¿está todo bien?

—Ya sé que no soy tu hija; tú no eres mi verdadero papá.

José Alfredo se quedó pasmado. Lo que Lupita decía no era ninguna mentira. Él sintió cual balde de agua fría sobre la cabeza la confesión de su hija.

—¿Cómo lo sabes?

—Mamá me lo dijo; nos peleamos en nuestro camino hacia acá y yo le dije que hablaría contigo, mi papá, entonces ella me recriminó, me dijo: "Ni es tu papá, así que ya párale". Después me dijo la verdad, que tú me conociste de meses.

Lupita se soltó a llorar; berreaba con infinita tristeza. José Alfredo se aproximó para consolarla: la abrazó y la besó. La amaba como si fuera su hija porque eso es lo que en realidad era.

—Yo te amo, hija mía. Siempre he estado para ti y siempre estaré.

Cuando regresé con los niños, José Alfredo me contó lo sucedido; yo me llevé las manos a la boca. Estaba muy sentida por la manera en la que Lupita se había enterado. Decidí que quería que su relación filial volviera a ser la de antes; desde ese día me esforcé por juntarlos y lograr rebasar esa valla de orfandad donde Lupita se sentía sola. No pasó mucho tiempo para que ella se percatara de que era tan hija como todos los demás a pesar de que no existiera un lazo sanguíneo.

Era muy noble la relación de padre e hijos entre el Rey y sus pequeños. Los atesoraba bastante y ellos también a él, tanto que nunca lo buscaron exclusivamente por dinero como hacían los hijos de Paloma. Este amor profesado por sus padres ha sido uno de sus tantos pilares para consolidarse como excelentes adultos con hermosas familias. Verlos tan plenos y felices, me enternece.

Aunque los hijos de José Alfredo y Mary —José Antonio (Toño), José Manuel (apodado el Borrego), Lupita y Marta— se quedaran algunos fines de semana con nosotros y la madre pareciera no tener inconvenientes, el Rey me alertaba sobre su exesposa. "Está algo loca, ten cuidado", me decía.

Tantas advertencias lograron que un día me asustara de muerte cuando Mary fue a visitarme. Sonó el timbre; estábamos únicamente Licha y yo. Pregunté que quién era, cuando ella dijo su nombre en mi cabeza se dibujó una imagen negativa: imaginaba a una mujer iracunda dispuesta a comenzar una pelea. Pensé en si le habrían dicho algo sus hijos, algún gesto que ella calificara de inadecuado. ¡Claro que no!, ¿qué podía querer Mary en mi casa?

—Alicia, ¿hola? Soy Mary, ¿me abres?

Como yo no le contestaba, ella volvió a hablarme; me había distraído con mis pensamientos y ella, claramente, continuaba ahí en la calle esperando. No sé por qué le abrí la puerta de entrada al edificio. Ya estaría por subir al elevador; yo estaba nerviosísima. Corrí a la cocina a avisarle a Licha. Ella, que era brava, tomó un sartén por el mango y me dijo que estaría ahí en la cocina, escondida y lista para auxiliarme por si las cosas salían mal. Sonaron los nudillos de Mary sobre la puerta. ¿Qué hacer, qué hacer? Licha me dio un empujoncito para ir a abrir. Lo hice. Mary me sonrió inmediatamente; la invité a pasar, a tomar asiento, le grité a Licha para que trajera algo de tomar. Detecté el sonido metálico del sartén cuando Licha lo acomodó en alguna parte de la cocina. Yo estaba muy nerviosa, se me notaba a leguas.

—¿Qué se te ofrece, Mary? —pregunté con una voz serena y tranquila; sentada frente a ella me sentía más cómoda que sólo escuchando su voz por un parlante.

—Nada en especial, quería venir a… a agradecerte, Alicia; muchas gracias por tu atención con mis hijos.

Me acordé de aquellas veces cuando Mary nos detenía en la calle para pelearse con José Alfredo, cuando se hizo un gran alboroto en el teatro Blanquita debido a la presencia de las dos exparejas del Rey. Recordé esas ocasiones conflictivas y me costó creer que estuviéramos las dos juntas, frente a frente, bebiendo jugo en mi casa.

—No hay de qué, Mary —contesté tímidamente.

—Están encantados contigo. Yo, en lo personal, te veo como la hermana mayor de mis hijos —ella soltó una risita y yo copié el gesto; bebió de su jugo. ¿Estaría Licha cerca del sartén todavía?

—¿Algo más? —le pregunté.

—Sí, sí, quiero darte un consejo: no seas tonta, José Alfredo te quiere como a nadie, tú tienes agarrado el sartén por el mango —no pude evitar pensar en Licha en la cocina y sonreír—.

¡De verdad, Alicia! No te rías, no cometas los mismos errores que yo cometí. Él de verdad te ama.

Se paró de su asiento sin que yo pudiera responder; me dio las gracias por la hospitalidad y se marchó. En el silencio que siguió, vi la bebida de Mary; aún quedaba jugo. Me gustaba pensar que el vaso estaba medio lleno.

Sin embargo, no todas las visitas de los hijos o las exparejas de José Alfredo en nuestro departamento eran satisfactorias. La hija de Julia (apodada Paloma), quien sí se llamaba Paloma, la niña que Amanda describió por sus uñas pintadas de blanco, aprovechó varias oportunidades para ser grosera conmigo.

En cierta ocasión me estaba secando el cabello cuando sonó el timbre. Me lo secaba con una toalla, tardaba mucho porque era muy abundante. No fui enseguida a contestar, estaba ensimismada en un mechón. José Alfredo también estaba en el departamento, sentado en la sala viendo el futbol, en pijama. Volvió a sonar el timbre, era un sonido frenético, de locura; salí de mi cuarto y me dirigí a contestar.

—¿Quién es?

—Busco a José Alfredo —me contestó una voz tajante y enardecida.

—¿Quién lo busca?

—Paloma Jiménez.

—¿Paloma Jiménez?

—Paloma Jiménez Gálvez —hizo un énfasis especial en la última palabra.

Presioné el botón para dejarla entrar; por su tono sabía que estaba enojada. Mientras subía, le avisé a José Alfredo, él elevó sus cejas con curiosidad y me acompañó hasta el comedor. La puerta sufría los golpes insistentes que Paloma le propinaba. Giré el picaporte y entró un huracán; sin saludar ni voltearme a ver, se aproximó hasta donde José Alfredo había tomado asiento, ella hizo lo mismo pero se instaló sobre una orilla de la mesa.

—Paloma, se saluda primero —le dijo con molestia su padre.

Ella mandó su mirada al cielo en una clara señal de aburrimiento, pretendió que yo no existía y contestó:

—Ya te saludé a ti y con eso me basta.

José Alfredo torció la boca y soltó un estruendoso suspiro. Paloma se cruzó de brazos, su quijada estaba tensa. Yo estaba congelada a un lado de la puerta, no sabía qué sentía: un gran enojo por su descaro, mas no algo que se notase. Simplemente estaba como una estatua; observaba la postura de ella, la ira que comenzaba a almacenarse en su padre.

—Si la señora no quiere que entres a esta casa, no tienes nada que hacer aquí. La casa es de la señora.

Paloma ahora sí volteó a verme a mí, a la señora; sus ojos manifestaban un tremendo odio. Sentí como si estuviera a punto de escupirme. Giró el torso hacia su padre y, con los brazos cruzados, le dijo:

—Tengo que hablar contigo a solas.

Su tono tajante, sus palabras inyectadas de rencor, perdieron intensidad al hablar con su padre porque buscaba obtener lo que había venido a buscar.

Decidí que aquel no era mi lugar muy a pesar de que José Alfredo había dicho que era mi casa; estaba por retirarme hacia mi recámara cuando él lo reafirmó:

—Es tu casa, no tienes que salirte.

Me quedé plantada cerca del umbral.

—¿Qué quieres, Paloma? Dímelo ya —la interrogó José Alfredo. No obstante, ella insistió en estar a solas con él, se negaba a hablar frente a mí. Yo aguanté, no me moví ni una pulgada.

—Te pido respeto, Paloma, esta casa es de la señora y tú no estás demostrando nada de respeto.

—¿Respeto?, ¿cómo voy a darle mi respeto a una mujer que ni siquiera habla? —los brazos doblados de la chica se deshicieron para apuntarme—. De hecho, es eso ¡es tan tonta que no habla, no abre la boca!

José Alfredo permaneció callado, los dedos cruzados bajo la barbilla, sus brazos conteniendo la explosión.

—Con su silencio muestra más educación que la que yo he pagado por ti.

Paloma no tuvo otro argumento insensato más para utilizar; la absorbió el nervio y perdió su fingida valentía y bravura.

—¿Sabes qué es lo que pasa? Me muero de la vergüenza de que andes con una mujer casi de mi edad, ¡de mi edad, papá!

Definitivamente esta frase fue la gota que derramó el vaso. José Alfredo se paró de su silla dando un potente golpe con sus palmas sobre la mesa.

—¿A ti te da vergüenza?, ¿tú qué has hecho para que yo me sienta orgulloso de ti? Vergüenza tengo yo de ti. No te toleraré más, te me largas a tu casa inmediatamente y hasta que a mí me dé la gana, hablamos; vete a esperar. ¡Te me largas ya!

Acto seguido le tronó los dedos con furia; Paloma se movió con rapidez hasta la puerta, bajó la cabeza al pasar a un costado mío. Sin mirar atrás escapó de la casa. Se dio cuenta de que su padre había llegado hasta el límite y no quería hacerlo enojar. Yo me quedé pensando en el porqué de su visita, ¿qué era tan urgente para ella y tan privado?

Faltaría un poco de tiempo para que me enterara de que Paloma había ido a platicarle a su papá que estaba enamorada de Ricardo Cortés, ¡el esposo de su prima hermana! Cuando José Alfredo me lo platicó, agregó aliviado:

—Yo pensé que estaba embarazada y que eso me venía a decir.

Aun así tuvo que disculparse por la grosería:

—Perdón por la escena, escuincla.

—No te preocupes, mi amor. Paloma salió con una cara de preocupación, la pobre…

José Alfredo soltó una risotada y me insistió en que no fuera tan pueblerina, tan confiada.

—Ah, escuincla, ese corazón que te cargas…

El tiempo me mostraría que las personas interesadas no son conscientes de cuánto lastiman, cuánto hieren, de cuánto pueden destruir.

Pasados varios meses de estar viviendo juntos, la montaña rusa en la que me había montado desde el primer día que nos conocimos comenzó a descender sobre los rieles.

En 1970, después de no haber tomado ni una gota de rompope en casi dos años, el doctor le comentó que su hígado se veía casi tan bien como su salud. Esto, para José Alfredo, fue luz verde para volver a beber alcohol. Comenzó paulatinamente a lastimar su estado físico: "Un tequilita para hacer hambre", "un whisquito con la comida", "un coñaquito a la hora de cenar"; y a utilizar su cantina para lo que auténticamente había sido construida.

Al principio no vivimos ningún cambio sustancial; la versión de un José Alfredo ebrio tomó su tiempo. No cabía duda de que nuestro amor era infinito e incondicional: por eso, cuando él salía de fiesta con sus amigos y llegaba en la madrugada solo o acompañado por uno de ellos, yo no me enojaba, sino que los atendía y me comportaba adecuadamente. Encontraba notas de amor que escribía en sus borracheras dentro del Tenampa así como también hallaba frases sueltas y sin sentido: "¿Cuánto pesa la belleza? 70 kilos. ¡Qué tristeza, qué tristeza! ¿Por qué quieres comer, si ya comiste?, ¿por qué quieres coger, si ya cogiste? Tenemos que analizar en qué consiste, será porque estás triste".

Me divertía leyendo los pensamientos que emanaban de su mente. Era un genio creativo y, a veces, el alcohol acentuaba su talento nato de composición.

José Alfredo también era muy espontáneo y bromista. A principios de 1970 me levantó por la mañana con una pregunta poco usual:

—Escuincla, ¿te acuerdas de cuando apenas nos conocíamos?

—Sí, pues sí.

Pude notar que estaba particularmente emocionado.

—¿Te acuerdas que te pedí algo?

—No, ¿qué? —le contesté somnolienta.

—Te pedí que terminaras tus noviazgos para que tú y yo nos casáramos.

Me quedé pensando por unos segundos. En el año de 1966, cuando conocí a José Alfredo y no me atrevía a emitir ningún sonido frente a él, me preguntó si tenía una pareja, un novio. Yo tenía un incipiente noviazgo con un chico de Oxnard; claro que no era nada serio.

—Pues me lo vas cortando —dijo José Alfredo cuando contesté su pregunta en aquel año—, porque yo me voy a casar contigo: tú con vestido blanco folklórico de novia, y yo de charro.

Me lo decía a manera de juego, de la misma forma en que nuestro amor había nacido. Con la misma mirada atrevida y coqueta me miraba José Alfredo esa mañana. Me incorporé en la cama, me tallé los ojos y acepté que sabía sobre qué hablaba.

—Pues ojalá que me hayas hecho caso porque tú y yo nos vamos a casar.

—¿Qué?

—Sí, nos casaremos en Oxnard con las mismas condiciones que te dije aquel día.

José Alfredo no mentía; estaba cheçando nuestras agendas para que en febrero de 1970 contrajéramos matrimonio. Naturalmente yo acepté, le llamé a mi familia para darles la buena noticia y, en California, mi mamá empezó con los preparativos; le costó creer que por fin me iba a casar.

Nuestra boda fue totalmente ranchera. El diseñador Julio Chávez confeccionó mi vestido blanco. Cuando me lo probé, sentí que estaba a punto de vivir un sueño de fantasía. Nunca me consideré una de tantas novias que cuenta los días para ostentar un anillo de casada o que sabe cómo decorará el salón de fiestas. No, en realidad pensaba muy poco —casi nada— en una boda. Me había tomado por sorpresa la decisión. Sin embargo, vestida con ese precioso atuendo de detalles aperlados, me sentía inmensamente feliz. El traje de charro de José Alfredo era también envidiable y digno de un cantante de música ranchera como él.

La misa de celebración se llevó a cabo en el templo más grande de Oxnard. Desde México y diferentes partes de Estados Unidos acudieron mis familiares. Al salir de la iglesia, mi querida localidad parecía el Desfile de las Rosas en Los Ángeles por la cantidad de asistentes y vecinos que se asomaban a ver nuestro caminar hasta el restaurante (propiedad de un tío mío) donde festejaríamos la boda.

No fue una boda esplendorosa ni muy grande; lo más espectacular y emocionante fue el mariachi que estuvo tocando todo el tiempo, y volver a ver a muchos integrantes de mi familia que desde hacía tiempo no veía. Entre botellas, carcajadas y risas, comimos platillos típicos de la gastronomía mexicana y muchos frijoles. Nuestro pastel fue de cuatro pisos y en las fotos del evento aparece nuestro padrino de bodas: el manager Joe Herrera, y el empresario Arnulfo "el Gordo" Delgado, nuestro padrino de anillos.

José Alfredo me susurró al oído:

—Aquel amor que nació jugando y hoy sigue creciendo.

Sellamos nuestra frase con un gigantesco beso. El único aspecto negativo de nuestra boda fue mi constante estado de alerta; mi esposo se volvía agresivo cuando tomaba y muchas veces se enfurecía conmigo por cualquier aspecto que no le agradara. Gracias al cielo no sucedió nada, por el contrario, me topé con una servilleta que contenía un recado de él. Entre nuestros nombres impresos, un dibujo conmemorativo de campanas de boda y la fecha —26 de febrero de 1970— decía con tinta roja:

El dueño del pueblo: voy a acabar con todas las razones porque tener razón es no ser nadie. Quiero comprar el pueblo donde vives y no quieren venderme ni una calle; voy a acabar por no quererte tanto porque el dueño de ti es el dueño de nada, pero te voy a hacer la dueña de mí aunque no seas la dueña que necesita mi alma. Cuando en tus manos mis lágrimas se... y en mis ojos azules quiero hacer tu cielo; no necesito comprar ninguna calle, siendo dentro de ti soy dueño del pueblo.

La luna de miel

Habían sonado las campanas de boda; la profecía de años atrás, emitida por José Alfredo, se había vuelto una realidad. Creo que en la mayoría de los casos, la consecución de ciertos sueños, metas y deseos se logran con un esfuerzo, tal vez tenue o inclusive mínimo, pero constante. La vida es un vaivén, un dar infinito y ciego porque los resultados no se notan a simple vista; la vida es un gozo tremendo cuando aprendes a aceptar todo lo que venga con la mejor disposición y el sombrero bien puesto.

Los abrazos y besos de mis familiares caían sobre mí por montones; mi timidez, que nunca ha desaparecido, me orillaba a agradecer con palabras y risitas tiernas. No había necesidad de buscar a mi esposo entre toda la gente porque nunca nos separábamos: lo observaba sonreír con emoción, beber con tranquilidad whisky de su vaso, limpiarse el sudor sin tapujos o platicar en voz alta con los invitados. Me había escogido a mí porque yo estaba siempre dentro de su cabeza, vivía en sus pensamientos como él en los míos. Nos necesitábamos para resolver nuestros asuntos, para alcanzar nuevas metas, para compartir tanto felicidad como tristeza. Por eso, esencialmente, nos casábamos. Sabíamos que era imposible ser felices sin nuestras manos agarradas; habíamos decidido caminar con libertad e infinito amor hasta la última orilla. Nos habíamos convertido en auténtica inspiración para el otro.

ALICIA Y JOSÉ ALFREDO, releía el texto de la servilleta, emocionada. Ahora sí que ya era oficial, sagrado, legítimo. La escuincla y el Rey, pensé con una risa ahogada.

Varias horas habían pasado, ya la mayoría se retiraba, mi esposo me dijo:

—Escuincla, ya va siendo hora. Mañana trabajamos.

No habría luna de miel. Nuestra vida juntos estuvo siempre condicionada —y endulzada— con nuestras múltiples presentaciones (juntos o como solistas). Yo, que ya estaba cansada del vestido y el peinado, lo seguí sin chistar. Caímos como troncos y, al día siguiente, saltamos cual resortes con el sonido del despertador. Habíamos comprado una camioneta en Oxnard para transportar los regalos de boda sin el riesgo de que se rompieran en el avión. Chicago nos aguardaba junto con una gran multitud que ni imaginaba que horas antes habíamos dicho "sí, acepto" en el altar. Nuestra boda sirvió como un motor, una inyección de alegría y entusiasmo sobre el escenario; nos divertimos juntos y al concluir, el cansancio me atacó en cuestión de segundos. José Alfredo todavía lucía fresco. Me besó y me abrazó con amor; notó mi estado de ánimo y se encargó de hacer todo lo necesario para que llegáramos a casa.

Mientras descansaba en el hotel, decidí llamarle a mi madre; me puso al corriente sobre los familiares que ya habían vuelto a sus hogares y sobre mi hermano que estudiaba en la universidad de Irvine (éste era un gran orgullo para mi mamá). Ella estaba muy feliz de que le marcara. Hablamos sobre nuestras vidas, el ritmo y los tintes que las impregnaban. Los días de mamá nunca sonaban tranquilos ni monótonos. Le encantaba ser ama de casa. En la década de los sesenta se dedicó a hacer frutas de acrílico, sombreros para mujeres y trajes para hombres (todos preciosísimos); también hubo una temporada donde se dedicó a tejer y ganó premios y concursos con esta habilidad; aprendió a hacer muñecas de porcelana, desde mezclar el polvo para hacer el cuerpo del juguete hasta tejerle la ropita; inclusive un día pintó toda la fachada de la casa.

En nuestra plática por teléfono recordamos cuando algunos artistas —como Luis Aguilar, el cómico Lechuga— intentaban coquetear con mi madre y yo tenía que ponerles un alto. Inclusive sucedió con su ídolo, Marco Antonio Muñiz; mamá estaba muy apenada en esa ocasión.

—También me divertía en las fiestas, viendo a todas las estrellas chocar sus copas y, bueno… tú ya sabrás.

En su voz había un tono que me preocupaba. Intuía que quería hablar de algo importante.

—¿Cómo están los dos, José Alfredo y tú, hija?

—Muy bien, mamá. Felices. Yo estoy muy cansada, él se ve muy bien; ya sabes cómo aguanta.

—Sí, lo sé. Ayer estaba un poco agresivo, ¿verdad?

Di un suspiro rápido. Era cierto.

—Sí, mamá. Es el alcohol.

Ella también guardó silencio por un momento. Fue ahí donde descubrí cuál era ese tono en su voz que yo no reconocía: estaba preocupada.

—Bueno, hija, ¿notas que los artistas, los cantantes… José Alfredo, para acabar pronto, toma y toma, canta, se desvela, no duerme y está como si nada?

Permanecí pensativa ante el comentario de mi mamá. Ella estaba por insistir, por herirme con otra de sus preguntas, cuando hablé antes:

—¿Estás diciendo que no conozco a mi esposo?

—Yo sólo digo que abras los ojos.

—¿Sabes qué, mamá? Es mi esposo, mío —enfaticé con fuerza y agresividad—; ¿tú crees que no me daría cuenta si estuviera consumiendo alguna droga?

—Hija, por favor, no te enojes. Yo me preocupo…

La interrumpí.

—No vuelvo a pisar tu casa.

No estábamos frente a frente, nos separaban kilómetros. La conocía tan bien que adivinaba sus gestos: sus ojos se abrieron ante mi comentario; sus mandíbulas se tensaron; no dijo nada más. Estoy segura de que el semblante que yo estaba brindando tampoco era el mejor: sentía que el corazón me latía velozmente, comenzaba a sudar, mi cabeza se plagaba de dudas, pensamientos turbios y una gran maraña de negatividad. No obstante, lo que mi mamá estaba suponiendo era una falta de respeto, una grosería y una desconsideración después de lo que José Alfredo y yo habíamos hecho por mi familia, lo que él había hecho por mí. ¿Cómo se atrevía?, ¿creía que yo era ciega o que él era un mentiroso?

—Sólo escucha —continuó mi mamá—: tú eres tan inocente que todo lo que él dice, lo crees. Le tenemos mucho cariño al señor Jiménez en esta familia, lo sabes bien. Simplemente me preocupa.

Colgué el teléfono, molesta, y me quedé dormida. Sabía que me había comportado grosera con mi mamá, sin embargo, era mi mejor amiga, mi confidente. Tarde o temprano arreglaríamos las cosas entre nosotras. Decidí que no quería pensar. Esos días en Chicago, entre trabajo y fiestas, fueron nuestra luna de miel. El comentario de mamá no enturbió mi visión sobre José Alfredo; yo lo conocía a plenitud y también estaba familiarizada con el tema del uso de drogas dentro del medio. Fue él quien, de hecho, me explicó qué era la cocaína. Alguna noche en nuestro departamento, en nuestra sala, abrió un bote y me mostró el contenido.

—Mira, escuincla, mira, asómate, ¿lo ves?

—¿El polvo?

—Sí, ¿ves cómo brilla? Por eso le dicen "nieve"; ¿la conoces? Se llama cocaína, le dicen "perico" porque te hace hablar mucho. Es una droga y es muy mala, en este medio, en el nuestro, es muy utilizada. Te la van a ofrecer y tú les dirás que no porque no la necesitas, es mala, ¿me entiendes? Tú eres nueva aquí y por lo mismo no quiero que caigas en nada de esto.

En Oxnard el delito más grave relacionado con drogas era el de los chicos que inhalaban pegamento o cemento. Yo no sabía nada de drogas duras; si acaso mariguana, pero sabía que sus efectos no eran como los del estupefaciente que José Alfredo acababa de mostrarme. Mientras él me alertaba sobre el medio, yo sólo me preguntaba qué hacía él con cocaína en la casa.

—¿Tú no la consumes, verdad?

—No, escuincla, claro que no —me respondió efusivamente.

—¿Y por qué tienes ese bote? —yo no dudé ni un segundo sobre sus palabras, para mí lo que José Alfredo dijera era ley; ya me lo había demostrado con su padrinazgo.

—Uno queda muy bien dando este tipo de regalos, escuincla, esta nieve que te acabo de enseñar es un obsequio para alguien de por aquí.

Su forma de explicarme qué era la cocaína había sido natural; era una medida de protección. Las advertencias de mamá no ocuparon más espacio en mi cabeza y continué con alegría nuestras andanzas.

En la Ciudad de los Vientos nos presentábamos, principalmente, en un cabaret llamado el Boston Club (posteriormente desapareció en un incendio). Era un lugar muy grande con una estupenda pista de baile. En una de las tantas veces que trabajamos en este sitio me llevé un susto de muerte: acabado el show esperábamos a un empresario para hablar de negocios. Cerca de nosotros estaban dos muchachos: uno era muy alto y fornido, se llamaba Pancho; el otro era chaparro y muy malhablado. José Alfredo se cansó de sus groserías y les pidió que bajaran sus voces porque había una dama presente.

—¿Éste qué se cree? —exclamó el chaparro.

Los demás siguieron el patrón y comenzaron a armar un borlote; yo estaba muy asustada porque conocía al Rey y sabía que no se iba a rajar.

—¡Ah, sí! Éste se cree un dios —dijo el mismo hombre de estatura corta.

—No me creo —le gritó José Alfredo. Y parándose de la silla remató—: soy un dios y ustedes se me largan.

Justo en ese momento ingresó en el cabaret el señor Palomares, a quien esperábamos. Él los sacó del sitio y conversó con nosotros; preguntó si nos estaban molestando y mi esposo le comentó lo sucedido.

—Mucho cuidado, el alto al que le llaman Pancho tiene fama de matón.

Fue el peor comentario que el empresario nos pudo haber dicho; me preocupé en demasía y me petrifiqué del miedo al día siguiente mientras esperábamos en el camerino del cine Congress. Me imaginaba que el tal Pancho entraba con un rifle y nosotros estábamos sin ningún tipo de protección, a su merced total. ¡Me quería regresar a la Ciudad de México antes que tener que jugar al tiro al blanco con un criminal! Naturalmente no sucedió nada, aunque sí estuve mortificada antes del show.

Nuestra luna de miel se sumaba a la cantidad de recuerdos que teníamos sobre Chicago; terminada nuestra jornada laboral en esta ciudad, yo estaba rendida y muy cansada: boda, trabajo, fiestas. ¡Extrañaba mi hogar!

—Ya que lleguemos allá vas a descansar largo y tendido —me dijo José Alfredo cuándo nos sentamos en nuestros sitios sobre el avión. Ya íbamos a regresar.

—Ven acá —le contesté de forma coqueta y lo acerqué hasta mí. Le planté un beso propio de una recién casada y luego, como ya era costumbre, le lamí la punta de la nariz. Reímos agarrados de la mano y con la mirada sin punto fijo. Estaba tan cansada que los ojos se me cerraban; tan abatida que…

—Ah, caray —exclamé.

—¿Qué sucede, escuincla?

—No siento la punta de la lengua.

—¿Cómo?, ¿se te durmió?

Me limité a encogerme de hombros y asentir. ¿Se debía a mi cansancio? No creo; esto ya me había pasado antes, pero nunca tan rápido y jamás por jornadas extenuantes. Él me miró con curiosidad y al notar mi preocupación, me jaló más cerca de él y me besó con ternura. No hice más preguntas.

Cuando por fin regresamos a nuestro adorado departamento sobre la calle Nueva York, recurrí a la cama para poner fin a la pesadilla de los calambres y los dolores de cabeza. Cada concierto era una fiesta y cada fiesta significaba desvelos, los cuales cobraban factura.

Desde mi confirmación católica a los doce años había prometido no beber alcohol hasta los veintiún años de edad. Al menos los dolores de cabeza y estómago, propios de la cruda, no me molestaban.

Desperté recompuesta luego de varias horas. Me estiré plácidamente para después desempacar; me topé con la servilleta conmemorativa de boda marcada con la tinta roja. "El dueño del pueblo", murmuré y emití una sonrisa. Decidí guardarla junto con las demás cartas y los recados de amor que José Alfredo me escribía. Los conservaba en una caja dentro de un cajón. No habían pasado muchos años desde que anhelé, desde el escondido asiento trasero del Chevy Nova, que alguien me amara con un amor tan bonito como el que José Alfredo cantaba en sus composiciones. Hoy era mi realidad diaria. Acomodé la servilleta sobre esa pila de sentimientos y recuerdos. Suspiré.

La boda, así como nuestro noviazgo, ni intensificó ni cambió mis sentimientos por él. Yo continuaba siendo tan feliz, amorosa, romántica y sincera como al principio. Él recurría más y más al alcohol, no obstante, estaba presente en el día a día y me incluía en todos los aspectos de su vida. Con más frecuencia se encerraba en su Tenampa para acabar una canción o para disfrutar de un nuevo disco, con todo y eso, no tardaba en venir por mí y entregarme su completo amor. Utilizaba con mucho cariño la grabadora que le regalé; se la había comprado en Texas. A José Alfredo se le olvidaba cambiar las pilas y entonces el resultado en las cintas se escuchaba distorsionado. Como era portátil, a veces la llevaba consigo al teatro Blanquita. En varios casetes que conservo, se aprecian las voces del mariachi Vargas y de Lola Beltrán.

Varios se preguntan sobre el origen de las canciones de José Alfredo. Siempre surgían de situaciones diarias, de paseos por México, de comentarios de otras personas. Recuerdo muchos momentos que inspiraron grandes canciones…

La carretera a Zacatecas era larga, el sol estaba en su punto y bañaba con su luz los arbustos a un costado del camino. José Alfredo iba a mi lado, con una mano en el volante y otra en mi pierna; mi mamá iba atrás, también admiraba el paisaje. De repente observé que el Rey alternaba su mano entre posarla sobre mí y beber de una pachita. Me dio vergüenza, no quería que mi madre se diera cuenta de que mi esposo iba consumiendo alcohol en el camino hacia nuestro próximo espectáculo.

Un silencio incómodo cayó sobre nosotros; no sabía qué hacer con él, así que lo evadí. José Alfredo tampoco hablaba, iba concentrado en el volante, la pierna, la bebida y tal vez alguna nueva canción. Mi mamá quiso suavizar el ambiente y comenzó a hablar animosamente. José Alfredo le contestaba a sus preguntas o asentía para darle a entender que la estaba escuchando. Yo sabía que él se percataba de que yo estaba nerviosa. Soltó un comentario como especie de broma, a mí no me agradó:

—Mira qué bonito carácter tiene tu mamá; tú tan chiquita y tan amargada, ja ja ja.

Entre líneas me estaba diciendo la verdad. Yo guardé silencio y mamá continuó hablando como si nada hubiera pasado. Gracias a Dios el hotel se dibujó pronto frente a nosotros sin ningún inconveniente y arribamos en paz. Empezamos a desempacar y a instalarnos. Mi madre se dirigió a su cuarto para descansar; yo estaba intentando hacer lo mismo cuando José Alfredo se aproximó a mí sobre la cama y me enseñó un pedazo de papel de baño de hoja muy delgadita.

—Toma, escuincla; recién hecha.

—"Porque a mi edad yo puedo ser tu padre, a ti te faltan los años no cumplidos, yo debí enamorarme de tu madre pero Dios es quien marca los caminos…" —leí en voz alta—; ¿qué es esto?

Lo volteé a ver pasmada y él me invitó a seguir leyendo con un ademán.

—"Y el camino que vamos recorriendo, es tal vez el camino más humano porque entre más me griten que te deje, yo más fuerte te aprieto de la mano…" —acabé de leer.

—Es una canción que acabo de escribir, la melodía va así… —comenzó a tararearla; era un vals muy bonito.

Yo le sonreí, me habían encantado las últimas palabras. Apreté su mano y le besé la nariz.

—¿Cómo se titula?

—"Yo debí enamorarme de tu madre".

—¡José Alfredo!

—Ja ja ja, ya lo sé, escuincla; va a causar polémica.

—¿Y por qué la escribiste en un pedazo de papel de baño? —lo cuestioné con intriga.

—Sencillo, si no me gusta, lo uso.

Se encogió de hombros, mientras yo me carcajeaba.

En nuestro restaurante de mariscos favorito, La Marinera, surgió otra canción. Lamentablemente el lugar ya no existe. En su época dorada se llenaba de tal manera que, en minutos, ni siquiera cabían los carros que llegaban al estacionamiento. El destino quiso, un día que fuimos, que las circunstancias no ayudaran para mejorar mi humor; yo estaba como agua para chocolate. Nuestro carro no cupo en el estacionamiento y tuvimos que quedarnos por la Zona Rosa, en la otra cuadra. José Alfredo me tomó de la mano para cruzar la calle, no obstante, los carros se abalanzaban sobre nosotros, los peatones, y nos impedían el paso. Sentía que me salía humo por los oídos; ¡sólo quería comer!

José Alfredo, que ya se estaba hartando de no poder llegar a nuestro destino, me cogió con más fuerza y logramos llegar hasta el ingreso del restaurante. Para nuestra sorpresa, no estaba tan lleno. Nos asignaron una mesa y los dos sumimos nuestras narices en los menús para escoger el manjar que íbamos a comer. Atrás de José Alfredo, en otra mesa, había dos hombres comiendo juntos. Uno de ellos no me quitaba los ojos de encima; aprovechaba cada oportunidad para levantar su copa y sonreírme. Bueno, ¿no se daba cuenta de que yo estaba acompañada? Aquel pelado coqueteándome y mi esposo viendo por la ventana.

Me levanté disgustada y me cambié de lugar para no mirar directamente al señor de la otra mesa; José Alfredo me preguntó a qué se debía mi cambio y se lo conté.

—No le hagas caso, escuincla.

—Pero si está viendo que vengo contigo.

Intentó tranquilizarme con un conjunto de frases románticas y poéticas. Este recurso sólo me enfureció más; aborrecía que cuando estaba histérica, él mostrara sus habilidades natas de oratoria. En ese momento no quería a un poeta.

—Ya, José Alfredo —lo detuve; mi cabeza estaba por estallar.

—¡No! Si ya sé que soy un rey sin trono ni reina —me contestó.

—¡Ah, manito, ponle música!

Los dos guardamos silencio y esperamos nuestros platillos. Resultó tan evidente que lo que necesitábamos era proteína. De regreso en la casa, él se encerró en su Tenampa y yo me distraje con la televisión. Cuando me fui a dormir, vi la luz prendida en el último cuarto del pasillo, donde estaba él. No lo molesté, algo importante estaría haciendo. Al día posterior me dio una hoja de papel.

—Ten, le puse música.

Entre mis dedos estaba la primera versión de una de sus más famosas canciones:

Yo sé bien que estoy afuera,
pero el día que yo me muera,
sé que tendrás que llorar;
dirás que no me quisiste,
pero vas a estar muy triste
y así te vas a quedar…

Entre cajas

El ritmo de nuestras vidas se mantenía igual; dentro del departamento: una pareja completamente normal y típica; fuera: dos cantantes en fiestas y espectáculos que se reían con la vida.

Entre 1970 y 1971 nos contrataron para participar durante una temporada en el Million Dollar Theatre que se hallaba en Los Ángeles. Mi esposo colgó el teléfono con una gran sonrisa. ¡Cómo disfrutaba de estas jornadas laborales en Estados Unidos! Yo también, muchísimo. Podía visitar a mi familia, y el elenco reunido para presentarse en el teatro era siempre excepcional. En aquella ocasión nos tocaría estar con Carmen Salinas. Cuando José Alfredo me comentó esto, rápidamente me acordé de una ocasión durante mis primeras semanas en la Ciudad de México; el Rey me estaba alertando sobre mi propia personalidad demasiado inocente y dócil.

—Existe gente muy mala, escuincla, muy venenosa. No quiero que seas su víctima por tu buena voluntad. A muchos hay que tenerles cuidado, toma nota: las hermanas Huerta, Vitola, aguas con Lalo González, Piporro, porque es muy aprovechado, Capulina —no siempre tiende a tratar bien a la gente—, menos Borolas, Tony Aguilar es el payaso de la música ranchera… ah, y también cuidado con Carmen Salinas.

A pesar de que recordaba el episodio, no dejé que influyera lo suficiente sobre mí para estar incómoda en la gira musical.

Al llegar al teatro en Los Ángeles, un señor de avanzada edad, quien se dedicaba al aseo del lugar, fue el encargado de asignar a los artistas sus camerinos. A mí siempre me acomodaban a un costado del espacio reservado para José Alfredo, por nuestra relación sentimental. Su camerino era siempre el más grande; por caballerosidad, él siempre me lo cedía. Ni a mí ni al Rey nos importaban mucho las dimensiones del lugar siempre y cuando estuviéramos cómodos y cupiéramos con nuestras cosas. Sin embargo, hubo alguien a quien sí le importó en demasía.

Carmen Salinas ingresó al camerino que me habían asignado junto al más grande, el del Rey. Tomó mi neceser como si tuviera el derecho y lo sacó; en el pasillo comenzó a gritarle al encargado por habernos dado nuestros cuartos. Ella quería que me movieran a otro lugar. Yo me acerqué para ver qué sucedía; el hombre me veía pasmado: no sabía qué hacer.

—No se preocupe —le dije yo con una media sonrisa—, usted colóqueme donde tenga privacidad y no habrá problema.

El señor tomó mis cosas y me guio a otra parte. Así terminaron los posibles problemas que pude haber tenido con Carmen.

No obstante, en el medio musical abundaban las personas con decisión y obstinación. Personas firmes, tercas y soberbias que si determinaban las cosas de alguna manera, querían que se respetaran. Una de estas personas era, sin duda, Irma Serrano. Ella sí que sabía imponer; su manera de ser y su apariencia eran impresionantes.

El Gordo Delgado nos había contratado para una gira a José Alfredo y a mí; interpretaríamos a dueto las coplas. La caravana en la que íbamos era muy grande: Amalia Macías, Vicente Fernández, las hermanas Núñez, Gerardo Reyes, Estela Núñez, el mariachi Vargas, María Victoria e Irma Serrano. Dentro del espectáculo, José Alfredo y yo éramos los últimos en presentarnos. Entre una de las canciones, yo me cambiaba de vestuario para posteriormente salir de charro. En uno de los tantos shows, me percaté de que había dejado mi sombrero en el camión donde descansaban varios de los demás miembros de la caravana que ya habían cantado. Irma estaba ahí y tenía sus piernas subidas sobre una silla frente a la que utilizaba para sentarse (después me enteré de que se acomodaba de esta manera por los silicones). Con sus piernas bloqueaba mi camino hasta el sombrero. Se me erizó la piel al percatarme de su posición. No sabía qué decirle para que se moviera. Sin embargo, sin cruzar palabra ella las retiró y me dejó pasar. Ya que estaba saliendo del camión escuché que le dijo a su secretaria, apodada la Churumbela:

—Vaya, Churum, yo no sé qué le ve José Alfredo a esta pendejita.

La Churumbela, que era conocida por su gran labor como secretaria y porque trabajaba con varios personajes del medio, sólo asintió. Yo me hice la disimulada y caminé velozmente de regreso con el Rey. No fui la única que tuvo un problema con ella; con nosotros también iba la vedette Olga Villa. Era bien sabido que ella era la novia del Gordo Delgado.

En algunas ciudades relativamente cercanas como Tijuana y Mexicali, la caravana se dividía y una mitad cerraba con Vicente Fernández y la otra con José Alfredo; al final la mitad de Mexicali iba a Tijuana a cerrar y viceversa. En una ocasión nos separaron a las mujeres y a los hombres. Los camerinos eran muy grandes, pero contaban con pocas sillas frente a los espejos con focos para arreglarnos. José Alfredo acudió con una para mí; yo no tuve problema. Olga Villa salió por una para ella y después se retiró brevemente. En este momento Irma aprovechó para subir sus piernas en la silla que Olga había dejado. La vedette regresó y esperó a que la cantante desocupara el espacio, mas no lo hacía. Entonces Olga salió echando lumbre y regresó con otra silla, casi casi la aventó a un lado de la silla donde Irma tenía sus piernas y le gritó:

—¡Tenga: para que ponga la otra piernota!

Irma, que era muy payasa y bromista, hizo ademanes de tocar una guitarra y le contestó:

—¡Ay, ay, ay! La empresaria tiene sus huevos.

—Y muy bien puestos —le contestó retadoramente Olga; estaba encolerizada y lista para saltar sobre Irma y desgreñarla.

En el camerino se vivió un momento de tensión pues las que estábamos ahí no íbamos a intervenir, por miedo. Irma seguía con sus piernas bien puestas sobre la silla y a Olga le salía humo. Finalmente se tranquilizaron las cosas porque Irma fingió demencia, le regresó la silla y continuó con lo suyo. A Olga no se le olvidó el enfrentamiento; de regreso a la Ciudad de México, en el aeropuerto, la vedette le platicó a su novio lo sucedido. Él e Irma discutieron con fiereza. El problema no pasó a golpes entre las mujeres, ni se hizo mayor gracias a la presencia de más empresarios. A mí, Irma me pareció muy voluble porque a los escasos días del comentario grosero en mi contra, platicaba conmigo de lo lindo; de hecho, hasta me agradó bastante.

Para alimentarnos, el Gordo Delgado traía a los camerinos cajas pletóricas de comida deliciosa como hamburguesas y pizzas. ¡Cómo disfrutábamos esos manjares entre tanto trajín! Él tenía que hacerlo así porque nunca nos alcanzaba el tiempo para salir a comer. Me comí una hamburguesa con doble queso a un costado de José Alfredo y posteriormente me disculpé para ir a maquillarme al camerino común.

Ya muchas de las demás cantantes estaban ahí. Desde mi espejo alcanzaba a ver a María Victoria, quien portaba un exquisito traje negro, muy bien entallado y con un escote en la espalda que llegaba hasta el fin; estaba cubierto con malla negra. También alcanzaba a observar a Amalia Macías; ella era altísima. Traía puesto un vestido rojo, también entallado. Sus labios eran color carmín y junto a su cabello sedoso y negro, la hacían ver extremadamente sexi. Enseguida vi mi propio reflejo: cabello tan largo que hasta me sentaba sobre él, vestido a la rodilla con corte campana, cuello alto con pasalistones negros, y —para rematar— grandes moños en mi cabello. ¡Qué horror! Que alguien me consiguiera una paleta gigante y una muñeca, porque parecía una niña. Me sentí fatal; no sabía cómo remediar la situación. Yo ya era una mujer de veinte años, ¿por qué tenía que utilizar prendas para una pequeñita?

Salí totalmente acomplejada del camerino para buscar a José Alfredo y contarle mis sentimientos. Él se burló cuando le platiqué, se enterneció.

—Brincos dieran esas dos por tener tu edad, escuincla.

Con sus palabras, mi corazón se alegró. A José Alfredo le encantaba consentirme con lujos que nunca había soñado. En realidad, yo no pedía nada de eso. ¡Ni sabía de alhajas o prendas finas! No eran mi tema predilecto.

En una ocasión, durante una temporada en el Million Dollar Theatre, Joe Herrera entró a nuestro camerino con unos abrigos de mink o visón que José Alfredo le había comentado que quería regalarme. Yo fingí gusto al ver las prendas de color blanco y sable, pero internamente pensaba que si usaba eso iba a parecer una anciana. Tuvo que pasar mucho tiempo para que José Alfredo me sentenciara: si nos los utilizaba, los iba a tirar; entonces usé uno en una entrega de premios. No dejaba de pensar en la cara de gozo de Joe cuando nos los entregó para que, sin él saberlo, ocuparan un gran espacio en el clóset sin ser tocados ni mirados.

Dos o tres veces nos presentamos para las fechas decembrinas en el teatro Blanquita, nos gustaba mucho pero nunca lo convertimos en una tradición. Otro de los secretarios de José Alfredo apodado Zorry, Zorrillo, era el encargado de abrir y cerrar las puertas del teatro con llave y candados.

Era 24 de diciembre; José Alfredo y yo descansábamos en el camerino antes de retirarnos para ir a festejar la Noche Buena. Como siempre, nos topamos con un indigente que solía pedir limosna sobre la calle Mina; era un hombre cubierto con escamas de mugre, de aroma muy penetrante y nauseabundo.

Aquella noche lo encontramos tirado en la acera y listo para lanzar su misma cantaleta: "Mi artista, algo para la cruda". Al verlo tan cansado sobre el asfalto, José Alfredo se quitó un hermosísimo abrigo de piel de camello que tenía puesto y cubrió al hombre con él. Después nos dirigimos al cuarto del cuidador del estacionamiento para que nos diera las llaves del carro. Nos llevamos una sorpresa.

—No están, escuincla.

—¿Cómo qué no? —pregunté con cansancio.

—Si mal no recuerdo, las dejé en la mesa del camerino.

—¿Y ahora?

—Pues está cerrado; Zorry ya se fue con las llaves del teatro.

Fruncí el ceño y acaricié mis sienes. José Alfredo puso manos a la obra e hizo todo lo posible por contactarlo. Sin embargo, no había celulares ni manera de hallarlo. Yo pasé no sé cuántas horas sobre un catre. A lo lejos veía el cuerpo del vagabundo que inhalaba y exhalaba plácidamente sin saber que el artista que lo ayudaba para la cruda estaba tomando vil alcohol con el cuidador para aligerar el estrés de no encontrar a Zorry. Finalmente llegó el secretario, rescató nuestras llaves y nos deseó feliz Navidad; la hora de Noche Buena ya había pasado. Ya sentada en el carro, reí con fuerza: éste era otro de los tantos días junto a José Alfredo Jiménez. Sin embargo, así como había días buenos y días malos (que con actitud podían volverse mejores), también nos topábamos con eventos terribles que ni con el mejor de los ánimos podían remediarse:

—Escuincla, ¿qué tal?

José Alfredo estaba parado frente a mí. Estaba vestido con un imponente traje de charro color verde al cual lo adornaban monedas de oro. Lucía increíble.

—Es el que mandé a arreglar para la gira en Colombia, ¿te gusta?

Me había quedado sin palabras: le quedaba perfectamente, lo utilizaba con el porte y el respeto específico que la cultura ranchera y charra se merecen. Aparte, los botones de oro puro resaltaban el color de sus ojos.

—Sí, mi amor, me encanta.

—Bueno, pues empaca éste y el blanco para el viaje.

—¿Los dos?

—Pues sí, escuincla.

—Ah, no, José Alfredo; escoge uno. ¿Por qué dos?

—Escuincla, dije que los dos y también empaca la televisión.

Negué con la cabeza sin creer lo que me acababa de encargar. Antes de la gira en el extranjero, iríamos cerca de Nuevo Laredo a renovar el permiso del Ford Galaxy que José Alfredo había puesto a mi nombre.

—¿Y la tele, por qué?— le pregunté.

—Va a haber un partido de futbol muy bueno.

Pensé con ironía que a donde íbamos sí habría televisión. No había de otra. Empacamos el carro hasta el punto que parecía que no entraba ya ni un alfiler: maletas, trajes, televisión, maquillaje. Al menos tantos objetos contrarrestaban el frío que noviembre deja caer sobre las carreteras.

En la aduana nos encontramos a Roberto Cantoral: estaba muy emocionado de vernos. Casi casi desde que nos saludamos, nos invitó a salir. Quería que los pocos días que estuviéramos ahí valieran la pena. José Alfredo accedió; nos marchamos al hotel. Yo no quería ir; después de todo, serían puros hombres tomando. Mi marido me dijo que estaba bien; era mejor que uno de los dos descansara.

—Piénsalo, escuincla. Y me dices si sí quieres ir.

Roberto llegó al hotel con una caja de hielo y una gran sonrisa en el rostro. Estaba listo para irse.

—¿Y eso? —dijo José Alfredo señalando el contenedor.

—Aquí traigo una medicina. ¿Me dejan subirla al carro?

Todavía no habíamos tomado la decisión de que yo fuera, por lo que también acomodé mi bolsa dentro del vehículo.

—¿Entonces, listos? —preguntó Roberto.

Volteé a ver a José Alfredo; él me dijo que hiciera lo que quisiera hacer. ¿De qué iba a platicar yo entre puros hombres? Mejor tomé mi bolsa y le dije cortésmente a Roberto que no iría. Él lo entendió y me pasó el contenedor.

—¿Puedo dejar esto aquí en el hotel? Al rato lo recojo.

Me marché a descansar. Estaba muy tranquila hasta que José Alfredo me marcó.

—Escuincla, ¿te llevaste el coche?

—¿Qué?

Miré el reloj: eran alrededor de las once.

—Sí, el carro. ¿Lo tienes tú?

—No, claro que no.

—Es que…

—Ándale, manito, no me andes haciendo bromas. Mejor ya vente que mañana salimos en la madrugada para ver el amanecer.

Ya no había coche. No era ningún chiste. Nos lo habían robado. Adiós vestidos de noche, trajes con botones de oro, maquillaje y accesorios recién comprados un día atrás, pasaportes y más papeles. José Alfredo llegó al hotel amarillo por la bilis, la impresión y el coraje. Vomitó. Me explicó lo sucedido: llegaron, cerró el carro, entraron y al salir ya no había nada.

—Al menos, ¿estás bien?

Afirmó con la cabeza.

—¿Y si lo buscamos con un helicóptero? —le pregunté.

Se encogió de hombros. Lo único que sí podíamos hacer era descansar. Al día siguiente José Alfredo me dio dinero y me mandó a comprar todo lo que necesitaba para la gira musical. Él ya estaba planeando concretar una entrevista con Jacobo Zabludovsky para reportar el robo y pedir nuestras pertenencias de vuelta.

—Sólo quiero pedirles mis trajes, escuincla, eso voy a decir en la tele. Que se queden con lo demás, no me importa.

Ambos estábamos convencidos de que ésta era una inteligente decisión, sin embargo, al comentársela a alguien, obtuvimos esta respuesta:

—Uh, no. Ahí ni le muevan, ese robo fue orquestado por una banda de crimen muy organizado. No les conviene meterse ahí.

Defraudado y con un resoplido, dejamos de lado ese plan y seguimos el consejo. Ya nunca más vimos aquel Ford Galaxy comprado en Oxnard, en cuyo interior todo era nuevo. Tal vez algunas cosas dentro de ese carro brillaban mucho y alguien ya lo sabía de antemano.

3 de diciembre

En 1971 grabamos juntos las famosas coplas. Entre canción y canción se escuchan unas porras en el disco de acetato. Muchas personas creen que son grabaciones reales de los vítores en el teatro Blanquita. La realidad es que las voces pertenecen a José Alfredo, al mariachi Vargas, a Imelda Miller y a mí.

Cuando grabábamos, a José Alfredo le gustaba tomar descansos e irse a platicar con otros colegas a la cabina de controles. Yo esperaba en la de grabación junto a los micrófonos. Eran pláticas de hombres por lo que me quedaba recluida en aquel lugar, dando vueltas en la silla giratoria. Veía a los tres caballeros al otro lado del vidrio: José Alfredo, Rubén Fuentes y Magallanes reían juntos. No me acordaba cuánto tiempo llevaba esperándolos. Se me ocurrió entonces acercarme a uno de los tantos micrófonos que estaban a abiertos, y estornudar muy fuerte. Los tres brincaron de sobresalto al mismo tiempo. Voltearon a verme; yo actué inocentemente. Luego de escasos minutos decidieron volver a grabar. José Alfredo entró con vigor y con un tono de voz que denotaba urgencia.

—No me grites, porque lloro —interrumpí lo que sea que me estaba diciendo—; si me vas a corregir, hazlo con cariño porque ya sabes que después me siento.

Él me dirigió una sonrisa y me besó la cabeza. Las coplas fueron un éxito.

Él siempre era muy romántico conmigo, sin embargo, las ocasiones en que José Alfredo presumía nuestro amor a los cuatro vientos eran nuestros aniversarios; representaban grandes logros para nosotros, para nuestro amor, porque vivir tan de cerca el medio artístico complica muchos aspectos y conlleva muchos problemas. No obstante, yo siempre supe alejarme de los rumores, de los chismes, y aprendí a enfocarme en mis sentimientos y los hechos. Al lado de José Alfredo no tuve jamás algún problema porque él me defendía y establecía muy bien quién era yo: su mujer.

El 3 de diciembre de 1970, me dijo desde muy temprano que iríamos a comer a un lugar escondido en la carretera; enfatizó mucho la palabra "escondido" y cuando notó que yo no entendía el mensaje oculto, me lo explicó.

—Existe un restaurante precioso y exquisito llamado "La Escondida", escuincla. ¿No has leído sobre él en las revistas que de repente te cacho hojeando? Estoy seguro de que te va a gustar porque está entre las montañas y tiene un show padrísimo.

Con esos detalles era suficiente para saber qué ponerme. Empaqué mudas para él y para mí, artículos básicos de limpieza y abrigos por cualquier capricho del clima; intuía que nos íbamos a quedar en un hotel porque de vez en cuando nos gustaba hacerlo para romper con nuestra rutina.

El restaurante no era para nada como José Alfredo lo describió. Las palabras con las que intentó explicarme la belleza del lugar se quedaron cortas. Auténticamente estaba escondido en la carretera y si manejabas sin prestar atención, no lo encontrabas. Sé que después instalaron una gran figura de un chef con una trucha en una mano y un conejo en la otra; era una estatua de más de tres metros de altura y sirve como punto de referencia para no dejar atrás el restaurante.

Estacionamos el carro; por la cantidad de automóviles parecía que no había muchos comensales. Después cruzamos varios puentecillos de madera para llegar a una de las varias cabañas estilo austriaco, en la cual comeríamos. Fue una excelente idea llevar abrigos porque el vaivén de las montañas encapsulaba el aire frío. El menú era muy exclusivo; comida tradicional mexicana selecta.

—Mira, escuincla, ya va a empezar el show —me dijo José Alfredo; señalaba hacia una ventana. Pasados unos instantes, vi un tren a escala que cruzaba por la montaña. Las demás familias y parejas en sus respectivas mesas también lo veían con gusto.

—¡Qué bonito, José Alfredo! Me gusta este lugar.

—Y es más rico que bonito, ya verás.

Me sentía muy feliz y realizada con nuestro primer año juntos; al concluir la comida, me agradecí a mí misma por haber llevado mudas porque nos quedamos en un hotel precioso en la misma área. Con José Alfredo todos los días eran una aventura, una oportunidad para celebrar la vida y el amor. El 25 de junio de 1971 me entregó una carta; su caligrafía, fácilmente identificable, rezaba:

Te estás haciendo mujer entre mis brazos; me estás haciendo cariños no soñados; estás borrando todos mis fracasos; estás metiendo el sol entre mis días nublados. Te estás haciendo mujer con mi cariño, agarrada de mí tranquilamente; yo voy pisando muy fuerte en el camino sin pensar en el olvido ni en la muerte. Cuando sienta en mí la fuerza tuya y tú sientas también la fuerza mía, no habrá nadie en el mundo que destruya el amor que empezamos aquel día que tus ojos me miraron o aquella noche que tuvo que ser día; si mis labios sedientos no… es porque no tenían tiempo todavía.

Esta canción me la había escrito pocos días después de mi santo. Tenía varios tachones y enmendaduras porque era el momento inicial de inspiración, aquel donde su cerebro y las palabras plagaban el papel frente a él sin que José Alfredo fuera capaz de interrumpir o cambiar el ritmo de sus pasos. Así trabajaba él, dejaba a su creatividad tomar el control y, después de varias horas de reposo, se dedicaba a los inquietos y apasionantes versos que habían fluido de entre sus manos. Yo casi siempre guardaba estos bocetos; me gustaba ayudarle a mejorar la canción. ⟵

Nuestro segundo aniversario de bodas fue aún más especial que la visita al restaurante La Escondida. Semanas antes de la fecha, le dije a José Alfredo que deseaba que ese día fuera sólo para nosotros:

—No quiero trabajar ese día, eh, ni estar en algún lugar público.

—Sí, escuincla, lo que tú quieras yo te lo cumplo. —Me jaló sobre la cama y comenzó a hacerme cosquillas—. Lo que diga la escuincla, que ella es el ama y señora.

Aquella frase se fue al bote de la basura a escasos días de nuestra celebración; José Alfredo me explicó, con el semblante avergonzado, que sí íbamos a trabajar ese 3 de diciembre.

—Me están contratando para un banquete…

—¿Un banquete?, ¿por qué no dijiste que no? Yo ya te había dicho que…

—Sí, escuincla, lo sé —me interrumpió—, pero es un banquete para el presidente, no hay manera de negarme. Es en el hotel Fiesta Palace.

—Yo ya te había dicho que no quiero trabajar en nuestro aniversario.

—Te prometo algo: va a ser muy breve, canto rápidamente y nos vamos a comer. ¿Tú papá va a estar aquí, que no? Pues que nos acompañe a celebrar el amor. No te me entristezcas, escuincla. Va a salir todo muy bonito.

Llegado el día, mi padre, José Alfredo y yo salimos del departamento. Ninguno de los tres estábamos muy felices, ¡a mí se me habían negado mis derechos de ama y señora! Cuando llegamos al hotel, el Rey nos dirigió hacia el salón más pequeño lo cual me pareció curioso porque la clase política siempre celebraba en el más grande. Mi papá pretendía entretenerme todo el camino; cuando notaba que yo ladeaba mi cabeza hacia un lugar que él no quería, me insistía en que observara hacia otra dirección. Yo ni sospechaba que él me estaba ocultando algo.

Se abrió la puerta del salón y salió el cómico llamado Mantequilla; era un gran amigo de José Alfredo y al verme elevó las cejas.

—Muy bonita, Alicia.

—Hola, Mantequilla. ¿Dónde está el presidente?, ¿ya llegó?

—Sí, me mandó a estacionar su coche. No tardo.

El cómico me sonrió y se marchó. A mí me seguía intrigando el tamaño del salón. Al cruzar el umbral, nos topamos con los trabajadores del teatro Blanquita, todos ellos muy estimados por mí: los de la tramoya, las vedettes, los encargados del escenario, los músicos, los ejecutivos; también estaba el mariachi Vargas; otros cómicos amigos del Rey; músicos colegas y amigos; y la pareja conformada por Pepe Jara y su esposa Silvia, con quienes salíamos mucho al cine o restaurantes: eran ya amigos muy cercanos. Yo saludé a todos mientras suponía que José Alfredo había montado un auténtico show para el presidente; ¡había traído a toda la flota! No entendía qué rol podían desempeñar varios de ellos para el show; de cualquier manera, me agradó verlos.

No detecté el rostro de los pertenecientes a la clase política. El presidente aún no llegaba. Las mesas impecables organizadas en forma de herradura habían sido tomadas por los asistentes que yo había saludado. Por ver el cuadro entero, no me percaté de pequeños detalles. Entonces escuché las voces poderosas y conmovedoras de los músicos, del mariachi; la melodía era la de "Muchacha bonita", la pieza con la que José Alfredo empezaba todas sus serenatas para mí. ¿Me estaban cantando a mí? Volteé a todas partes y me percaté de que todas las personas nos veían a nosotros, vi en una mesa un gran pastel con dos pichones besándose, le clavé la mirada a José Alfredo y entendí que yo había estado alrededor de media hora deambulando por el salón donde se llevaba a cabo mi fiesta sorpresa de aniversario. ¡¿Cómo no me había dado cuenta?! Lo que mi padre me escondía mientras caminábamos hacia el salón, eran los letreros que decían: ANIVERSARIO JOSÉ ALFREDO Y ALICIA. Había sido una auténtica sorpresa, de verdad creí que el presidente iba retrasado.

—Me creí tus cuentos, José Alfredo —le dije.

—Pero sabes que eres mi dueña, mi ama y mi señora, ¿verdad? Eso sí debes de creerlo y saberlo.

Me imprimió un beso cargado de pasión. Mi José Alfredo. Me fascinó que me hubiera organizado una fiesta sorpresa, que hubiera cuidado los detalles, los arreglos florales, la comida, los invitados… todo. ¿Habría manera de superar una fiesta como aquella?

La mañana del tercer aniversario de nuestro amor me extendió una carta:

Tu amor, en la forma que tú me lo diste, no tiene precio. Te lo voy a pagar con amor, con verdad y con ternura; voy a ser tu esclavo y tu hombre, y voy a ser obediente sin dejar de mandar, y en mí ya nunca habrá mentira: la voy a sepultar en el panteón del olvido de no sé qué ciudad. Voy a adorarte siempre hasta donde se acabe el camino, hasta allá donde el que mande me dé la orden de decirte adiós, pero va a ser un adiós envuelto de todo mi amor para que cuando tú lo agarres con tu mano se convierta en un "allá te espero". Alicia, cuando te pregunten quién te quiere más en este mundo, contesta segura de ti, sin miedo y sin dudarlo: José Alfredo; ayer: 3 de diciembre del '68, hoy: 3 de diciembre del '71, mañana… no habrá un mañana que no te quiera más.

Cuando acabé de leer lo abracé con fuerza y lo besé. Le pregunté si teníamos planes para ese día y afirmó con la cabeza.

Meses atrás, había entablado amistad con dos policías de tránsito; le dejaban subirse a sus motocicletas de vez en cuando. Ellos fueron parte de la conspiración para festejar nuestro tercer aniversario.

—Escuincla, vámonos a comer —me dijo enfático José Alfredo por la tarde—; vamos a festejar tanto amor tan bonito.

—¿A dónde vamos?

—Ya verás, escuincla, no está muy lejos. Ponte más guapa de lo que ya estás.

Yo me arreglé con esmero; quería verme hermosa para él, aunque José Alfredo me dijera que, a sus ojos, no necesitaba demasiado para exaltar mi belleza. Escogí un vestido divino, unas joyas que él me había regalado hacía unos meses y una delicada y exquisita bolsa de mano. Cuando me vio se abalanzó sobre mí y me dijo que no había visto ni tenido jamás una mujer tan hermosa.

En la calle estaba nuestro carro y detrás de él los dos policías amigos de José Alfredo. Él se dio cuenta de que yo estaba intrigada, no entendía qué hacían ellos ahí. "Hoy traeremos escolta, escuincla", me dijo José Alfredo; me abrió la puerta y se subió a su lugar con la emoción de un niño pequeño. Le encantaba la idea de estar custodiado por dos gendarmes. Iba manejando muy feliz: su mano sobre mi pierna, mi mano sobre su mano. No necesitaba fama, los mejores restaurantes, joyas ni vestidos, para tener el corazón tan henchido de locura por él; con su carisma y su ternura me bastaba. Manejó por varias calles sin decirme a dónde íbamos, pretendía marearme para que yo no supiera dónde nos hallábamos. Lo logró. Por fin detuvo el coche y nos estacionamos.

—¿Qué tal? El restaurante se llama El Mirador, está aquí en el Hotel de México —me comentó mientras me ayudaba a bajar—; tiene una vista que, ah escuincla, no te la acabas. Es lindísima. ¿Ya viste lo alto que es, verdad? Entonces imagínate.

—Estoy emocionada, mi amor —le contesté yo.

Miré hacia arriba, mi nariz quedó en un ángulo de 90 grados. Era colosal, ya quería deslumbrarme con la vista. Los policías me saludaron con la mano y José Alfredo se acercó a agradecerles y palmearles las espaldas. Después retornó a mi lado y me tomó de la mano.

—Ojalá que tengas hambre, escuincla.

Cuando salimos del elevador, mi sorpresa no pudo ser mayor. En vez de toparme con un cúmulo de comensales desconocidos, vi a muchos familiares de José Alfredo y míos; ¡mi mamá estaba ahí! Aquella era una fiesta sorpresa para mí y no lo había sospechado ni por un segundo. En el fondo estaba instalado el mariachi Vargas, a un costado la mesa de los ejecutivos de RCA Víctor; en otra, muchos amigos nuestros cantantes y artistas. El dueño del hotel y del restaurante salió de entre la multitud para felicitarme con orgullo. Yo quería llorar del gusto, pero saludar a tantas personas, recibir felicitaciones, besos y abrazos, apaciguaron mis lágrimas y me impulsaron a sonreír con más fuerza y mostrar de manera trasparente mi felicidad.

—Hija hermosa —escuché la voz de mi madre entre tanto bullicio.

—¡Mamá!

José Alfredo soltó mi mano. Mi madre y yo nos abrazamos con amor y felicidad.

—Me da gusto verte tan feliz, hija.

—A mí me da gusto verte.

Rio con fuerza y me besó.

—Palabras sobran, mi querida hija —me dijo mientras me abrazaba. Si intentó decir más, no lo sé: la música del mariachi se abrió paso torrencialmente entre las paredes del restaurante.

José Alfredo volvió a tomarme de la mano y me guio hasta el ventanal. A pesar de que frente a mí estaba una minúscula fracción de la Ciudad de México, lucía gigantesca e interminable. Me sentí poderosa apreciando la metrópolis desde aquella excepcional vista.

—Todo lo que tengo y lo que soy es para ti, escuincla. Feliz aniversario.

En ese momento, una lágrima fugaz de felicidad escurrió por mi mejilla. Sí que éramos una pareja afortunada: no podía haber escogido a un hombre mejor que él. Me fascinaba que era bromista, platicador, amigable; le encantaba contar chistes y ver reír a los demás. Era dadivoso: siempre que podía compraba comida para las personas que trabajaban con él (desde los de la tramoya en los teatros hasta los encargados de taquilla) y seleccionaba un día para que todos comieran juntos. Se preocupaba por el bienestar de los que lo rodeaban, le gustaba dibujar sonrisas en sus rostros, se desvivía por consentir a sus parientes, tramaba cómo lograr que yo lo amara más.

Al día posterior a la fiesta, encontré una nota en mi buró. Mi única y genuina respuesta fue una sonrisa gigantesca:

Gracias amor, por aguantarme tres años con todos mis errores; gracias amor, por regalarme esos tres años de tu vida; gracias amor, por haberme querido desde niña; gracias amor, por dejarme ser dueño de ti en tu juventud, pero tu amor no es de tres años: quiero seguir siendo tu dueño hasta que Dios me llame. Tu amor es el diamante más puro y más limpio que he encontrado en los cuarenta y cinco años que llevo vagando en este mundo.

Vivir con el Rey

Una vez más me enseñaba que con él no había puntos medios, no le temía a planificar cosas grandes. Adquirí parte de esta valentía y yo también comencé a organizarle fiestas. Sabía que tenía que incluir las cosas que más le gustaban: comida, mariachi y bebida. Nuestras fiestas eran verdaderos jolgorios, celebraciones largas y divertidas: valían la pena totalmente.

Licha hacía los mejores tamales chiapanecos; José Alfredo siempre bromeaba con ella, le decía que entre los dos pusieran un puesto en la calle para volverse millonarios. El mismo chiste se lo hacía a su compadre de Puebla y secretario, Zorry, porque él preparaba un caldo de camarón increíble. Se me ocurrió conjuntar estos dos manjares y convocar a los mejores amigos de José Alfredo en nuestro departamento para una fiesta sorpresa por su cumpleaños.

Su rostro de emoción al encontrarnos a todos reunidos para festejar no tuvo precio. Corrió a mis brazos y me besó con fuerza.

—Escuincla, ¿de verdad?, ¿Tamales y caldo de camarón? ¡Ah, escuincla! Me encantas, no hay duda de que me conoces.

Yo estaba muy feliz; entre los amigos que habían venido se encontraban Lola Beltrán, el mariachi Vargas, Alberto Vázquez, Manolo Muñoz, entre otros. A veces yo ni conocía a las personas que transitaban entre mi comedor y mi sala; me gustaba que se sirvieran comida con gusto y que estuvieran felices porque eso volvía a José Alfredo feliz. Licha se moría de la risa con los comentarios sobre sus tamales, para ella eran un platillo cualquiera; a nosotros nos volvía locos.

—¡Que cante José Alfredo! —gritó alguien sobre la mezcolanza de voces aglutinadas.

—¡Sí! —contestaron más personas al unísono.

Nadie sabía dónde estaba. Antes de preocuparme, decidí buscarlo. No estaba en ningún cuarto, ni en su Tenampa, ni en el baño; tampoco en la cocina, la sala o el comedor. ¿El balcón? Tampoco. A los demás ya se les había olvidado que el Rey estaba perdido; ya otro grupito entonaba canciones y el mariachi los acompañaba. A mí me invadió un gran coraje, ¿por qué debía servirle a un cúmulo de personas desconocidas mientras él estaba ausente? Era su fiesta y él ni siquiera estaba ahí. Lo peor, yo me sentía feliz de atender a los invitados por verlo a él alegre. Ahora ni lo veía.

Guiada por mi enojo, bajé por el elevador rodeada de una nube de furia. Con los pies pesados como el plomo salí hasta la calle y grité su nombre varias veces. Alternaba mis llamadas con chiflidos, no recibía respuesta. Caminé asomándome de carro en carro hasta que di con él: junto con Alberto Vázquez, estaba sentado dentro de un automóvil. Abrí la puerta con un jalón y con el sobresalto José Alfredo casi se cae.

—Escuincla, ¿qué pasa?

—¿Cómo que qué pasa?, ¿quién te crees? Me tienes allá arriba sirviendo comida mientras tú estás aquí haciendo quien sabe qué. ¡Te me subes ya!

Le troné los dedos con desesperación y logré que se bajaran. El Rey se rio a carcajadas durante el regreso al departamento. Me dijo que le encantaba mi carácter, ese lado mío feroz.

—¿Qué diablos estaban haciendo? —escupí la pregunta.

Los dos se quedaron callados, sin reír; se voltearon a ver y negaron con sus cabezas.

—Nada, sólo hablando de proyectos para el futuro. Estate tranquila, escuincla. ¿Un beso?

Con ese gesto la fiesta duró hasta las nueve de la mañana; no quedó rastro de los alimentos ni de las bebidas. Fue una fiesta más que buena: maravillosa.

El simple hecho de que existiera comida deliciosa ya era motivo para festejar: durante las temporadas en el teatro Blanquita, a José Alfredo le gustaba llevar cajas de tortas o de pollos para todos los que ahí laborábamos. ¡Se armaban unas pachangas…! Nos podíamos quedar toda la noche en el lugar sin ningún problema. A una parte del escenario le llamaban la pasarela porque no era una tarima completa, había partes huecas creadas para que los músicos ahí se instalaran para eventos como obras de teatro. Si se caminaba sobre el escenario debía hacerse con cuidado o se podía caer entre atriles y sillas.

Durante las bacanales yo me quedaba en los camerinos platicando con las vedettes o con cualquier otra mujer. No obstante, en una ocasión los únicos que quedábamos en el silencio del teatro éramos el Gordo Delgado, Constantino Escobar (ejecutivo de RCA Víctor), José Alfredo, su hijo Toño, otro sujeto y yo. Este otro sujeto era muy específico porque escupía mucho al hablar y parecía torero. Trabajaba directamente con la compañía de teatro y se emborrachaba tan rápidamente que nadie lo tomaba en cuenta. Yo de vez en cuando me detenía a escucharlo hablar; me motivaba la lástima.

Toño se iba a quedar a dormir en nuestro departamento, por eso tuvo que estar con nosotros en la fiesta. Todos permanecimos en los camerinos hasta que la madrugada nos alcanzó y las botellas se vaciaron.

—Escuincla, Toño, vamos a salir por adelante porque las salidas de atrás ya tienen llave —nos dijo José Alfredo. No lucía para nada cansado después de las horas bebiendo.

Toño se agarró de mi mano y juntos caminamos en la oscuridad. Íbamos en fila india los empresarios y la familia Jiménez.

Los que conocíamos el escenario sabíamos perfectamente de los hoyos existentes en el suelo para albergar a los instrumentos musicales y sus dueños. Yo cuidaba mis pasos y los de Toño; mis tacones producían sonidos casi imperceptibles al apoyarlos contra la madera.

—Escuincla, Toño, ¿cómo van? —nos gritó el Rey, estaba unos cuantos pasos detrás de nosotros.

—Bien, papá —le respondió Toño. Me imaginaba que el pobre estaba cansadísimo, no estaba acostumbrado a desvelarse hasta más allá de las cuatro de la madrugada.

De repente se escuchó un golpe estruendoso acompañado de ruidos metálicos. Fue un sonido que duró algunos segundos; continuaban las réplicas de varios objetos que se caían ante el impacto.

—¿Qué fue eso? —preguntó en voz alta la voz de un hombre.

—Alguien se cayó —le contestaron por atrás de la fila.

—¿Alguien?, ¿quién?, ¿dónde?

Mi corazón se detuvo sólo de pensar que era José Alfredo quien había caído, giré sobre mi eje e intenté hacerme paso entre los cuerpos. Entre la oscuridad y la confusión no me dejaban pasar. Mis intentos infructuosos fueron detenidos por una voz que dijo:

—Cayó al pozo un hombre, creo que era el empresario, el del teatro.

Quien contestaba era José Alfredo; me tranquilicé y agarré con más fuerza la mano de Toño. No queríamos más accidentes. Se escucharon diferentes voces; todos sabían de quién se hablaba, quién era el empresario al que el Rey se refería. Su cuerpo estaba dentro de una de las depresiones para los músicos. Los sonidos metálicos y sus réplicas habían sido emitidos por la gran colección de atriles y sillas. Seguramente su alma y su conciencia deambulaban en los pliegues de la ebriedad porque el hombre no dijo ni una sola palabra. Varios de los que seguían en pie rieron. No era la primera, ni sería la última vez, que alguien caía al intentar cruzar la pasarela en la oscuridad.

—¿Está bien? —preguntó otra voz.

—Alguien muévalo con un palo —dijo uno de los empresarios a manera de broma. Todos volvimos a reír.

—¡Está bien! —gritó alguien más—; está muy borracho, pero respira… creo.

—¡Sáquenme de aquí! —se escuchó la voz aguardentosa del caído. Había recobrado la conciencia.

—A seguirle —gritó alguien más; el grupo de pies se puso en marcha.

—¡Esperen!, ¡sáquenme, malditos, oigan!, ¡sáquenme!

Nadie cuestionó la decisión; atrás se quedó la voz del borracho y frente a nosotros, la salida principal. En el carro Toño le preguntó a su papá por el hombre; José Alfredo le explicó que estaría bien. "A esta hora y en estas condiciones, resulta en vano sacarlo. Estaba muy borracho y seguro que ya andará roncando. Es una lección, que aprenda a caminar por la pasarela", soltó una risotada. Al día siguiente acudimos al teatro muy temprano. Descubrimos dentro de la depresión al empresario; su rostro mostraba los estragos de tanta bebida. Claramente manifestaba dolor por la resaca y confusión por hallarse metros más abajo que los demás.

—José Alfredo, ¿qué me pasó?, ¿me caí? —interrogó el hombre.

—No, no; escucha: tú no te caíste, ¡te aventaste! Es que tú eres músico de corazón y ni siquiera de los buenos, de los de abajo; por eso es que te aventaste, tú no te caíste, tuve que aguantarme la risa. José Alfredo lo había dejado más confundido. Llegando al camerino reímos juntos.

El sentido del humor de José Alfredo era uno de los elementos más importantes de su personalidad. Es imposible entenderlo sin los chistes, la comicidad, la burla de sí mismo. Ni el romanticismo, ni el sentido del humor se le quitaban con nada.

—Escuincla, ¿tienes ánimos de viajar?

Permanecí pensativa intentando adivinar a dónde quería ir José Alfredo; creí que me diría que a Chalco o a la playa en Yucatán: su idea iba muchos kilómetros más allá.

—Vámonos a Oxnard.

—¿De verdad?

—Pues sí, compramos esa camioneta en las vísperas de nuestra boda para traer los regalos. Tenemos cómo irnos, ¿te gusta la idea?

—Pero claro que me gusta la idea, me encanta. ¡Qué gusto poder ir a saludar a Amanda, mis padres, mi nana!

Decidimos invitar a la tía Cuca y a doña Carmen a nuestra travesía. Mi mamá se entusiasmó con el plan y comenzó con los preparativos; papá contaba los días. El trayecto fue muy largo; como siempre, la carretera nos presentó paisajes exuberantes que motivaron nuestra inspiración. Nos deteníamos casi a cada rato para ir al baño; conocimos muchos restaurantes deliciosos y perdidos entre las curvas. ¡Por fin llegamos a Oxnard! Mis piernas estaban entumidas cuando me bajé del carro. Amanda y mis padres acudieron a recibirnos. Ya todos conocían a la familia de José Alfredo; todos llevábamos buena relación. Durante aquellos días, mi mamá se desvivió por tratar de maravilla a la tía Cuca y a doña Carmen. Las llevó a conocer los puntos más emblemáticos de Oxnard y también a los grandes centros comerciales.

Nana también estaba muy feliz con la visita. Solíamos ir mis padres, José Alfredo, la tía, la madre de él y yo a platicar largas horas con mi abuela. En uno de los días que estuvimos de vacaciones en Oxnard, doña Carmen se compró un radio chico. Muy feliz nos lo mostró a todos; en realidad sonaba estupendamente. La radio captó una estación local y se comenzaron a escuchar comerciales y melodías, naturalmente, en inglés.

—Ah, caray —exclamó José Alfredo—, ¿y por qué lo compraste en inglés, mamá, si tú no le entiendes?

El rostro de doña Carmen reflejó una inmensa mortificación. Sus ojos pasaban de su hijo al aparato tecnológico. Ella no entendía cómo pudo haber cometido tan inexistente error.

—¿Y ahora qué voy a hacer? —preguntó ella asustadísima.

Todos soltamos las carcajadas. Doña Carmen entendió el chiste después de varios minutos y se sumó al coro de risas. José Alfredo siempre supo cómo provocar la risa, cómo hacerse entender; este don funcionaba para aspectos de cualquier tipo: era un hombre que sabía imponer.

Irma Serrano hizo una fiesta de inauguración de un ala nueva de su residencia; era un espacio amplio y alargado, en el fondo había una chimenea y en otra de las paredes de la pieza, un ventanal que mostraba la alberca en el jardín. Todo el mundo artístico, los periodistas y la prensa habían sido invitados. José Alfredo, mi hermana Amanda y yo estábamos sentados mientras observábamos al grupo de asistentes que se amontonaba en la casa. El ambiente era alegre y de fiesta. De repente apareció Vicente Fernández por la puerta, venía junto con Lucha Villa, el señor Vallejo, el hijo de éste y otros empresarios más. Me entró una ligera preocupación; la relación entre el Rey y Vicente no era de las mejores debido a los atrevimientos que el último había tenido conmigo: yo le platicaba todo a José Alfredo y él me escuchaba con atención.

Vicente se separó de su grupo para acercarse hasta nosotros; nos saludó a Amanda y a mí con un beso en la mejilla. Luego se dirigió a José Alfredo y le dijo:

—Buenas noches, jefe.

Él ni lo volteó a ver.

—A mí no me saludes.

Dijo esto con tanta fuerza e ímpetu que inmediatamente varios asistentes volvieron sus cabezas para saber de qué se trataba. Las miradas y el silencio se aglomeraron a nuestro alrededor. Vicente permaneció con la mano extendida; repitió el mismo error:

—Jefe, buenas noches.

Esto desató el don de imponerse en José Alfredo. Giró su rostro para mirarlo y le dijo con una dicción y entonación extraordinaria:

—¿Qué no entiendes?, ¿eres estúpido o qué? Los pendejos de la raya para allá.

Vicente Fernández, el gran machote del cine nacional, se fue con la cola entre las patas hasta el fondo del cuarto, a un costado de Lucha Villa y la chimenea. José Alfredo no dijo nada; continuó en la fiesta con el mismo ánimo y carácter previo a la llegada de Vicente. Sin embargo, muchos de los asistentes se empezaron a retirar. Ni modo, se había acabado la fiesta porque eso sucede cuando una voz segura se proyecta y se emite: la gente lo entiende y teme. La respuesta de José Alfredo se debía a que el señor Vallejo le había dicho que Vicente le había comentado que yo iba todas las noches y me paraba entre cajas a observarlo, en el teatro. José Alfredo no me comentó nada porque sabía bien que eran rumores; él y yo nunca nos separábamos, siempre sabíamos dónde estaba el otro. Fue impactante la reacción de Vicente Fernández, alguien que tiempo después dijo que era el único cantante folklórico que no había necesitado de José Alfredo para cantar, pero ¡claro! sí que interpreta "Gracias" y "El hijo del pueblo". Aquel que se adjudica también el título de "Rey". Y por supuesto que vive del legado de José Alfredo Jiménez, al igual que muchos otros que cantamos con orgullo y pasión sus conmovedoras y sinceras melodías.

Lo que sucede es que José Alfredo fue y seguirá siendo auténticamente el Rey de la música ranchera. Era tratado como una especie de semidiós entre los mariachis, un genio musical interminable que escribió un millar de canciones en mil lugares diferentes. A mí me impresionaba que cuando íbamos a presentarnos en un sitio aguardaran en la entrada por nosotros muchos admiradores, entre ellos llamaban mi atención los niños y las niñas, ¡ni siquiera habían nacido cuando José Alfredo comenzaba a escucharse en la radio! Lo conocían, lo cantaban, se identificaban, y era un reconocimiento que trascendía fronteras y nacionalidades.

En una ocasión que asistimos a Tijuana a cantar, vimos entre la gente a una mujer —claramente gringa por sus facciones y su tez— que escuchaba al Rey con una admiración total. Esta admiradora había coleccionado todos los discos de José Alfredo y los había traído para que él se los firmara. La mujer estaba enamoradísima y mi esposo ni siquiera notaba el gran gesto de la gringa; ella había aprendido a hablar español con la discografía de José Alfredo: la primera vez que lo escuchó decidió que tenía que entender lo que él estaba cantando. Así fue como aprendió a hablar fluidamente.

—José Alfredo, aunque sea dale un beso, un abrazo; mírala cómo te admira —le dije mientras la mujer no me escuchaba.

—¿Cómo crees, escuincla?

—Pero sí eres su ídolo. Haz que valga la pena su viaje.

¡Cómo se reía José Alfredo con estos comentarios míos! Lo que pasaba es que él no se percataba de las emociones que causaba en los que lo escuchaban. Erizaba la piel, hinchaba el alma, abría gargantas y elevaba copas. José Alfredo: sus canciones dieron la vuelta al mundo para enseñarnos a aceptar derrotas y a brindar por la dualidad de la vida: entre el sufrimiento y el amor.

El Rey nunca lo negó: se debía a su pueblo, al pueblo. Era la gente quien lo había motivado e impulsado; sin ellas y sin ellos, él sería nada. José Alfredo se identificaba con estas personas, los de a pie que comprenden la banalidad y la profundidad de nuestra existencia por estas tierras. Cuando le pregunté por qué atendía con tanto cariño y respeto al borracho que afuera del teatro Blanquita nos esperaba siempre con la misma petición —"Una monedita para la cruda, mi artista"—, me respondió que se debía a que se veía a sí mismo en él.

Alguna, de tantas veces, nos contrataron para presentarnos en un espectáculo frente a un grupo de políticos. Yo esperaba mi entrada en la canción "No me amenaces" cuando unas mujeres se cruzaron frente a José Alfredo, en pleno escenario, para dirigirse a los sanitarios. Vi cómo le brotó una vena de coraje a José Alfredo. Apretó el micrófono entre sus manos y lo aventó al suelo. Volteó a verme y me dijo: "Vámonos, escuincla". Yo hice tal como me pidió. Los dos, él vestido de charro y yo de folklórica, nos dirigimos a Garibaldi a cenar un platillo llamado orejas de elefante. Se juntaron un grupo de borrachos cerca de nosotros. Uno de ellos reconoció a José Alfredo y le dijo de su hallazgo a los demás, enseguida teníamos a un coro de hombres que anhelaban que el Rey les cantara una que otra canción.

—Párate, escuincla, que vamos a complacer a estos señores.

Yo me levanté del asiento y me preparé para cantar las coplas; no dejamos ninguna sin ser interpretada. Realizamos el show completo, tal cual lo hacíamos en el teatro Blanquita. La única canción que él no cantaba más era la de "Paloma querida", pues yo le había pedido alguna vez que no la interpretara. Aunque la audiencia y el teatro se cayeran, José Alfredo no la entonaba.

La emoción en este concierto improvisado era más fuerte. El amor que le imprimíamos a cada verso sabía más cierto y franco; los aplausos caían sobre nosotros con alegría, gozo y una exacerbada sinceridad. Ese sí fue un concierto y no el espectáculo monocromático que estábamos realizando para los políticos. Éstas eran canciones que los que nos escuchaban entendían y, por lo tanto, atesoraban. Nos retiramos felices a casa. Habíamos cumplido con la tarea de conmover el alma del pueblo.

Me acomodé muy cerquita de José Alfredo esa noche. Lo besé con mucha ternura y observé su rostro, donde ya se reflejaban las arrugas de poco más de cuatro décadas. Era mi esposo, lo conocía bien; así como cierto día comencé a familiarizarme con la manera en la que imponía, cómo se presentaba e inspiraba, sus chistes y costumbres, así también estaba muy cerca de conocer el otro lado de la moneda, la dualidad de la vida y de su personalidad: entre el sufrimiento y el amor.

Ya sé que soy lo peor

"Para mi niña preciosa, por cuatro años de amor que no se pagan con nada; no me olvides nunca, regálame mil años más. Te adora tu hombre, José Alfredo."

Era otro 3 de diciembre; celebrábamos nuestro aniversario de amor con los mismos rituales que sólo él y yo compartíamos. Aquellos cuatro años suponían para mí una cosa: todavía había mucho tiempo para salir a las carreteras para satisfacer grandes antojos. La gelatina de Chalco se había vuelto uno de mis mayores deseos y José Alfredo continuaba coleccionado casetes con su propia voz, borbotones y borbotones de inspiración que encontrarían su forma y fondo en las horas venideras.

Yo no sospechaba las sorpresas del año que se avecinaba: 1972. Lo marcarían revueltas y turbaciones, cegueras e insensateces. Cuando se sube tan alto, la caída se vuelve más dolorosa a medida que continúas elevándote. Yo había rebasado aquel sentimiento de pánico; caer era impensable para mí. Las nubes habían quedado tan atrás, tan en la lejanía, que las ansias de la gravedad prepotente no me alcanzaban. No sé en qué momento de mi vida, en cuál mes del año sucedió, no lo sé. Sin embargo, recuerdo cada segundo, cada pequeño pedazo de vidrio que impactó contra el suelo cuando caí.

José Alfredo salía con sus hijos con frecuencia; iban a comer. A pesar de las variadas actividades y las agendas apretadas, siempre permanecía largas horas con ellos. Después me enteré de que en realidad no estaba con ellos durante tanto tiempo; luego de la comida se dirigía al teatro Blanquita para convivir con sus amigos. Estas reuniones tardaban hasta veinticuatro horas, lapso en el cual mi alma no descansaba sólo de pensar en dónde estaba mi marido. Cuando regresaba me portaba comprensiva sin importar si estaba acompañado o solo; para mí lo más importante era que estuviera con vida.

—Me preocupaste —le decía.

—Ya estoy aquí, escuincla; te amo.

Y yo lo perdonaba. No obstante, estas jornadas se repetían con mayor frecuencia cada día e inevitablemente comencé a sospechar, pues sabía bien que en el teatro al que él acudía abundaban mujeres hermosas y muchas vedettes. Conocía muy bien a los amigos de José Alfredo. Me preocupaba que entre las botellas y copas las cosas se confundieran y él acabara haciendo algo que me lastimara; me carcomía la interrogante sobre su fidelidad.

Llegó el día en que no lo soporté y lo condicioné; si después de la comida con sus hijos se iba al teatro Blanquita, iba a haber graves problemas. Él me tranquilizó, me dijo que volvería pronto, que no me preocupara. No sé si sus acciones fueron premeditadas o si me mintió sin darse cuenta. A las seis de la mañana estaba de vuelta en casa y lo escuché en la sala platicando con el delegado de actores.

Yo no había dormido, no había descansado ni un poco por la preocupación. Más allá del respeto a los votos de nuestro matrimonio, me ponía nerviosa de pensar en su salud. Esa madrugada, esas tristes seis horas del día que empezaba, fueron testigos de mi coraje, mi ira, mi corazón maltrecho. No me importó quién era aquel sentado sobre mi sillón. Llamé con una voz cargada de furia a José Alfredo dentro del cuarto. Entró con una mueca que pretendía ser una sonrisa. Su ropa lucía arrugada y con varias manchas; su cabello estaba desarreglado; y bajo sus ojos, se formaban unas gigantescas ojeras.

—Quiero una explicación —le escupí las palabras.

—¿Qué te digo, escuincla? No te pongas así.

—Te lo advertí, José Alfredo. Te pedí por favor que no me fallaras.

Sus ojos lucían tristes, sus arrugas se marcaban con la pobre luz de la lámpara de buró.

—Tú no entiendes…

—¡Claro que entiendo! —apreté fuertemente los puños, colgando a mis costados—. No soy tonta ni ciega, sé que a donde vas hay muchas mujeres.

Sus ojos se abrieron ante mi comentario. Negó con manos y cabeza. La verdad era que yo nunca había sentido celos de que José Alfredo fuera a donde fuera, pero un día que fui a la Asociación Nacional de Actores, ANDA, conocí a un cantante de poca fama, el hermano de Verónica Loyo (una cantante folklórica algo mayor con quien yo había grabado un programa de Noches Tapatías). A este cantante se le cocían las habas por pasarme chismes sobre José Alfredo:

—¡Ah, anoche fui al teatro Blanquita! Vi a José Alfredo… no entiendo el pegue que tiene con las mujeres.

Soltó una risita mientras yo lo inspeccionaba con la mirada. Mala y estúpidamente sembró la semilla de la duda en mí y por eso le preguntaba sobre otras mujeres a mi esposo.

—No, escuincla, ¡qué dices!, ¿nunca te has visto frente a un espejo? Tú estás pensando cosas que no son.

Permanecí callada sin entender lo que sucedía.

—Aunque yo quisiera buscar a una mujer más hermosa o mejor que tú, no la encontraría. Tú estás pensando que ando con otra mejor, pero estás errada, escuincla.

Estaba frente a mí el amor de mi vida, el hombre que me había vuelto mujer, mi mejor amigo y confidente, mi compañero y mayor apoyo. Estábamos separados por escasos metros y, aun así, yo sentía su lejanía, su silencio. Entre nosotros había una gran muralla construida a lo largo de nuestros años juntos.

No sabía cómo derribarla. Yo sabía que él poseía el martillo capaz de derrumbarla hasta sus cimientos, pero no lo utilizaba y no entendía el porqué. Fue entonces cuando hice una pregunta que estalló en mi cerebro como una luz enfermiza y lúgubre.

—Dime pues, ¿qué es?, si no es otra mujer, ¿qué es?, ¿usas drogas o qué?

Grande, redonda, oscura: el cuestionamiento fue una bola demoledora que impactó con fuerza descomunal contra esa barda. El humo provocado se agolpó a nuestro alrededor creando una gran nube cobriza, sin embargo, del otro lado logré visualizar a un hombre febril y taciturno. Levantó su mirada lentamente hasta clavar sus ojos en los míos y me contestó con su completa honestidad y más grande amor.

—Sí, escuincla, ya no puedo estar mintiéndote así. Tú crees otra cosa que no tiene nada que ver —guardamos silencio por unos segundos. Luego él prosiguió—: yo sé que para ti es muy difícil y si me quieres dejar lo puedes hacer, pero… si me dejas me voy a morir.

Su voz denotaba rendición, un extraño agotamiento. Ocultar su vicio y adicción había sido logrado a base de amenazas a sus seres más cercanos para que nunca bromearan o comentaran conmigo sobre drogas; conmigo tenía que ser escueto y precavido sobre sus parrandas; cuando le comentaba sobre mi lengua adormecida después de lamer su nariz, una gota de sudor le escurría por la nuca pues le provocaba pavor que yo me enterara. "Yo sólo digo que abras los ojos", la voz de mi mamá se había convertido en una epifanía.

Abrí mis puños en un suspiro, era como si me hubiera quedado plantada sobre mi lugar sin voz ni voluntad. Me había empapado, desde la coronilla hasta los pies, una gigantesca cubeta de gélida agua. ¿Cómo no me di cuenta? Desde mi llegada él me había mostrado el perico, la nieve; me había dado cátedra al respecto, me advirtió y yo, tan cegada por mi corta edad y por mi amor, no detecté ninguna señal.

Me dolía, me calaba, me quemaba por dentro la mentira, el engaño, el ser la última en saber. Siempre confié en su mano, en sus pasos, sus decisiones. Cuando comenzó a beber alcohol no lo detuve, ni siquiera lo intenté porque creía que él sabía lo que hacía. Claro que lo sabía y tan grande era su conocimiento sobre mí que entendía la decepción que significaba en mi corazón y mi cabeza el enterarme sobre su adicción a la cocaína. Consumía drogas y yo no sabía.

Mi acercamiento con personas viciosas era nulo: mis padres jamás bebieron. Con el crujido de los pedazos de muralla que caían frente a mí, sentía los golpes de la vida junto con un adicto. Las vendas de mis ojos estaban ya en el suelo, sin embargo, me costaría mucho acostumbrarme a la nueva luz.

—Yo no te voy a dejar, José Alfredo —fue lo primero y único que atiné a decir—, pero el gran altar que tenía para ti se acaba de caer. Esto me duele muchísimo, no sé ni qué decir. Tengo mucho que pensar.

Él se retiró del cuarto; se fue a su Tenampa, cogió papel y pluma, entre lágrimas me escribió una canción. Yo permanecí en el cuarto; me arrastré hasta la cama. Reconocí que en mí no quedaba ningún rastro, ningún gramo de inocencia, de la niña de casa de Oxnard que un par de minutos antes aún era. La caída me había roto; no sabía cómo remediarlo. Fue tan rápido que no tuve tiempo de acariciar las nubes por última vez, de mirar el bello espectáculo de la luna y el sol. Raras veces los golpes avisan su llegada.

Al día siguiente encontré en mi buró la letra de la canción. La leí y releí entre lágrimas amargas. Sentía que las palabras rebotaban en el vacío de mi estómago, en el dolor de mi corazón. Cada verso contenía un mensaje oculto para mí; cada línea era una dosis de sinceridad y humildad. Sin embargo, la llaga no se curaría en cuestión de horas. Dejaría una cicatriz.

Ya sé que soy lo peor
que tú te has encontrado
tú tienes la razón
yo estoy equivocado.
Perdóname otra vez
si puedes perdonarme
o déjame tu adiós
escrito con tu sangre.
Si quieres regresar
yo te estoy esperando
tú me vas a extrañar
yo voy a estar llorando.
Comprendo tu dolor
es doble mi pecado
tú tienes la razón
yo estoy equivocado.
Si quieres regresar
yo te estoy esperando
tú me vas a extrañar
yo voy a estar llorando.
Comprendo tu dolor
es doble mi pecado
tú tienes la razón
yo estoy equivocado.
Ya sé que soy lo peor
que tú te has encontrado…

Las cosas cambiaron a partir de la revelación. Cambiaron tanto en el interior, como en el exterior. No dejé a José Alfredo, ni siquiera me fui a mi casa en Oxnard o de vacaciones sola. Le había dicho que permanecería con él y eso estaba haciendo. Lo amaba, a pesar de todo y sin ninguna condición. Podía observarlo mejor, eso sin duda.

Ya no me gustaba ir al teatro Blanquita, para nada. Dejé de verlo como un segundo hogar, un lugar que conocía como la palma de la mano y donde siempre era bien recibida. Las vedettes, los del estacionamiento, las taquillas y las tramoyas, todos sabían mi nombre y me saludaban efusivamente. Pero después de aquella madrugada, yo no quería volver. Sabía que en sus instalaciones convergían los diferentes traficantes de drogas; era un punto de encuentro. José Alfredo respetó mi decisión y ya no insistió en llevarme. Era tan grande mi ignorancia al respecto de la adicción del Rey que nunca entendía las bromas que me hacían sobre la droga; la mayoría creía que yo también consumía porque mi esposo lo hacía y en varias ocasiones se hicieron chistes conmigo al respecto. Me sentía tan incómoda… Si me enteraba de que José Alfredo quería ir o que había ido, me molestaba. Intentaba no contarle sobre mi enojo, pero él lo notaba.

Nuestra relación se enturbió, aunque siguió siendo una esplendorosa historia de emociones y de amor. El alcohol y las drogas lo tornaban agresivo, violento e iracundo. Yo sufrí de violencia intrafamiliar y no lo sabía; desconocía el término y sus prácticas. Sin embargo, fui víctima.

José Alfredo nunca olvidó que Miguel Aceves Mejía era mi ídolo, una de mis principales motivaciones para cantar. Un día las bromas que me hacía con respecto al cantante cambiaron radicalmente y convirtieron al Rey, al amor de mi vida, en un monstruo. Fuimos invitados a un banquete en la hacienda de los Morales; muchísimos empresarios y ejecutivos con sus esposas asistieron. Las mesas elegantemente decoradas habían sido acomodadas en forma de herradura. Después de saludar a diferentes personalidades, encontramos nuestro sitio asignado en una de las orillas de la herradura.

—¿Ya te enteraste de quién va a cantar, escuincla? —me interrogó José Alfredo.

—No, ¿quién?

—Miguel Aceves Mejía —me contestó.

Yo le sonreí contenta; ya no me emocionaba tanto como antes, sin embargo, sí traía recuerdos a mi memoria: la rocola de la abuelita, el restaurante, la colección musical que había en casa. Permanecí pensando en esto mientras José Alfredo bebía; ya llevaba bastantes copas encima.

La comida estaba a punto de ser servida y el show, por comenzar; todos tomamos nuestros asientos. Miguel Aceves Mejía entró por la orilla en la que nosotros estábamos ubicados por lo que yo tuve que girar al lado opuesto de José Alfredo para poder verlo. Estaba observando su vestimenta, su manera de caminar, su porte; escuchaba la modulación de su voz. Como cualquier otro invitado, estaba disfrutando de sus canciones; como artista y aprendiz, estaba mirando con atención qué abonarle a mi propia carrera profesional.

—Te tiene como pendeja —me dijo mi esposo.

Su comentario rompió radicalmente con todos mis pensamientos, mis rápidas notas y observaciones. Un escalofrío me recorrió la espalda.

—Mira, estás boba, no tienes ojos para nadie —prosiguió con sus ofensas cargadas de cólera.

Yo volví a girar mi torso, mi cuerpo completo sobre el asiento. Ahora estaba frente a él. Clavé la mirada en el suelo, agaché el rostro. Estaba asustadísima; sabía que una bronca muy fuerte, muy alarmante, se avecinaba. Luchaba por agradarle y cambiar el curso de las cosas.

—Mira, José Alfredo, ya no lo estoy viendo —le expliqué con una actitud sumisa—; no lo voy a ver, aquí me voy a quedar. No tienes que cuidarme, no va a pasar nada.

No pude contener las lágrimas; comenzaron a emanar a borbotones de mis ojos. No había manera de cubrirme. Me sentía humillada, lastimada, triste y frustrada. ¿Qué motivos tenía él para dudar así de mí?, ¿qué acaso no le era agradecida, no lo amaba lo suficiente, no se lo demostraba? Las lágrimas continuaban y nublaban mi vista. No sabía si él era consciente de mi estado, así que me atreví a mirarlo. Casi casi con el rabillo del ojo, observé a un José Alfredo hinchado en furia, respiraba aceleradamente y estaba fuera de sí. Fue inevitable, lloré aún más. En el fondo, Miguel Aceves Mejía se desvivía cantando y yo sentía cómo se me salía el alma. Así seguí, sollozando, sin poder contenerme.

La vergüenza se adueñó de mí cuando escuché los comentarios de los demás asistentes. Se referían sobre mi persona con lástima: "Mírala, pobrecita". Arriba de mi espalda encorvada caían las miradas tristes, los suspiros ajenos.

—José Alfredo —le imploré—, por favor, déjame ir porque todos me están viendo y no quiero eso, por favor.

—Te paras, y te parto la madre.

Ahora no fue uno, sino docenas de escalofríos que corrían por mi cuerpo. La piel se me erizó; la inútil defensa de mi organismo fue mandar más y más lágrimas.

—Por favor —le rogué a media voz—, déjame ir al baño para que no me vean.

A estas alturas yo era el espectáculo principal; le había robado de la manera más lastimosa y humillante la atención al cantante.

—Párate y te parto la madre —me amenazó José Alfredo con un tono de voz contundente y agresivo.

Estaba muerta de miedo y empapada en llanto. Me sentía indefensa, ridiculizada y expuesta. No dudaba ni por un momento de sus advertencias. Intenté dejar de temblar; si movía un músculo por ligero que fuera, su fuerza caería sobre mí. Sin previo aviso, sin importarle la cantidad de ojos que se posaban sobre nosotros, se levantó de su asiento en un movimiento para después cogerme del cabello. Me jaló fuera de mi asiento y cuando caí al suelo me propinó varias cachetadas. Sus manos se quedaban marcadas en mis mejillas húmedas, sentí que mechones de cabello se separaban de mi cabeza. Me jalaba con un poder descomunal. Sus ojos estaban inyectados en sangre, las venas le saltaban.

Con golpes me arrastró hasta el estacionamiento, hasta nuestro carro. Dejamos atrás a un gran grupo de personas que no hicieron nada, no levantaron ni un dedo para ayudar. A un costado del carro había diez cuidadores que tampoco me auxiliaron. Yo provocaba lástima, y la voluntad y dirección de José Alfredo era tan gigantesca que nadie se le oponía en el camino.

Condujo en completo silencio hasta la casa. Mi cara estuvo pegada al vidrio, ensuciándolo de lágrimas y saliva. Estaba deshecha por dentro y por fuera. Me sentía como un animal indefenso, el ser más miserable, la muñeca más rota. No sabía bien ni qué sentimientos albergaba, porque el miedo imperaba por sobre todo. Muy en el fondo una voz me pedía explicaciones y actos; me instaba a huir. Sin embargo, él era mi esposo y yo lo quería, yo lo había elegido y eso era lo que me tocaba aguantar. No sé de qué manera o en qué momento, pero lo había ofendido. Yo sabía muy bien, él ya me lo había explicado antes, que debía obedecerlo y nunca fallarle.

Dormí en el camino, amanecí en mi cama con grandes moretones y un dolor de cabeza agudo. Me eché a llorar con pesadez y angustia. José Alfredo cruzó el umbral en ese momento; yo intenté esconderme entre las sábanas, él me lo impidió con un "no" potente. Él también lloraba, mucho. Se arrodilló a un costado de la cama.

—Escuincla, nunca he tenido a una mujer en mi vida como te he tenido a ti; tú has sido la mujer más mía del mundo; yo no sé porque te hago esto. Te juro que va a ser la última vez.

Sus lágrimas eran más abundantes que las mías; con un movimiento frenético retiró las sábanas que cubrían mis piernas y me besó las rodillas. Sollozaba mientras lo hacía. Tomó mi rostro, también le imprimió besos vehementemente. Acarició mis heridas mientras sus labios repetían la palabra: "Perdón".

—No vuelve a pasar, escuincla, te lo juro.

Cayó a un lado mío, apretó mi mano, escondió su rostro en la cama; escuché que se le desgarraba el alma después del abuso cometido. No era la primera vez que sucedía un episodio así. No ocurrían con mucha frecuencia, pero existían. Eran explosiones catastróficas, terremotos implacables, inundaciones apabullantes que dejaban a su paso un fantasma de rencor, miedo y tristeza.

Mi carencia de sabiduría, de experiencia, de años, fue el factor fundamental que me llevó a aguantar en vez de cuestionar lo que le estaba sucediendo a nuestra relación. Yo siempre le creía cuando lo veía llorar, sus lágrimas me orillaban a abrazarlo, a besarlo y a pedirle perdón también. De repente sus cachetadas cobraban sentido, la sucesión de las acciones pasadas adquirían coherencia. "Todo está bien, no te voy a dejar", le susurraba. Mis palabras resultaban milagrosas para su corazón acongojado.

—Te juro que ésa fue la última vez —me dijo.

—Te creo.

Muy en el fondo, debajo de la mezcla de amor y pánico que me amarraban a su lado, sabía que mentía.

Ataduras

Es imposible entender la oscuridad sin la luz, la primavera sin el invierno. Mi relación con José Alfredo estuvo marcada por el amor y la pasión; desgraciadamente no fue perfecta y un ligero porcentaje de ella, algo así como un dos por ciento, estuvo plagado de violencia y tristezas. Es difícil aceptarlo y escribirlo. Sin embargo, es necesario para comprenderme. Es un paso que tengo que dar.

Fíjate bien lo que dices, no me desprecies por nada
Vamos a hacernos felices, dame los besos del alma
Vente a vivir en mis brazos, yo te daré lo que quieras
Yo voy a hacerme pedazos, para que no te me mueras
Hace mucho, mucho tiempo, cuando yo tenía tu edad
También pensé que la vida, yo me la podía quitar
También pensé en la pistola, también pensé en el puñal
Hace mucho, mucho tiempo, cuando yo tenía tu edad...

La letra de esta canción, como todas, guarda un secreto. El momento que dio a luz esta letra —"Cuando yo tenía tu edad"— es uno confuso y ceniciento: anillo periférico de la Ciudad de México, un día cualquiera, José Alfredo vuelto un energúmeno, yo una mujer asustada. Íbamos dentro del carro y yo vivía un pequeño calvario. José Alfredo me estaba agrediendo y no sabía cómo tranquilizarlo. Me gritaba, yo lloraba; volvía a levantar la voz, yo me hacía pequeña. Me acordé de que había asegurado mi puerta después de que subí al vehículo. Como él continuaba ofendiéndome, yo recurrí a una acción desesperada para distraerlo de su fuerte sentimiento. Sabía que mi puerta no abriría si intentaba jalar la manija, entonces hice el ademán de querer abrirla para saltar justo en medio de los carriles automovilísticos, entre miles de conductores que mirarían el momento exacto de un gran accidente.

Llevé mi mano sobre la puerta para llevar a cabo mi plan; José Alfredo se quedó mudo, aulló, me detuvo. Mi intención, que era asustarlo, fue satisfecha totalmente. Después el interior de nuestro carro se convirtió en una tumba. Fin de las agresiones, del llanto excesivo. En días posteriores me mostró la letra de una canción a la que tituló "Cuando yo tenía tu edad". Entendí que el susto que había sido colosal.

En otra ocasión regresábamos de un espectáculo; estaba tan cansada que mis párpados caían rendidos ante la gravedad. José Alfredo puso su mano sobre mi cabeza y comenzó a acariciar mi cuero cabelludo mientras manejaba. Notaba, de reojo, que me miraba y sonreía; después de unos cuantos minutos, me percaté de que la ternura y amabilidad de sus ojos se estaba tornando en coraje. Retiró su mano con molestia y se agarró fuertemente del volante. Luché contra el cansancio que me arrollaba para poder abrir la boca y preguntar:

—¿Qué sucede, mi amor?

—Nada, ¿te gustó el concierto, verdad?

Afirmé levemente con la cabeza.

—Te aplaudieron mucho, te vitorearon, ¿te gustó, verdad?

Volví a afirmar; él se quedó callado mientras su tic nervioso lo invadía.

—¿Qué tienes?

Su voz cambió. Era un tono de protesta.

—No, si yo sé que me vas a dejar; nomás llega el éxito y me vas a dejar como todas las demás ya me hicieron.

Los ojos se me abrieron, la frente se me arrugó ante la sorpresa de sus palabras.

—¿De qué estás hablando?

—Así son, yo lo sé… se hacen las estrellas y me olvidan. Ya mejor vete.

Mi respiración se agitó; estaba muy asustada de que creyera sus propias palabras. Tiempo atrás me había compuesto una canción titulada "La estrella" durante nuestra estadía en Guanajuato junto a mi hermana Amanda y su hijo Joseal. Era de noche y estábamos a un costado de la alberca del hotel, disfrutando del momento de ocio y la inmensidad de la bóveda celeste. "La única estrella que tiene mi cielo, se está borrando; la nube negra de mi desgracia poquito a poco, la va tapando", decía la letra de la melodía.

—No, José Alfredo, yo nunca te dejaría; es más, vámonos ya a Dolores Hidalgo, a tu retiro, anda, yo me voy contigo. Por ti dejo este camino; ya no quiero ser la estrella grande de México. Yo nunca lo busqué; a mí fue a la que buscaron.

Mi voz denotaba una convicción total porque precisamente era esa seguridad la que me movía. Sabía que mi lugar estaba a su lado. Le tomé la mano, la besé, la froté contra mi mejilla. Él la retiró lentamente. No tenía el afán de ofenderme más.

—No, escuincla, esto no es justo. No te pido que dejes tu carrera porque eso sería cortarte las alas.

Mis lágrimas rodaban pesadamente sobre mi rostro; él pedía perdón por hacerme llorar y yo no entendía por qué jugaba así conmigo, por qué me manipulaba de aquella forma tan tenue y a la vez, lastimosa. ¿Por qué tenía que hacerme sentir mal sobre mi sueño de ser una figura grande?, ¿por qué empacaba sus maletas después de una pelea para que yo le rogara que se quedara?, ¿por qué me golpeaba cuando había bebido demasiado y se negaba a dormir a mi lado como si en realidad yo hubiera hecho algo para ofenderlo?

La dinámica era la misma: me manipulaba, me lastimaba o me faltaba al respeto; después de la violencia y el abuso, me pedía perdón y solía escribirme una carta para reconciliarnos. Yo siempre le creía, siempre confiaba porque para mi visión José Alfredo era amor: yo lo amaba, él me amaba. No había razón para marcharme. En mi vida con él no había puntos medios: estábamos juntos en el cielo o él me arrastraba hasta el infierno. Era un ciclo, un ciclo descompuesto y mal forjado que producía una mezcla de miedo, angustia y depresión. Para él yo era perfecta; lo entendía, incluso le pedía perdón tras recibir un golpe en la mandíbula, una cachetada bien puesta, un ojo morado después de un solo impacto. Mi confusión era la tierra fértil donde el dolor de José Alfredo naufragaba. Sus pavores y desconsuelos se reflejaban en mi rostro a manera de moretones. Sin querer, sin poder detenerle, me había acostumbrado: sabía bien cómo cubrir el morado, cómo fingir que el cuerpo no me dolía… o que mi alma no vivía agazapada. Lo aprendí sin libros, guías ni lecciones; así debía ser, mi amor tenía que esconder el descontrol.

Cuando José Alfredo estaba por volverse violento, yo lo percibía. Era su tono de voz, la manera de arrastrar las palabras, las miradas filosas que me punzaban. Yo cerraba la boca, controlaba mi respiración, ¡Dios, le tenía tanto miedo a que me rompiera la nariz o que me tirara un diente!

Sin embargo, para cualquier persona existe un punto de ebullición; yo ni sospechaba que pronto descubriría el mío. La sucesión de los eventos que me llevaron a este hallazgo es curiosa: el Bronco Venegas era un artista nuevo; aparecía en revistas, la radio y la televisión. Se notaba el entusiasmo en su mirada, sus ojos brillantes, su candidez nata. Mientras él estaba a punto de vislumbrar los pasadizos por donde se movían las grandes estrellas, José Alfredo y yo continuábamos en un círculo vicioso de violencia y pretensiones; en los eventos, espectáculos y entrevistas con la prensa, nos veíamos como una pareja sin grandes problemas. El Bronco Venegas comenzaría una gira y sería la primera vez que se subiría a un avión, estaba emocionado; no obstante, la muerte lo alcanzó en las alturas y tuvo la desgracia de subir al mismo avión que Madrazo. Días después, la viuda de Venegas se presentaba a José Alfredo para pedirle un favor, uno muy noble.

—Quiere que le ayudemos a recaudar fondos, escuincla —me platicó mi marido—; dice que tienen, bueno, tiene, varios niños pequeños. Necesita también para los gastos del entierro.

—¿Qué podemos hacer? —le pregunté consternada; no me quería imaginar el dolor de la mujer.

José Alfredo decidió llevar a cabo algunos conciertos en Ciudad Juárez, ciudad natal del Bronco Venegas; la viuda dijo estar eternamente agradecida cuando llegamos al aeropuerto del poblado fronterizo, sin embargo, el Rey no estaba para escuchar lisonjas. En el avión nos habían pedido nuestros pasaportes y José Alfredo se molestó bastante. "¿Por qué nos piden el pasaporte si esto sigue siendo México?", le gritó a la azafata. Ya en tierra firme continuó mostrándose enojado y refunfuñando. Yo no intervine; estaba acostumbrada a no hacerlo porque José Alfredo utilizaba cualquier pretexto para expulsar toda su furia utilizándome a mí como receptáculo de sus sentimientos. Él llamaba la atención con sus gritos. La viuda —que ya estaba a nuestro lado— notó su molestia y tampoco dijo nada. Era alta y pelirroja. Yo, que tenía veintidós años, la percibí como una mujer madura; la diferencia de edad entre nosotras era de alrededor de diez o quince años. Ambas escuchábamos a José Alfredo quejándose: el silencio nos unía.

Los tres nos subimos a un taxi para llegar al hotel; sucedió lo que yo menos anhelaba: José Alfredo se enojó conmigo. No tuve que decir o hacer algo. Era ya un vicio, si él estaba molesto, se desquitaba conmigo.

—Ahora que lleguemos al hotel, vas a ver —me dijo con los dientes apretados.

La viuda y el chofer escucharon; por dentro yo estaba aterrada. Abracé la bolsa de mano que llevaba sobre el regazo e intenté tranquilizarme. No sirvió de nada. De camino al cuarto lo sentía muy cerca de mí, como si su coraje se cerniera sobre mí cual una oscura sombra que absorbía mi energía y alegría. Cerró la puerta tras de sí y comenzó a agredirme. Sus ofensas no fueron físicas; le bastó su lengua y voz para lastimarme profundamente con palabras y frases. Eran los insultos más terribles que había recibido de su parte. Uno tras otro caían sobre mí. Sabía muy bien que mi único blindaje y protección era no pronunciar ni una sílaba. Conocía el mecanismo: en nuestro departamento, cuando él comenzaba una pelea tan ilógica como aquella, era para poder zafarse e irse a tomar. No entendía qué pretendía insultándome de esa forma en Ciudad Juárez. Simplemente dejé de pensar en esta interrogante porque sus agresiones crecían cada vez más, ¿de dónde salía tanto odio?

—Tú no eres nadie, Alicia; yo soy José Alfredo Jiménez, no te necesito para nada ¡te me largas ahora mismo!

Giró sobre su propio eje y se marchó con un portazo. El silencio que se aglutinó a mi alrededor fue humillante; no importaban para nada mis lágrimas, aquellas que él decía que debía también pagar con lágrimas. Si yo no le servía, ni me quería, ni le dolía ofenderme de tal manera, ¿a qué me quedaba? En realidad, ¿qué me ataba a él? No sabía la razón por la que seguía aguantando sus abusos. "¿Qué me está deteniendo?, ¿por qué dejo que me maltrate así?", me pregunté a mí misma. Una fuerza desconocida sacudió mis piernas, me arrastró a mis maletas y me hizo llamar a la recepción.

—Hola, ¿podrían mandarme la camioneta que va hacia el aeropuerto?

—Claro, señora, ¿algún vuelo en especial?

—A Los Ángeles.

—Excelente, el próximo sale a las diez de la noche.

Agradecí y colgué. Me quedé pasmada… ¿arrepentida? No, todavía no. Recordé que había sacado ropa de mis maletas; comencé a empacarlas. Internamente me moría de las ganas de que José Alfredo entrara al cuarto en ese momento. Quería que me viera guardando mis cosas entre lágrimas de coraje. Anhelaba que me descubriera con esta nueva fortaleza, este ímpetu absorbente que se había apoderado de mí. ¡Por favor, que entre y me vea! El picaporte ni se inmutó, el único ruido fue el repiqueteo del teléfono: el vehículo estaba esperando. José Alfredo no vio cuando me subí a la camioneta ni cuando miré por la ventana esperando hallarlo.

Llegué al aeropuerto con mucho cansancio. Lamentablemente, según el encargado de la aerolínea que me atendió, tendría que esperar más horas porque el vuelo ya se había ido. Me explicó que el próximo era a las ocho de la mañana. En mi corazón una vela se prendió. Tenía nuevas esperanzas de mostrarme a José Alfredo con las maletas en las manos. Era perfecto, él estaría sobre la cama, se sentiría triste por mi ausencia y yo regresaría. Nos perdonaríamos y arreglaríamos los asuntos pendientes. Con estas ilusiones retorné al hotel.

Sin embargo, el cuarto estaba justo como lo había dejado. ¿Dónde estaba que no había regresado? La ventana entreabierta como cuando me fui, sus cosas desacomodadas. Claramente no había entrado al cuarto durante mi ausencia. Me crispé, sentía unas ganas terribles de hacer algo; una rabia descomunal se apoderó de mí. Lo que antes era tristeza, se convirtió en una gigantesca bola de coraje y enojo. ¿A qué creía que jugaba él conmigo? Dejé caer las maletas y salí del cuarto como un relámpago. Me dirigí hacia el piano bar que se hallaba a un lado del lobby. El lugar estaba pletórico de gente; las risas y el sonido de vasos y copas competían con el sonido de la música. Había muchos hombres, pero ninguno era el que yo buscaba. No obstante, sí detecté a la viuda pelirroja. Estaba sentada frente a una mesa con dos vasos, junto a ella había una silla; estaba muy cerca de ella. Este detalle me enfureció más, sentía que me latían las sienes, que algo quería explotar dentro de mí. Me aproximé hasta la supuestamente triste y melancólica mujer. ¿Mujer madura? Probablemente no era tan grande como a mí me hubiera gustado. Le pregunté por José Alfredo y con una voz arrastrada me contestó que no sabía dónde estaba, que se había ido hacía ya rato. Dicen que el alcohol quita la timidez y borra las penas… A ella la volvió muy abusada.

Continué buscándolo; de repente lo vi entrando al bar, venía hacia la mesa donde estaba la pelirroja. Yo me le adelanté y me crucé en su camino. Me sentía más alta; estaba energética. Escupí las palabras:

—¿Crees que soy tu pendeja o qué?

No le permití que me contestara, que enfocara su borrosa visión para reconocerme. En ese momento yo seguía mis impulsos: aterricé un trancazo conciso y preciso sobre su quijada. El impacto causó un gran sonido seco. Los que estaban a nuestro alrededor voltearon. No me importó ni un poco. La única reacción del Rey fue llevarse las manos a la cara para cubrírsela. Yo le propiné una patada en la espinilla. Una vez más se quejó e intentó taparse. Aproveché para volver a golpear su quijada; cuando sus manos se elevaban a la altura del rostro, yo volvía a patear las espinillas. Fue apabullante. Nadie me detuvo, así como tampoco nadie lo había hecho cuando él me golpeaba. Desconozco la reacción de la viuda. Me marché con grandes zancadas rumbo a mi cuarto; cogí las maletas y me largué al aeropuerto, como José Alfredo tanto insistió. Permanecí sentada toda la madrugada esperando al avión. Llegué a Oxnard con mis padres y les conté lo sucedido. Ambos me abrazaron; la fuerza se había ido dejando tras de sí a una versión de mí misma adolorida y sollozante. Ésa fue la primera y única vez que abandoné a José Alfredo después de sus abusos. Las palabras —aprendí— a veces duelen mucho más que los golpes.

La rienda

Hacía calor en California; era finales de julio de 1972. Mi mamá estaba por cumplir años, nació el primero de agosto. Yo me sentía vencida e infinitamente miserable. Pensaba en lo que había hecho y concluía que había sido un gran error. Lloraba mucho, mi papá me pedía que me tranquilizara; intentaba convencerme de que yo era la ofendida. Me gustaba que él me mimara, después de todo lo echaba tanto de menos en la Ciudad de México.

Sin embargo, mi imaginación jugaba conmigo y poseía mejores técnicas que las de mi padre para hacerme creer que en el departamento de la calle Nueva York, José Alfredo ya dormía con otra mujer a su lado. Me retorcía de pensarlo, me invadían unas gigantescas ganas de tomar un avión y aventarme a los brazos de mi esposo. Me detuve.

Volví a escuchar su identificable voz en el cumpleaños de mi madre. Sentí un vuelco en el estómago y las lágrimas acudieron a mis ojos.

—José Alfredo, mi amor, qué bueno que marcas…

—Estoy buscando a tu mamá para felicitarla —me interrumpió tajantemente; sobre mis hombros cayó un balde de agua fría. No tuve nada que decir; me solté llorando. Mi padre, siempre tan bondadoso y empático, me tranquilizó. A los cinco minutos el teléfono volvió a sonar. Contesté para escuchar la voz rota y maltrecha del Rey:

—Escuincla, ya vente, me voy a morir sin ti. Yo no me sé cuidar, vente, no he dormido. No puedo estar sin ti.

Lloraba; su voz denotaba tanto sufrimiento y desesperación que yo quise ser capaz de irme por el teléfono y aparecer en un parpadeo en la Ciudad de México.

—Mira, José Alfredo, voy a tomar el primer vuelo que encuentre. Lo único que te pido es que no me regales absolutamente nada y que estés en tu juicio cuando llegue al aeropuerto. No tomes nada.

Después de la violencia él solía mostrarse cariñoso, romántico y muy espléndido con majestuosos regalos. La totalidad de las joyas y alhajas que yo poseía eran presentes de él porque le gustaba consentirme. Yo no me compraba nada de estas cosas; era él quien las escogía. Me disgustaba que a manera de perdón recurriera a las piedras preciosas y a la ropa. Claro que no todos sus regalos tenían como principal motivación los pleitos, pero los que sí, eran recordatorios para mí de esos momentos tristes.

Mis papás tuvieron muchas dudas, mas sabían que yo era una adulta que tomaba sus propias decisiones; me acompañaron al aeropuerto. Yo iba muy nerviosa, rezaba porque José Alfredo siguiera mi indicación. Estaba equivocadísima al creer que no probaría alcohol antes de nuestro encuentro.

Al llegar, lo vi parado junto al chofer que había contratado para llevarnos a cualquier parte cuando José Alfredo no quería manejar. Este personaje nunca fue de mi agrado; sabía que era un hipócrita. Mi esposo lucía desaliñado, desaseado, descompuesto e intranquilo. Suspiré antes de llegar ante él. No había hecho lo que le pedí; me sentí traicionada y decepcionada. También me embargó la vergüenza. Estaba hecho un desastre: su cabello estaba grasoso, su ropa muy sucia y con grandes manchas, noté que estaba violento por el movimiento de sus pies. Me planté frente a él y no dije nada. Esto lo enfadó.

—¿Qué?, ¿no quieres que te vean conmigo, verdad?, te doy pena.

Dio media vuelta y yo lo seguí. No sabía qué esperar. Hizo que me sentara en medio del chofer y él. Comenzó con movimientos bruscos y palabras hirientes. Por el olor intuí que no se había bañado en varios días; inagotables horas y botellas, imaginé. Levantó su puño para golpearme, pero el conductor lo detuvo; le preguntó que qué le pasaba. José Alfredo no contestó.

Ya dentro de la casa no tenía nadie que me defendiera. Dejé mis maletas al lado de la puerta y José Alfredo logró meterme al último cuarto del pasillo, a su Tenampa. Me sentó en un taburete; yo temblaba de los nervios. Él estaba fuera de sí. Tomó asiento muy cerca de la puerta. Pensé que no podría escapar si las cosas se tornaban bruscas. Deposité mi atención en un zarape que colgaba de la pared: me necesitaba distraer. La prenda era un encargo de José Alfredo. En medio habían tejido mi rostro con base en una fotografía que el Rey envió. Era muy real, parecía una pintura; me gustaba mucho. El zarape ostentaba su lugar con presunción y orgullo.

—¿Te gusta, verdad? —me interrogó él aprovechando que yo miraba a la pared.

Afirmé con la cabeza sin emitir algún sonido.

—¿Sabes qué, escuincla? —continuó—, anoche estuve aquí, estuve hablando contigo, de repente que te sales del zarape y tú también comenzaste a hablar conmigo. Luego tomaste un trofeo muy brillante, te acercaste a mí y me lo diste. ¡No me lo vas a creer, pero desperté con el trofeo entre mis manos!

Mientras él me contaba aquella especie de delirio, yo buscaba la manera de salir de ahí. Si me movía, él se tornaría violento; ya había visto sus impulsos en el vehículo. Veía a la distancia la puerta de salida, la que conducía al pasillo que llevaba a mi cuarto donde estaba el baño en el cual quería encerrarme y olvidarme de la situación. La puerta del Tenampa se me figuraba tan lejana…

—Luego llegó un espíritu, te lo juro, ¡yo lo sentí! Él entró y todo, ya estaba aquí conmigo —José Alfredo continuaba con su relato—. Y yo le pregunté que cómo se llamaba; el espíritu me respondió que se llamaba Irma.

Como un relámpago cayó en mi mente la imagen de la portada de un disco, ya de años atrás, de José Alfredo. *Cariño de cariño* era la obra donde se suponía que se mostraba una imagen alusiva a Irma Serrano. ¿Cómo se atrevía a contarme sobre un espíritu con dicho nombre cuando yo ya conocía su historia? Regresó el coraje, el enojo y la acción.

—¿Sabes qué, José Alfredo? —le dije—, a mí no me faltas al respeto en mi propia casa; si tanto la extrañas, te me largas.

Mis palabras lo descontrolaron totalmente; aproveché esta reacción para irme de forma veloz hasta el baño de mi recámara. Le llevaba sólo unos cuantos pasos de ventaja; él también se movía con rapidez. Puse el seguro en la puerta, me mantuve con la espalda sobre la madera, escuché con atención todo lo que sucedía a escasos metros de mí: José Alfredo rompía muebles y contactos de luz, formaba huecos en las paredes a puñetazos y quebraba vidrios y espejos.

—Si no eres mía —me gritaba con una voz cargada de locura—, ¡no eres de nadie!

Sentí algo que se impactó sobre la puerta en la que estaba recargada. Temblaba, estaba llena de miedo. Había vuelto al infierno; a un José Alfredo violento y fuera de sí. Le pedí que no tomara, que resistiera su adicción por mí, por su escuincla. Había fallado. Logró abrir mi guarida; me jaló fuera del baño. Mi cuarto, mi espacio, era un garabato difuso con astillas de vidrio y madera, hoyos oscuros en las paredes y, sobre todo, un ambiente cargado de tristeza e impotencia. Lo que seguía era evidente; tan sólo pedía que José Alfredo no me hiriera otra vez verbalmente. No estaba lista para volver a escuchar sus insultos.

Él usaba una esclava pesada en la muñeca, de oro, un adorno tan ambivalente: producía tanto admiración como destrozos.

Ese día me golpeó sin misericordia; fue su esclava la que impactó contra mi globo ocular; una tras otra las venas dentro de mi ojo estallaron, produciendo un derrame. Mi cuerpo se plagó de moretones, me dolía respirar. Durante la golpiza estuve callada, limitando dentro de lo posible mis gemidos y mis gritos. Intentaba irme a otra dimensión, a otro momento, a la parte de atrás del Chevy Nova justo en medio; ¡por favor, que nadie me hablara, que nadie me notara! José Alfredo dejó de golpearme; se limpió las manos sobre la tela del pantalón. Yo estaba aterrada, no quería que me abandonara. Se lo supliqué, que no me dejara, que no podía estar sin él.

—¡Por favor, José Alfredo!

—No me toques, no me haces falta —me contestó la voz carrasposa y el aliento alcohólico del Rey.

¡Qué ironía: el Rey!, qué manera de reinar, de imponer, de comenzar un gobierno. No obstante, lo necesitaba; aceptaba las reglas y me causaba pavor la idea de que el trono estuviera vacío. Después de todo, aquí estaba, ¿no? Había viajado kilómetros para aventarme una vez más a sus brazos. Regresé porque sabía que me amaba, que por muy negro que este episodio pudiera lucir, nuestra relación era cien por ciento amor, únicamente empañado por el fantasma de la adicción que esporádicamente tocaba a la puerta. Me golpeaba y yo me concentraba en los momentos felices; los tenía a manos llenas, así que a cada sacudida violenta acudían miles de palabras y segundos románticos y cariñosos.

—Por favor —susurré.

Se calmó. Dijo que se iba a sentar un rato, que ya se iba. Dijo ya haber terminado. Se recostó sobre la cama. Había sudor en su frente, sangre en sus nudillos; su cabello estaba en tal mal estado como su ropa. Aventó los zapatos al suelo. Su cabeza encontró el lugar preciso sobre la almohada. Inmediatamente acudieron los ronquidos, mi esposo dormía. Me acomodé cerca de él: lloré y, abatida, caí rendida. No soñé nada, descansé aun menos. Me despertaron sus llantos, los gritos desesperados, los ruegos repetidos que me pedían perdón. Cuando abrí los ojos y vio la mancha interna de sangre, no pudo más. Cayó al suelo y se abrazó de mis rodillas, yo estaba ya sentada en la orilla de la cama; sus palabras y gemidos se acumulaban en su garganta. Me pedía que no lo dejara, que no volvería a pasar, que lo perdonara. Era mío otra vez; estaba implorando que regresaran los momentos y el sentimiento que me impedía marcharme para siempre: el amor. Todas las amenazas sin fundamento, las excusas para comenzar a pelear, y los abusos de cualquier tipo, eran capaces de borrarse en segundos.

—Sí, te amo. Aquí estoy.

Ésa era mi respuesta, mi futuro y mi condena. Lloró aliviado, me besó completa, me abrazó, me consintió. Por mi parte, escondí los golpes de la mejor manera. Me estremecí cuando vi mi reflejo en el vidrio del baño (éste no estaba roto como los del cuarto) pero preferí percibirlo como un reto; abrí mi caja de maquillaje y comencé a hacer magia.

Teníamos que ir al teatro Blanquita. La violencia no impedía que asistiéramos a nuestros eventos. Dudé mucho sobre cómo esconder la hemorragia interna del ojo. Decidí inventar que se debía al cambio de temperatura: del frío de la calle hasta el calor del teatro, sobre todo por las luces y reflectores que seguramente habían causado ese raro efecto en mi globo ocular. "Me dio un aire", fue la tetra que inventé. Juanito, del mariachi Vargas, me miraba sorprendido. Yo ni sospechaba que nadie creía mis mentiras, que podían ver bajo el maquillaje, que sabían perfectamente que José Alfredo me golpeaba, pero era intocable: era el cantante de música ranchera más emblemático.

—Cuídate mucho, Alicia —me dijo Juanito. Estaba preocupado.

Las paredes del teatro eran de papel; te enterabas de chismes, sucesos y hechos con facilidad. Aun así, yo tardé mucho en enterarme de un chiste entre los cantantes y el elenco: a las manos de José Alfredo las habían apodado "ráfagas de viento". Cuando descubrí esto, me encerré para llorar.

También descubrí que, posterior a su regreso a la Ciudad de México, se había encerrado para tomar con Manolo Muñiz y Carlos Lico. Aprovechó la mezcla de sentimientos que se le atoraban en la garganta para componer dos canciones de temáticas fuertes y controversiales: "Te solté la rienda" y "Que te vaya bonito". Ambas piezas tenían mi nombre como destinatario. Erróneamente, se cree que el Rey también escribió su último corrido (nunca grabado y sin registro) "La araña" para mí, pero no puede existir una conjetura más equivocada.

Mi mamá conocía a una mujer pocos años más joven que ella; nos ayudaba en el restaurante de mi nana cuando estábamos al tope de nuestra capacidad. A pesar de su amabilidad, fue diagnosticada médicamente como mitómana, es decir que mentía sobre su vida, sus experiencias y su identidad. Mentía tanto que hasta ella creía sus mentiras. En una ocasión la escuchamos hablar sobre problemas que había enfrentado.

—Ya he perdido cinco bebés; es que mi tipo de sangre es difícil: RH negativo.

Mamá se entristeció bastante al oír esto; de regreso a nuestra casa, le pregunté el motivo de su tristeza.

—¿Qué es, mami?

—Esa mujer, esa malvada mujer, se quiere robar mi identidad. Cuenta esa historia como si fuera suya cuando esa es mi vida.

—Mami, ya sabes que es una mentirosa. No le hagas caso.

—Ya lo sé, hija. Lo que pasa es que viene a derramar su ponzoña con dulzura.

José Alfredo, que estaba con nosotras durante ese suceso, expresó contento y con el grandioso respeto que siempre mostraba por mi familia:

—¡Señora, qué frase! Ponzoña con dulzura; es una canción.

Entre los dos tranquilizamos a mi mamá; luego el Rey puso manos a la obra para componer el corrido. Me dijo que quería nombrarle "La víbora", pero recordó que varias personas son supersticiosas y cambió el título a "La araña". Yo gané popularidad al interpretar este corrido; en Colombia rompí los récords de ventas de Julio Iglesias y de Joan Manuel Serrat. Me encanta esa estrofa inspirada por el confuso episodio de mi madre con la mitómana:

Hoy comprendo que por eso me entregaste tu hermosura,
y me diste en cada beso tu ponzoña con dulzura...

Es un ejemplo claro de la dosis diaria de inspiración que el Rey de la música ranchera encontraba en cada suceso, cada persona y cada fracción del tiempo.

Las dos canciones que me había escrito durante mi ausencia son muy rudas; no obstante, yo sí que me había liberado, me había "soltado"; ahí se había quebrado una taza, y cada quien para su casa. Después del silencio incómodo previo a los golpes y el dolor, José Alfredo lo había entendido bien: yo no me iba a dejar y el infinito amor que nos unía impedía que nos separáramos.

En mi cotidianidad existían también otras parejas con problemas de violencia doméstica, sólo que no percibíamos los efectos negativos que provoca. Gilberto Valenzuela y su amada Artemisa eran nuestros compadres; se peleaban con un ahínco tan grande que en una ocasión yo pensé que ella lo iba a matar. Llegaron de sorpresa al departamento mientras yo limpiaba y aspiraba. Entraron con las mismas sonrisas alegres y amables gestos, los invité a sentarse. Pasados unos minutos, comenzaron a discutir y la pelea se tornó tan acalorada que decidí ir a mi cuarto con José Alfredo para darles privacidad.

Nos acostamos sobre el piso tan largos éramos para escuchar lo que sucedía en la sala. El compadre y la mujer, que alguna vez fue Miss Sonora, se aventaban gritos y groserías a diestra y siniestra.

—¡Ah, José Alfredo, lo va a matar!

—¿Qué dices, escuincla?

—Que mi comadre va a matar a mi compadre. Dejé la aspiradora en la sala y ya sabes que ella es de las que agarra lo que sea. Seguro que con el tubo lo mata.

José Alfredo se tapó la boca para esconder las risas; me dijo que eso era imposible, que el compadre la iba a tranquilizar.

—Aparte no se lo merece, pobre de él, hombre.

—¿Qué dices? Mi comadre Artemisa tiene la razón en este asunto.

Nosotros también comenzamos a discutir porque cada uno defendía al de su propio género: él al compadre, yo a la comadre. Así fue como el nombre de Gilberto Valenzuela y de Artemisa se convirtieron en auténticas medidas de qué tan buenas o malas eran nuestras acciones.

Se me invitó a cantar como solista una temporada en el teatro Blanquita. A José Alfredo le costó mucho trabajo porque él creía que si la fama y el éxito caían sobre mí lo iba a abandonar. Yo ya le había explicado: si tanto era su miedo, yo era capaz de abandonar mis aspiraciones profesionales para vivir juntos en su natal Dolores Hidalgo. Sin embargo, permanecíamos activos como trabajadores y residentes de la capital.

Dos noches antes de que comenzara mi temporada, José Alfredo se había ido de parranda con unos amigos. Yo estaba sola en la casa, esperando por un taxi con mi maquillaje y peinada con moños, lista. ¿Dónde estaría el Rey? No había manera de saberlo porque ya tenía que marcharme. Regresé al cuarto por mis zapatos: un par de zapatillas con plataforma que estaban muy de moda en esa década. Con la otra mano cargué una bolsa con maquillaje, para cualquier circunstancia. Fue entonces cuando llegó él; al verme lista para partir, se enojó y, con aliento alcohólico, comenzó a reprenderme por irme. Estaba muy bravo y violento; si no me defendía iba a llegar al trabajo con múltiples moretones y dolores punzantes.

—¡Cálmate, José Alfredo, que ya me voy al teatro a trabajar!

Mi súplica lo llevó a levantar el puño en el aire. Tenía que hacer algo.

—Te lo advierto —exclamé—, ¡que te doy con mi zapato!

—No te vas a ir, escuincla —me gritó lleno de furia.

—¡Eres peor que mi compadre Gilberto Valenzuela!

Mi respuesta lo dejó con la boca abierta. Sus ojos se abrieron mientras se impulsaba para aventarse sobre mí; yo cogí fuertemente el par de zapatos y los moví como si fuera un látigo en el aire.

—¡Ahhh! —gritó el Rey.

Le había asestado un golpe en la mano; toda la fuerza había caído sobre un dedo. Yo no tenía tiempo para ver el daño causado. Me marché a trabajar. Escapé. En el taxi se escuchaba la radio, hablaban sobre el triunfo del boxeador Olivares, quien había ganado pocos días atrás el campeonato mundial. Chequé la hora; estaba a tiempo para continuar arreglándome y trabajar.

Cuando concluyó la presentación, un mensajero arribó a mi camerino. Traía consigo un ramo de flores tan grande y exuberante que no cabía del todo por la puerta. Logró entrar y acomodarlas sin que se cayeran. Estaba intrigadísima; leí la tarjeta y el mensaje me confundió todavía más: BUENA SUERTE, OLIVARES. No entendía a qué se refería el texto. Cuando llegué a casa, Licha, quien notó mi confusión, me explicó:

—Ah, señora, es que usted acaba de lanzar un golpe que la convirtió en campeona mundial.

Con esto bastó para entender el chiste que José Alfredo estaba haciendo por medio del papel. ¡Me estaba comparando con Olivares! Emití una sonrisa y me alivié por saber que no habría problemas, de hecho, él me enseñó su pulgar inflamado. Lucía como una gran bola y la piel estaba jalada debido a la hinchazón.

—Ahora sí que me hiciste manita de puerco, escuincla —me dijo mi esposo.

No pude evitar la risa. Después del episodio con los zapatos de plataforma, José Alfredo escribió un párrafo extra para la canción de "El último trago". Iba así:

> Yo no creo en ese amor que me tienes
> La otra noche me diste por muerto
> ¿Cómo voy a pensar que me quieres
> Si me dices: "Eres peor que Gilberto"?
> Yo te aguanto mentadas de madre
> Yo te aguanto hasta dos taconazos
> Pero dejas en paz al compadre
> O te van a llover chingadazos
> Yo jamás te comparo con nadie
> Junto a ti, las demás me dan risa
> Pero estás pareciéndote toda
> A tu pinche comadre Artemisa...

Una vez más, la risa era la que nos salvaba de los calambres del dolor.

Cuando los dos cantábamos con pista, yo era la encargada de marcar la entrada. José Alfredo era tan descuadrado que no había manera de explicarle o tallarle en la memoria el momento preciso para que comenzara a cantar. Yo era tan estricta que no me costaba nada decir: "Aquí, venga, empecemos". En una temporada en el teatro Blanquita, decidimos vestirnos de época: él vestía un lustroso esmoquin y yo un exquisito vestido. El Rey se recargaba en un majestuoso piano oscuro esperando mis señales; yo hacía un ademán y, listo, todo salía según lo planeado. Sin embargo, la vida es más interesante con baches o contratiempos. Una de las tantas noches de nuestra presentación, José Alfredo se recargó con tanto ímpetu en el piano que no alcanzaba a verme desde ningún ángulo. Aparte de eso, estaba ensimismado en otros asuntos. Simplemente no me alcanzó a ver; no sabía dónde entrar. Detectó que ésa era la nota donde su voz debía comenzar y, como pudo, entró rayando el caballo. Por poquito y se le iba para siempre el momento de entrar. A mí me causó tanta gracia, tanta risa, que no me pude aguantar. Los asistentes de las primeras filas me vieron reír y llorar de comicidad y alegría. No podía parar de hacerlo, en mi mente seguía viendo la fracción de risa en la que su rostro se contorsionó por ser testigo de su error. Y la imagen se repetía y se repetía.

Estábamos en el escenario: él entonando su potente voz y yo pensando en diferentes menesteres para controlarme. Era imposible. Lo que para mí fueron horas y horas de no poder detener mi risa, para el público fueron escasos minutos. Logré obtener la compostura y continuamos con el show. Al concluir, ya en los camerinos, José Alfredo me dijo:

—Pinche escuincla, estamos trabajando y tú sales a jugar.

Me volví a cubrir la boca: la anécdota era tan chistosa. En una presentación posterior, recordé el incidente. Estuve a punto de que me volviera a pasar lo mismo; me vi obligada a controlarme. No dejaría que el Rey y el público pensaran que salía a jugar.

El inicio del fin

Junto con febrero de 1973, comenzó una nueva temporada en el teatro Blanquita; Irma Serrano, el mariachi Vargas y nosotros compartiríamos el escenario. Sin embargo, existían fricciones entre la imponente Irma y los alegres músicos. Simplemente no se gustaban, no se querían y esto conllevó a peleas y disgustos en los cuales, muchas veces, José Alfredo y yo éramos el centro; fungíamos como el buzón de quejas. Uno de los tantos días de presentación, antes del concierto, el Rey me invitó a un restaurante argentino exquisito. A mí se me hizo agua la boca pensando en un buen corte; acepté inmediatamente. José Alfredo se bajó la comida con una botella entera de vino tinto.

Panza llena, corazón contento, mas no por mucho tiempo. Al llegar al teatro ya nos aguardaba el drama entre cajas. Los Vargas estaban esperando a José Alfredo para quejarse con él sobre Irma.

—Es que se burla mucho de nosotros, ¿con qué derecho, hombre?

El Rey se limitaba a negar con la cabeza. Era un día muy caluroso y todas las puertas y cortinas estaban abiertas; yo escuchaba todo de lo que hablaban. A alguien se le ocurrió que lo mejor era partir, dejar el escenario solo para la señora Serrano, quien se creía tanto, tanto, que podía llenarlo ella sola.

—Es buena idea —dijo otro—; hoy es martes y la temporada acaba el jueves así que ni siquiera dejaremos la chamba tan mal.

Se armó la bulla, ya había un plan: ahora teníamos que seguirlo. José Alfredo se acercó hasta donde yo aguardaba.

—Escuincla, empaca. Nos vamos.

—¿Y eso?

—Pues si los Vargas se van, nosotros también. Vámonos.

Me encogí de hombros y me dispuse a empacar mi maquillaje y vestuario; mi esposo hacía lo mismo. Un sonido estrepitoso interrumpió mis acciones. Volteé rápidamente hacia José Alfredo, quien vomitaba dentro de un bote de basura. Escuchaba sus arcadas, veía el dolor y el temblor que recorrían su cuerpo lacerado. El vómito era color oscuro, muy oscuro. Claro, era el vino tinto, no había de otra. Lo más seguro es que le había caído mal al estómago y por eso se veía de esa tonalidad. Cuando lo expulsó todo, el Rey se sentó, tomó aire, respiró profundo y después continuó empacando sus trajes y diferentes cosas. Yo tampoco me detuve; le llamaba a un asistente para que nos ayudara a llevar las cosas al carro. José Alfredo se volvió a sentir enfermo: el vómito fue del mismo color. Una vez más se sentó para tranquilizarse.

—¿Estás bien, mi amor? —le pregunté.

—No muy bien, escuincla. Yo creo que fue el vino; lo vomité todito, no sé si viste.

Acto seguido comenzó a eructar y el olor era muy incisivo y pestilente.

—Sí, ese vino definitivamente me cayó mal —sentenció él.

Nos despedimos del teatro y nos dirigimos a la casa; él buscó rápidamente la cama para descansar. Yo me dediqué a otras tareas antes de hacer lo mismo. Al día siguiente, José Alfredo no se podía parar, estaba pegado al colchón debido a un gigantesco malestar. Seguíamos culpando al vino tinto. Me explicaba cómo se sentía; tenía mucha sed.

—Tráeme un Delaware, escuincla; anda, no seas malita.

Yo volví con dos de las botellas con más capacidad; le gustaba ese refresco porque no tenía gas. Yo quería que mejorara pronto. Le serví en un vaso y esperé mientras bebía con entusiasmo. Él creyó que así se le iba a asentar el estómago, que su malestar iba a desaparecer: no fue así. Escaso tiempo después, tuvo que correr al baño, estaba vomitando otra vez. Yo me asomé y observé el color; ahora había vomitado el Delaware que se había tomado completito. Me acaricié las sienes, me estaba estresando porque quería que mejorara ya. No me gustaba verlo así. Volvió a extenderse sobre la cama, estaba descompuesto.

—Tienes que comer, José Alfredo.

Se me ocurrió que su estómago estaba totalmente vacío y que la presencia de sólidos cambiaría la historia. Su cara fue de disgusto y desagrado frente a mi petición.

—No tengo hambre, escuincla. De hecho, me siento muy lleno.

Se llevó las manos a la boca; volvió a eructar con el mismo desagradable aroma. Me pidió que lo dejara descansar, le di un beso en la frente y me retiré. Intenté distraerme con la televisión o en la cocina. Finalmente salí a la tienda. Al regresar me encontré con un departamento silencioso.

—¡José Alfredo! ¡Mi amor! —llamé.

No hubo respuesta. Fui al cuarto, lo más seguro es que estuviera durmiendo. Estaba equivocada; no estaba en la cama. De hecho, sobre las sábanas y el colchón, aún se percibía la silueta que su cuerpo había dejado. ¿Estaría en el Tenampa?, ¿estaría en el baño? Intenté mejor en el segundo lugar por su cercanía. La escena que descubrí fue, es y seguirá siendo en mi memoria una de las más horribles y sorprendentes: en el suelo estaba él tirado sobre un charco de sangre brillante, rojiza y fresca. Quise gritar. Debía actuar. Parecía que había sido apuñalado por la cantidad de sangre, pero no había heridas de ningún tipo. Noté que en las comisuras de sus labios había rastros de sangre. ¡Una hemorragia! Había sido atacado por una durante mi ausencia.

No sabía a quién marcarle y el tiempo corría. Con el cuerpo tembloroso y el alma en un hilo, le marqué a la única persona en la Ciudad de México que, yo suponía, me podía ayudar con eficacia y rapidez: el señor Vallejo, el organizador de algunas caravanas musicales en las que participamos y dueño del teatro Blanquita.

—¿Quién habla? —me contestó.

—Señor Vallejo, soy Alicia Juárez; necesito ayuda urgente, por favor.

—Claro, señora, dígame…

—Es José Alfredo —lo interrumpí—; lo encontré en el baño tirado con mucha sangre, ayúdeme.

—¿Cómo dice?

—¡Por favor!

—Ahora mismo envío una ambulancia, ¿es el departamento sobre la calle Nueva York, cierto?

—Sí, por favor, apúrese, hay mucha sangre.

Se despidió con premura y colgó. La ambulancia tardó un parpadeo. Ingresaron a nuestro departamento, lo cargaron como a un muñeco para acomodarlo en una rígida camilla. Yo los seguí de cerca cuando bajábamos al primer piso, me subí al vehículo junto a José Alfredo y un paramédico. Pusieron la ambulancia en marcha. Yo apretaba los puños y rogaba por un milagro. El Rey abría levemente los ojos, escuchábamos su respiración, ¡seguía con vida!

—¿Puede decirme su nombre? —le preguntó el paramédico.

—José Alfredo Jiménez.

—¿Su edad?

—Cuarenta y siete años.

—¿Cuál es el nombre de ella? —interrogó mientras me apuntaba con un dedo.

José Alfredo llevó su mirada hasta el costado donde yo me hallaba. Nuestros ojos se cruzaron, vi un destello vivaz en los suyos, sentí uno similar en mi alma.

—Ella es la escuincla.

En el hospital, el ritmo también fue veloz. Se necesitaron cinco litros de sangre para que José Alfredo se restableciera. El doctor habló conmigo; me explicó que aquellos vómitos oscuros (que yo creía que eran vino tino y Delaware) eran en realidad sangre digerida. Aquel día de la hemorragia, era sangre fresca.

Fueron tres días muy largos, unas jornadas complicadas y estresantes para mí porque nunca antes había estado en una situación similar. José Alfredo estaba asustado por los antecedentes que tenía en su historia médica. El doctor me pidió unos minutos, me dijo que ya lo podían dar de alta. Una sonrisa de oreja a oreja iluminó mi semblante.

—Pero de ahora en adelante —agregó—, dieta blanda: sólo líquidos, y por nada del mundo, alcohol.

—¡Claro, doctor! No le permitiré una gota después de este suceso.

—Yo sé que usted se empeñará; consiga que él haga lo mismo.

En el hospital también estaba aquel chofer, ese personaje que no me agradaba, quien curiosamente logró hablar con el doctor; de la manera más descarada, a un costado mío, me culpó de la adicción alcohólica del Rey. El doctor le dedicó una sonrisita irónica y le contestó con profesionalismo e inteligencia:

—Mire, si el señor Jiménez hubiera empezado a tomar cuando conoció a esta señora, yo fácilmente le sacaría la enfermedad en cinco minutos. Aquí lo que sucede es que el señor Jiménez está tomando desde antes de que ella naciera. Por lo que le pido que no me venga a decir que por ella el señor está así.

El chofer palideció ante la respuesta del doctor; su intención había estado totalmente fuera de lugar, pues culparme a mí sobre la enfermedad de José Alfredo no tenía ningún fundamente. Lo que yo no sabía es que aquel chofer iba después del hospital a la casa de los Gálvez, los hijos de José Alfredo, para contarles todo lo que sucedía con el Rey.

247

Intenté olvidar la grosería y mejor le conté con emoción la noticia a mi esposo: podríamos ir a casa. Él también sonrió con la noticia, aunque el cambio de alimentación no le fascinó. Se enojaba en el departamento, frente a sus tazones de sopa, porque no podía comer lo que más le gustaba y, como a todo buen mexicano, le encantaba la comida. Podía hacer listas imaginarias de los antojitos con los que estaba fantaseando. Lo que nunca mencionaba era la bebida. José Alfredo era muy disciplinado; como sabía que la cirrosis estaba muy avanzada, se detuvo para ya no recaer. Yo me las ingeniaba para que él disfrutara de los alimentos. Muchas veces mis esfuerzos eran infructuosos; otras veces disfrutaba enormemente cuando él no se quejaba y engullía lo que estuviera en el plato.

Intentamos continuar con nuestras rutinas a pesar de la dieta blanda; fue imposible. Poco después José Alfredo volvió a sufrir una hemorragia: vomitó sangre fresca. Una vez más la coloración vibrante y rojiza me impactó. Inmediatamente lo llevé al hospital e imploré para que no sucediera lo peor. Los doctores me explicaron que lo que estaba causando las hemorragias eran las venas de su esófago, se estaban rompiendo. Sentí un escalofrío por toda la columna vertebral cuando escuché esto, ¿y su voz?, ¿su carrera? El esófago era definitivamente importante. Intuí que su retiro estaba próximo. Tal vez ya era hora para que el Rey y yo nos mudáramos a Dolores Hidalgo a disfrutar de la nieve de zapote negro.

El hospital consumía toda mi energía, me cansaba muchísimo y lo único que se me antojaba era dormir; irónicamente, no podía, así que deambulaba entre las cuatro paredes del cuarto cuando sentía que me iba a vencer el sueño. La mayor parte del tiempo estaba a su lado. Le pedí al doctor una pastilla para no dormir; la necesitaba porque sentía que se cerraban mis párpados. A pesar de ello no aguanté. Me quedé dormida en un catre que había bajo la cama de José Alfredo. A la mitad de un sueño, una voz me despertó:

—¡Alicia, Alicia! El señor Jiménez te está llamando.

Era mi mamá la que me hablaba; de un salto me paré y lo miré: estaba acostado sobre su cama, justo como lo había dejado. Al mirarme noté que se le esfumaba un gran peso de encima.

—Escuincla, tú aquí conmigo, no quiero que te me despegues.

Por lo que tomé una silla y la acomodé a un costado de su cama; si yo me sentaba en ella, mi cabeza y la de él quedaban juntas. Yo ni sospechaba que José Alfredo actuaba de esta manera porque tenía pánico de que la familia Gálvez me sacara del hospital. En donde yo veía un dilema de salud, el Rey veía uno de avaricia y presunción.

A los cuatro o cinco días de estar atrapados entre paredes blancas, José Alfredo fue dado de alta. En el camino de regreso apreté fuertemente su mano. Vino a mi mente un recuerdo: cuando fuimos a Monterrey a comer cabrito y las agujas del salón Madrid, en el avión yo estaba jugando cariñosamente con José Alfredo. Agarraba los lóbulos de sus orejas, tocaba la punta de su nariz… me encantaba estar sobre él y a él le gustaban estas muestras afectuosas mías. Con mi rostro tan cerca de sus orejas, pude ver una coloración amarillenta entre el color natural de su piel: una serie de puntitos amarillos.

—Oye, mi amor, ¿qué te pasa en la piel?

—¿Qué tiene, escuincla?

—Es que se te ve amarilla…

—Ah, escuincla, y eso que donde más se me nota es en los ojos.

Giró su rostro para encararme y se retiró los lentes oscuros que traía puestos. Me asusté tanto, tanto, que inclusive él también sintió temor. La zona de sus globos oculares, que debía ser blanca, era totalmente amarilla como yema de huevo.

—¡José Alfredo, mi amor! Tus ojos están muy amarillos.

—¿Están muy mal, verdad?

En cuanto llegamos a la Ciudad de México fuimos a visitar al doctor, quien empezó un tratamiento con José Alfredo y logró detener aquella coloración amarillenta. Sin embargo, José Alfredo no dejó de beber alcohol en aquella ocasión y la bebida era el auténtico problema: la raíz de tanto dolor.

Ahora teníamos que ser muy precavidos y cuidadosos. Íbamos a la clínica —llamada Londres— para que José Alfredo recibiera sus tratamientos. Fue en esta época que decidió comprarme un coche; él quería que yo tuviera el mío. Mandó a traer un catálogo de la automotriz Dodge Dart; me lo pasó para que lo hojeara y le dijera cuál me gustaba. Después de varias páginas, encontré un precioso carro deportivo color mamey con franjas negras a lo largo: me encantó. Mi esposo sólo afirmó y lo ordenó, me dijo que llamarían cuando estuviera listo para recogerlo. Llegó el día y, lamentablemente, él tenía que guardar reposo absoluto, así que no me pudo acompañar.

—Tendrás que pedir un taxi, escuincla.

—No hay problema, mi amor.

El taxista que me recogió era amable; en ese momento ni me imaginé que en los años posteriores se convertiría en mi chofer particular ya que a mí no me encantaba manejar, lo había hecho sólo una vez, muy tempranito sobre avenida Insurgentes. Al llegar a la agencia, me llevé las manos a la boca.

—Pero vea el automóvil, no es como el del catálogo. ¡Éste es naranja con ene mayúscula! —le dije al encargado.

No había manera de explicar la extraña coloración naranja; ese color no era mamey: ¡era muy escandaloso! El empleado me trató de convencer de que el carro era sensacional para mí porque yo era joven y no había ningún problema con ese color naranja.

—¿Por qué siente que es escandaloso? A usted le va muy bien.

A pesar de que no era como yo lo había esperado, lo llevé de vuelta a casa. Alberto, el taxista, manejó hasta el condominio y al llegar a nuestro departamento, yo comencé a pitar. Le grité a mi marido para que saliera al balcón.

—¡Sal, mi amor, ven a ver el carro!

La silueta del Rey se dibujó afuera de nuestro hogar y él también se llevó las manos a la boca. Le encantó el carro naranja.

—Vamos a tener que estrenarlo —me dijo en cuanto entré a la casa.

El ogro y la princesa

A pesar de haber estado dos veces internado en el hospital, José Alfredo todavía tenía ganas de viajar y conocer nuestro país, por lo que decidimos planear un tour por la Riviera Maya, Guadalajara y Puebla. Mi esposo ya me había hablado sobre Mérida, la Ciudad Blanca; yo enloquecí con la bellísima ropa bordada que vendían por la calle. No era la primera vez que la compraba, ya antes había llenado mi clóset con estas obras de arte. Cuando fuimos de gira a Europa las había usado para salir a la calle; me detenían constantemente para preguntarme por el tejido, la tela, el origen; nuestras preciosas artesanías les gustaban a todas las personas, por lo que no permití que la oportunidad de lucir la ropa tradicional mexicana se me escapara y fui a la búsqueda de varios huipiles.

Después de pasar varios días en la capital yucateca, nos dirigimos a las playas de arena blanca, típicas del Caribe. El mar nos encantaba sin distinción de océanos o ubicaciones: Acapulco, Puerto Vallarta, Cozumel o Cancún, no nos importaba la ubicación. A pesar de eso, la Riviera Maya tiene un encanto especial. Cuando llegamos a Cozumel nos topamos con la agradable sorpresa de la casi soledad, pues no era temporada alta de turismo; el hotel estaba casi para nosotros solos. La playa era exclusiva para nosotros y para nuestra perrita pekinesa llamada Estrella, la cual emblanqueció con el sol. Entre la arena parecía camuflarse, cuando la llamaba a mi lado me daba risa visualizar sus ojos negros que flotaban entre la blancura de la orilla de la playa. Nuestras vacaciones en Cozumel estuvieron plagadas de momentos cómicos: el hotel estaba siendo remodelado, José Alfredo y yo caminábamos por uno de los pasillos cuando varios trabajadores nos gritaron "bomba". En Yucatán y Quintana Roo, la gente frecuentemente utiliza esta palabra como demostración de alegría o para contar historias chistosas de la vida diaria a manera de rima. Yo toqué con el codo a mi esposo para que él les señalara de alguna manera que los habíamos escuchado; yo pensé que ellos querían que el Rey improvisara una de estas famosas "bombas".

—Muchas gracias —les dijo José Alfredo y levantó la mano en señal de gratitud.

—¡Bomba! —repitieron los trabajadores.

Yo reí tomada del brazo de José Alfredo.

—¡Bomba! —dijeron por última vez e inmediatamente después escuchamos un sonido ensordecedor y sentimos un leve temblor bajo nuestros pies; ¡era una bomba de verdad! Estaban demoliendo ciertas áreas del hotel debido a la remodelación. Los dos soltamos la carcajada. Gracias a Dios no nos había pasado nada.

José Alfredo descansaba sobre los camastros y leía su periódico deportivo favorito, *Esto*, mientras yo nadaba en aquella preciosa agua de mil colores. Desde la secundaria me había convertido en una experta en natación, así que estaba disfrutando como nunca moverme bajo la claridad del mar. De un clavado, surcaba la orilla de la playa y llegaba hasta poca profundidad. Yo, que siempre he respetado al océano y soy un poco temerosa, me atreví a permanecer junto a peces de tamaño considerable y colores de ensueño. Dejaba que el agua fluyera alrededor de mí y me llevara por diferentes zonas. Siempre alcanzaba a ver a José Alfredo con sus ojos clavados en los marcadores y resultados de los partidos. Cambiaba de página ágilmente; como él había sido futbolista de joven, albergaba una gran pasión por el deporte.

La mirada que yo tenía desde mi sitio en el mar era estupenda: arriba de mí un cielo infinito y azul que se convertía en una línea acuosa y transparente al besar el horizonte; los peces de colores vibrantes que se movían cerca de mis piernas; arena exquisita y blancuzca que no alcanzaba a tocar las plantas de mis pies; al fondo, frente a mí, la majestuosa flora de la selva, y José Alfredo, el amor de mi vida, sumergido en uno de sus pasatiempos favoritos.

Hasta el tercer y último día de nuestra estadía arribó al hotel otra pareja. Los cuatro estábamos en la playa listos para disfrutar de la cálida temperatura del agua.

—Mi amor, por ser el último día deberías aprovechar y meterte a nadar; el agua está rica.

José Alfredo siguió mi consejo. Comenzó a caminar desde la orilla hasta que el agua le cubría la cintura. Me quité las sandalias para seguirlo. De repente escuché a la otra mujer emitir un chillido que llamó, sin ninguna duda, mi atención.

—¿Qué sucede? —la interrogué.

—Creo que algo me picó —contestó mientras salía del mar. Ella tampoco había estado antes tan lejos de la orilla.

Yo enfoqué mi mirada en el agua cristalina para detectar lo que la hubiera molestado. Una ola se formó y en la onda pude notar no uno, ni dos, sino decenas y decenas de cangrejos. Con asombro seguí mirando y alcancé a ver miles de ellos en el fondo del mar, sobre la arena, tapizando la escena. José Alfredo, definitivamente, estaba entre ellos.

—¡José Alfredo! Hay cangrejos, miles de cangrejos.

Mi grito llegó sin problemas hasta sus oídos. Yo no los había notado antes porque siempre entraba nadando al agua y de esta manera no los molestaba en absoluto; como la pareja y José Alfredo sí habían tocado con sus pies el fondo para ingresar, los habían molestado.

—¿Ahora qué hago? —me preguntó mi esposo.

Su mirada deambulaba y se clavaba sobre la playa, sobre mí y en sí mismo. Estaba intentado trazar una ruta de escape.

—¿Cómo chingados le hago para salir?

Yo sentía muchas ganas de reír, pero mi preocupación era mayor; le di señas para que caminara con seguridad. Gracias a Dios lo logró sin ningún rasguño o pellizco. Le planté un besote cuando llegó hasta mí. Obviamente yo ya no entré al mar para aprovechar el último día; mejor optamos por la alberca. La otra pareja fue detrás de nosotros.

Al llegar frente a ella, los cuatro nos volvimos a congelar. En una esquina de la piscina había una mantarraya color café de gran tamaño; se movía sigilosa. Ninguno de nosotros se atrevió a acercarse ni, mucho menos, meterse al agua. Era el colmo de los colmos. Estábamos figurando qué otra actividad podíamos hacer cuando José Alfredo me dijo:

—A ver, escuincla, ve y tócala con tus pies.

—¡¿Qué?!

No creía lo que me acababa de pedir. Él se empezó a reír y señaló la supuesta alimaña.

—Ándale, ve y hazle con el pie… después de todo, ¡es sólo un periódico!

Nos dimos cuenta de que no era una mantarraya sino el *Esto* volteado sobre el agua; con el movimiento parecía ser un animal vivo. Seguramente había volado con el aire y se había impactado dentro de la alberca. Después de eso, ya pudimos nadar un rato y despedirnos propiamente de aquel encantador hotel donde habíamos observado una demolición y muchos animales, tanto reales como irreales.

Del este del país partimos hacia el oeste; llegamos a Guadalajara y, aquel domingo, el clima era fenomenal. Observando las casas coloniales, las calles bien trazadas y los rosales sobre los camellones, recordé aquella ocasión en la que en dicha ciudad José Alfredo se comprometió a encontrar un licor que me gustara.

Nos sentamos en una mesa del hotel Camino Real; le pidió al mesero todo tipo de cremas de licor para que yo pudiera decidir cuál era mi predilecta. Nada funcionó. En la mesa no cabía ninguna otra copita, pero José Alfredo no se rendía, seguía ordenando más y más. Sabor café, cajeta, vainilla, chocolate, maracuyá. Nada me gustaba. Definitivamente no sabía tan mal como el coñac que me dieron durante mi primer día en el estudio de grabación en RCA Víctor, no obstante, ningún licor se convirtió en santo de mi devoción.

Desde que se enfermó, yo le había prometido a Dios que si José Alfredo se curaba yo jamás faltaría a misa. ¡No rompí esta promesa ni en nuestras vacaciones! Al escuchar las campanas que llaman a los creyentes a celebrar, le pedí a mi esposo que me disculpara, pero yo tenía que atender la celebración dominical. Él afirmó sin preguntar y me dijo que me esperaría con la Estrella en el cuarto. Me besó y se marchó. Dentro del templo, me sentí envuelta en una gran comodidad y esperanza: recé sin parar, dije mis oraciones con la plena conciencia de que Dios es grande y todo lo puede. Tal vez se me escaparon un par de lágrimas durante la comunión; mi compromiso con la salud de José Alfredo y su mejora era inmenso.

Concluida la misa me dirigí al hotel. En medio de una cancioncilla que iba cantando, toqué a la puerta; me crucé de brazos mientras esperaba. José Alfredo no abría, lo que me pareció muy raro. Volví a tocar con insistencia. Intenté abrir la puerta y descubrí que la había asegurado por dentro. Me asusté, qué raro, ¿por qué no abría? Sentí un escalofrío, lo imaginé tirado en el baño; seguramente se había desmayado, lo tenía que ayudar, era mi esposo y necesitaba de mí. Con el puño golpeé la puerta:

—¡José Alfredo! Ábreme, ¡ábreme!

Seguía sin responder, yo cada vez golpeaba a la puerta con mayor desesperación; a mí no se me ocurría de qué manera abrirla. Corrí hasta el lobby para pedir ayuda. Exigí que quitaran la puerta porque mi esposo corría peligro. En mi cabeza relampagueó una imagen grotesca: mi marido sobre un charco de sangre escarlata. Apresuré a los trabajadores del hotel; subimos hasta el cuarto. Volvimos a tocar como último recurso. José Alfredo no atendía.

—¡Quiten la puerta! —exigí.

Los hombres hicieron ademanes para comenzar a trabajar. El picaporte giró y la puerta se abrió… desde adentro. Era el Rey, nos miraba con una mezcla de extrañeza, asombro y comicidad en el rostro.

—¡¿No me oíste tocar?! Casi tiro la puerta.

Tanta tensión provocaba que mi primera interacción fuera regañarlo. Él estaba muy tranquilo; se encogió de hombros y contestó:

—Es que la Estrella quería nadar.

Abrió más la puerta y en el fondo, dentro del baño, pude ver a nuestra amable perrita nadando dentro de la bañera. Como José Alfredo estaba llenando la tina, no alcanzó a escuchar el sonido que venía desde afuera. Lo abracé una vez que estuve tranquila y disfruté del espectáculo que nos ofrecía el can. Movía sus patitas con rapidez sobre el agua; hasta parecía que sonreía.

Después de esos días en Guadalajara, nos volvimos a internar en las carreteras. De entre sus labios fluían palabras bonitas, frases tiernas. Las cantaba sólo para mí escondidos en la carretera; sus manos dibujaban y desdibujaban sobre mi cuero cabelludo. José Alfredo hablaba sobre una patita.

—¿Una patita que va al mercado?

—Sí, escuincla, así va la canción, ¿no la conoces?

Reflexioné unos momentos. Nunca había escuchado una melodía que contara la historia de una pata con rebozo de bolitas. Yo no conocía a Cri-Cri.

—Creo que no.

—¿Y el Ratón Vaquero? Ésa sí la conoces, ¿verdad?

Negué con la cabeza; repetí el mismo gesto cuando me preguntó por la Muñeca Fea y por el Negrito Cucurumbé.

—Ni hablar, escuincla, tú no creciste en este país. Aun así te quiero muchísimo, ¿tú de veras me quieres?

Su pregunta me dejó sin palabras. Lo quería tanto, tanto, que ni siquiera sabía cómo expresarlo, cómo mostrarlo, cómo explicarlo. Estaba a mi lado, en el mismo carro, con su mano apretando la mía y más canciones de Gabilondo Soler en la cabeza listas para ser emitidas a través de su boca. Esperaba una respuesta y yo no sabía qué decir.

—Te quiero más de lo que te imaginas.

Ésta fue mi contestación escueta y apresurada. Era la pura verdad. Yo lo amaba, a mi José Alfredo, mi rey, mi niño burlón y juguetón. Con él la vida adquiría tintes impensables y —a pesar de contar con días nublados— nuestra relación era casi siempre perfecta y cargada de amor. Me miró enternecido por lo que le acababa de responder y procedió a decirme que me iba a contar un cuento.

—¿Un cuento sobre qué?

—Tú simplemente escúchalo, pon atención: había una vez un ogro feo, muy, muy feo. Vivía solo y amargado. A pesar de conocer a más personajes, él se sentía solitario y en varias ocasiones lo reflejaba. Este ogro era tan feo y malhumorado que, sin duda alguna, se había convertido en un monstruo. En una ocasión que salió a explorar tierras lejanas, se encontró de frente con el ser más hermoso que pudo haber existido jamás: era una bella princesa. Ella era más joven, frágil y delicada —obviamente mucho más— que él. El ogro al verla no supo ni qué decir, cómo actuar, qué hacer. ¡Estaba enamoradísimo de la princesita! Aquella chiquita bonita, princesita tan preciosa, también lo vio con los ojos abiertos y decidió que lo quería mucho, muchísimo, a ese ogro tan feo. Nadie podía creerlo, nadie podía entenderlo. Era una relación muy curiosa entre un monstruo y un alma noble. Decidieron estar juntos, se tomaron uno a otro de las manos y marcharon a su destino, sin separarse jamás. Nadie entendía la grandeza del amor que unía a la bella princesa y a su horrible y viejo ogro, y aunque ninguna persona lo comprenda, eso no significa que un sentimiento tan puro no exista.

Me quedé pasmada y en silencio, lo observaba muy de cerca.

—El fin —aclaró él para que yo hablara. Pero las palabras no llegaban a mis labios—: bueno, escuincla, ¿te gustó?

—¡Me encantó! —le contesté con besos y mimos.

Él sonrió conmovido; señaló con su dedo índice un letrero a escasos metros. Estábamos por llegar a nuestro destino: Puebla. El hotel no era el más espectacular en el que nos habíamos alojado; de hecho, era demasiado austero: contaba únicamente con una mesa de ping pong cerca del lobby como principal atracción. Era un edificio muy antiguo y lo caracterizaban impresionantes techos altos. A pesar de las condiciones del lugar, aquella fue una de mis estancias más felices lejos de casa junto a José Alfredo.

Nos acomodaron en nuestro cuarto y, para nuestra sorpresa, descubrimos que no había televisión. Mi esposo decidió bañarse; yo permanecí acostada sobre la cama con la mirada clavada en aquel techo lejano y alto. Mientras analizaba cada ángulo, cada esquina, percibí una mancha oscura que se movía; se estaba balanceando de un lado a otro y lo que para mí parecía un desplazamiento pequeño y de insulsa trayectoria, para el bicho que lo llevaba a cabo era una auténtica jornada: era una araña.

Rodé sobre el colchón y me acomodé en el otro extremo. No quería estar bajo esa cosa por si llegaba a caer. Cerré mis ojos y lo que vino a mi mente fue un recuerdo vívido de mi niñez: era una niña pequeña, mis papás me platicaban alegremente que me habían comprado un obsequio. "¡Zapatos nuevos!", me explicó mi padre. Me encantaba que me compraran un par nuevo; el día que me los entregaban, antes de ir a dormir, los acomodaba muy cerca de mi cama para que cuando me levantara, fuera lo primero que viera. Los zapatos que me acababan de regalar eran de charol negro. Los acomodé en el borde de mi cama, pues era tan pequeña que mis pies no tocaban esta zona; los zapatos estaban seguros. Sin embargo, no conté con que jalaba la sábana y al hacerlo (ya que me metía a la cama para dormir), los zapatos rodaron y cayeron al piso. En su lugar quedó una minúscula araña negra, tan pequeña y tan negra que me obligó a correr para buscar ayuda de papá. ¡No la quería en mi cama! Papá la identificó fácilmente, porque la araña no se había movido ni un centímetro. Se acercó hasta el borde de la cama y tomó con sus manos de ebanista lo primero que se le ocurrió para acabar con la vida del arácnido: ¡el arma homicida fue uno de mis nuevos zapatos negros de charol! Me quedé pasmada ante esta acción; eran nuevos, no los había usado, eran demasiado hermosos como para ser usados así. Mi padre desacomodó mi cabello, me besó y me pidió que me fuera a dormir. Estaba tan sacada de onda que ya no acomodé los zapatos sobre la cama. Sólo fui a dormir.

Ahora que estaba en Puebla, una inocente araña en el techo me recordaba este extracto de mi niñez. De alguna manera tendría que matarla, pues, al igual que aquella noche en Oxnard, me producía pavor que se desplazara hasta mí y enturbiara mis sueños. José Alfredo se acababa de bañar, mi brazo rápido apuntó hacia el techo y la curiosidad marcó su rostro.

—¿Qué es, escuincla?

—¡Una araña!

—¿Dónde? Yo no veo nada.

—¡Ahí está!

Permaneció mirando al techo hasta identificarla; posteriormente intentó tranquilizarme diciéndome que no había problema por la altura, que la araña continuaría ahí. No debía preocuparme.

—Por favor, mátala, mi amor —le imploré con urgencia.

—¿Por qué te preocupa tanto?

—Porque puede caernos encima; me recordó a una araña que se paró en mi cama de pequeña, en Oxnard. Me habían comprado zapatos nuevos y tuve que llamar a papá porque así estaba, como ésta, frente a mí y sin hacer nada.

—No pasará nada; ahora vámonos a buscar algo que comer.

No chisté. Sin embargo, de regreso emprendí una vez más mi demanda, no quería a la araña sobre la cama durante la noche. José Alfredo me dijo entonces que no la alcanzaba, que estaba muy alta. Me intentó tranquilizar, pero no me rendí; hice que consiguiera una escoba en el lobby para acabar con el ser de ocho patas. No funcionó. Parecía que esquivaba las cerdas, ni se movía la desgraciada: nada la tocaba.

—Escuincla, estoy cansado. Anda, ya hay que dormir.

Lo vi a los ojos y descubrí su agotamiento. No podía abusar de él; no con la condición de su salud.

Ese fin de semana mágico, el Rey era todo mío. Nadie lo buscaba por el teléfono, ni sus secretarios ni parientes. El mar estaba en calma: José Alfredo, naturalmente, no estaba consumiendo alcohol. Me entregó todo su amor a manos llenas, me consintió, nos perdimos mutuamente en el otro. ¡Éramos la princesa y el ogro, la escuincla y el Rey, Alicia y José Alfredo! Aquellos días estuvieron marcados por el grandioso amor infinito que siempre nos unió; esa necesidad de la felicidad del otro para estar bien nosotros, ese gozo por vivir la vida tomados de la mano.

José Alfredo me jaló para dormir; lo hice entre sus brazos. Abrí los ojos al día siguiente e intenté encontrar a la araña. Fue un impulso, fue automático. No estaba. Con sobresalto me levanté de la cama y lo desperté a él. Señalé al techo altísimo; él estaba que se caía de sueño. Otra vez luchó por la calma, pero no la consiguió. Yo insistía en que la araña se había metido entre las sábanas.

—Ésas son las arañas gringas, escuincla; las mexicanas no se meten en las camas.

Me atacó la risa, no pude parar de reír. Su comicidad terminó con mis pavores. A pesar del romanticismo, los chistes y los bellos momentos, la enfermedad estaba latente en José Alfredo.

Entre estos días felices de sol, playa, hoteles y comida deliciosa, se filtraban los demonios que lo estaban matando por dentro. El Rey se cansaba, se hartaba de su nuevo régimen y ritmo. Todo le causaba coraje o desesperación; quería salir, pero ya era imposible. Nos teníamos que limitar. El velocímetro de nuestra vida se redujo a la mitad; el doctor nos había pedido que fuera de dicha manera. Sobre todo, José Alfredo se entristecía por mí, porque quería que yo saliera a divertirme junto con él viendo shows o conociendo nuevos lugares. Yo le explicaba que a mí no me incomodaba, que, sobre todas las cosas, yo quería su salud estable y de vuelta. Aun así, él se esforzaba en conseguir eventos cercanos y seguros para asistir.

—Mira, escuincla, vamos al cine del Pedregal; hay un festival de Cantinflas.

—¿Te sientes con ánimos, mi amor?

—Pero claro, escuincla. No seas rejega. Vámonos.

El cine quedaba por los rumbos de nuestro departamento; llegamos rápidamente. José Alfredo se excusó para ir al baño. Yo me paré junto a la puerta y esperé.

Y esperé.

Y esperé.

Él, conmigo

—¿José Alfredo? —le grité desde afuera.

A mi parecer, estaba tardando mucho.

—¿Mi amor?

No me importó que fuera el baño de caballeros; entré sin tapujos para toparme con la escena que en Guadalajara había temido enormemente: José Alfredo ya había vomitado sangre fresca y ahora estaba desmayado sobre el piso. Sus manos estaban abiertas y su cabeza ligeramente volteada hacia la derecha. Me llevé las manos a la boca, las lágrimas se abrieron paso sobre mis mejillas. A pesar de ello, mis pies fueron más rápidos y ligeros. Me abrí paso para pedir un teléfono y llamar a una ambulancia.

No sabía que el plan de Dios no era el mismo que el mío. Desconocía que, desde febrero, desde aquella botella de vino tinto, había comenzado el principio del fin. Cada historia tiene un final y el vehículo de la montaña rusa en la que yo estaba con José Alfredo estaba por caer sobre el abismo sin que nada ni nadie lo pudiera detener. La salud es lo más valioso, lo más caro y ni el hombre más querido de México la tenía asegurada.

Una semana, siete días: ése era el tiempo que me quedaba junto a José Alfredo Jiménez, mi gran amor, mi hogar, mi refugio, mi todo. ¿Hubiera actuado diferente si lo hubiera sabido? ¡Claro que sí! Aunque siempre estuve ahí para apoyarlo, para tomar su mano, para alimentarlo y cuidar sus heridas, lo hubiera besado más, me hubiera hundido más en sus ojos azules que se marchitaron rápidamente. A un costado de su cama de hospital, siempre estuvo mi silla y mi presencia para él. Una semana más para que el Rey se marchara a un lugar mejor.

Durante esa triste semana, estuvo totalmente crucificado. Conectado a una bolsa de sangre y otra de suero, utilizaba una sonda. Se encontraba totalmente incapacitado para abandonar el hospital. Estuvo recluido en una cama que ya odiaba, observando la misma pared blanca que lo molestaba. No obstante, por rachas, José Alfredo se sentía animoso y alegre. En uno de los primeros días de su tercera estancia en la clínica Londres, dijo que se le antojaba chicharrón en salsa verde y nieve de zapote negro de su natal Dolores Hidalgo. Su familia se movilizó rápidamente para cumplir con el antojo del Rey; consiguieron un contenedor de hielo seco para que el manjar helado no se descongelara. Yo permanecí tomada de su mano. A nadie le sienta bien la enfermedad: José Alfredo no lucía bien; al menos continuaba creyendo que la comida era un gran remedio para cualquier dolencia. Las horas pasaron y la nieve no llegaba. Él se quedó dormido. Cuando despertó, sus familiares le mostraron con emoción el contenedor. El cantautor torció la boca con tristeza.

—Disculpen, ya no tengo nada de hambre.

Suspiramos: mi esposo se notaba triste. Le besé la frente y salí un momento por aire fresco; tenía que ser fuerte para no descomponerme frente a José Alfredo. Lo veía débil, inmerso en su dolor. En el último programa televisivo en el que habíamos participado durante aquellos meses de enfermedad, *Siempre en Domingo*, la carrillera lucía chueca debido a un absceso gigantesco que se le había formado a un costado, en la cadera. Esto se debía a que las enfermeras de la clínica nunca le sobaban los lugares por donde pasaban los cables que le ponían cuando estaba internado o en tratamiento. Yo me encargaba de curarlo con fomentos, ungüentos, remedios caseros y mi amor. Mi mayor deseo era que él estuviera cómodo y no tuviera que quejarse por achaques y dolores. Esa tarde, dentro de ese cuarto triste y callado, no lo podía ayudar.

Me dejé caer sobre mi silla, aquella desde donde cuidaba a mi esposo, donde dormía, donde comía, donde vivía para él. Cuando a él le ganaba el cansancio y descansaba, yo extraía un libro y leía. Si él se despertaba y me cachaba con los ojos sobre las hojas se molestaba muchísimo, me reclamaba mi falta de interés.

—¡Sí, estás leyendo, te vale madre, yo aquí como un perro entre estas cuatro paredes!

—Ya, mi amor, ya —le contestaba yo con ternura y amor—, mira, cierro el libro y dejo de leer, ¿está bien?

—Sí, así mejor.

Entonces lo cerraba y comenzaba a platicar con él, sin embargo, pasados unos minutos él comenzaba a cabecear. El libro me volvía a hacer cosquillas, lo sacaba sigilosamente y, una vez más, leía.

—¡Escuincla! —su voz denotaba enojo —, ¿qué te dije? ¡Como un perro, escuincla, como un perro!

—Ya, perdón, perdón.

Lograba tranquilizarlo. Un día que me regañó por estar leyendo, ya no aguanté:

—¿Sabes qué, José Alfredo? Yo también estoy metida entre estas cuatro paredes y a mí, ¡no me duele nada!

Nunca me fui de ahí, dormía en un catre que guardaban bajo su cama en el hospital, me bañaba ahí mismo y no salía a comer. La familia de José Alfredo y mi madre llegaban al medio día, se iban durante la tarde a descansar a sus casas, regresaban a cumplir con sus pendientes. Yo no. Mi obligación, mi necesidad y mi deseo era José Alfredo. Cuando todos se iban, me invadía una gigantesca pesadez. Estaba sola; por lo mismo no quería imaginarme mi vida sin él porque sería bastante gris, miserable y triste. Necesitaba a mi José Alfredo.

Yo era su enfermera, su cómplice, su amiga, su confidente y su mejor escucha. José Alfredo temía por mí, presentía la tormenta. Desde que conoció la gravedad de su enfermedad, me insistió en que compráramos un condominio que ya habíamos visto antes en Las Palmas; me decía que pidiera 30 mil pesos adelantados para poder adquirirlo. A mí no me gustaba que me hablara de eso.

—Mejor vamos los dos después; tú sabes mejor de estas cosas.

—No, escuincla, tienes que ir.

—¿Por qué tanta prisa, mi amor? —le preguntaba yo.

—Es que conozco a mis hijos, escuincla, a los hijos de Paloma, y sé que son capaces de todo.

Yo no creía que esto fuera cierto; un día, pensando en ellos, le ofrecí a José Alfredo marcharme por unas horas a nuestro departamento para cuidar de nuestras dos perritas —Estrella y la Leona— para que sus hijos pudieran ir a visitarlo.

—No, escuincla, de aquí no te me vas. Si ellos vienen, será sólo para causar problemas.

De hecho, José Alfredo pidió en recepción que se les prohibiera la entrada a Paloma y a José Alfredo Gálvez, sin embargo, nunca fue necesaria esta medida porque ninguno de los dos intentó ir a visitarlo o levantó el teléfono para contactarlo. Fueron muchos los artistas que también dijeron que irían a visitarlo: muy pocos fueron. El maestrito compositor Molina Montes fue muy amigo de José Alfredo, él sí iba todos los días con el periódico bajo el brazo; se lo entregaba al Rey y lo leían juntos.

En otros días, cuando José Alfredo contaba con una actitud más positiva, me prometía que nos iríamos a Dolores Hidalgo ya que estuviera de mejor salud, me decía que iba a dejar de tomar y que en su pueblo seríamos capaces de tener hijos e hijas, buenos y sanos. Con estas palabras a mí se me antojaba la nieve de zapote negro, verlo sano, feliz, de nuevo conmigo en nuestra vida juntos.

Pero los días se decidían de manera arbitraria: era como aventar una moneda al aire sin saber si caería águila o sol. Así como podía estar asustado, adolorido, o negativo, también podía estar pensativo y animoso. Un día me sorprendió mucho con sus palabras, que me enchinaron la piel:

—Escuincla, tienes que ser muy fuerte, no me puedes hacer quedar mal. ¡Yo no quiero escuinclas cobardes! El camino de la vida es largo y hay muchas piedras que te harán tropezar, existe gente muy mala que te las va a aventar para que tú te caigas. Pero tú vas a ser la figura más grande de México, lo digo yo: José Alfredo Jiménez, y yo no soy un pendejo.

Me observaba fijamente con sus majestuosos ojos azules, ahora rodeados de amarillo. Afirmé con la cabeza: pasara lo que pasara quería enorgullecerlo, agradecerle —con mi trayectoria y mi vida— el esfuerzo y el ímpetu que él había invertido en mí. Él me había encontrado, él me había bautizado Alicia Juárez, él le apostaba a mi futuro como nadie más. Yo no me iba a caer, no me iba a dejar.

No había ningún centímetro de la piel de José Alfredo que no hubiera sufrido con la cirrosis y sus efectos: tenía sondas de oxígeno, cables que salían de su nariz a su estómago, una especie de tripita que se conectaba a un lado de su vientre. Estaba infestado de cables. Descubrió algo: si le inyectaban agua con mucho hielo, descansaba; le gustaba cómo se sentía. Las enfermeras hacían esto en la sonda; lo malo era que esto provocaba que el estómago de José Alfredo se llenara de más, por lo que vomitaba. Las enfermeras tenían que ser muy cuidadosas de inyectar el agua y después retirarla, mas no lo eran y entonces él sufría de muchos vómitos. Decidí comenzar a hacerlo yo: contaba cada jeringazo con agua y esa cantidad era exactamente la que retiraba. No podíamos darnos el lujo de más heridas o malestares. Estábamos ahí para salvarlo, para mantenerlo en el mejor estado posible.

José Alfredo no permitía que nadie más lo ayudara. Si tenía que ir al baño o sentía que iba a devolver el estómago, acudía a mí. Las enfermeras no se daban abasto y no lograban proveer un servicio impecable y minucioso. Las horas tampoco eran suficientes para extraer los últimos momentos de alegría, ingenio y felicidad de mi marido. Yo no sospechaba que el fin estuviera tan cerca… los momentos negros casi nunca avisan.

—Señora, su esposo tiene una úlcera en el duodeno.

El doctor, con su impecable bata, me hablaba. Me decía que la cirrosis ya estaba muy avanzada, que si yo consideraba pertinente operarlo. ¿Yo?, ¿cómo podría responder?, ¿qué tal si decía que sí y le pasaba algo o si le decía que no y también le pasaba algo? Le pedí tiempo al doctor. Sentí el estómago revuelto.

—Decídalo, pero no tarde porque esto es urgente.

Tampoco mi corazón se sentía bien, estaba nublada por tanto dolor emocional. Tenía que enfocarme, tenía que decidir lo mejor para mi marido, por lo que decidí marcarle a uno de los mejores amigos de José Alfredo, quien era nuestro otorrinolaringólogo, el doctor González Parra. Él era la persona que mejor me podría aconsejar; sobre todas las cosas, adoraba a mi esposo como un hermano, le llamaba Feyo.

—Mira, Alicia —me dijo—, tú espérame para que haga una conferencia con los médicos y te digo qué es lo mejor para Feyo, ¿te parece? Quédate tranquila que ahora mismo voy para allá.

Permanecí en el cuarto lo que me pareció una eternidad; desconocía qué tanto discutían los doctores, sentía que estábamos dentro de un reloj de arena y que pronto se acercaba nuestro momento de caer sin remedio ante la gravedad. José Alfredo aguantaba pacientemente en la cama. Por fin llegó el doctor González Parra con una respuesta:

—Hemos decidido, con base en la evidencia médica, que lo mejor es operarlo.

Estas palabras fueron suficientes para que yo confiara en la decisión; le di la noticia a José Alfredo, quien palideció por unos segundos. Su doctor ya entraba al cuarto.

—¿Cómo se siente, señor Jiménez?

—No le voy a mentir: le tengo más miedo al dolor que a la muerte. Ahora sí que la estoy pagando muy cara.

No había de otra, ambos lo sabíamos. Yo ayudé a encaminarlo al pasillo de cirugía; no sé explicar ni cómo me sentía porque la ocasión ameritaba fortaleza de mi parte, unidad para no desplomarme y, con eso, motivar a José Alfredo. Estaba viviendo minuto a minuto sin oportunidad de digerir la tremenda noticia: iban a operarlo, lo iban a anestesiar.

—Escuincla —me llamó su identificable voz.

—¿Qué pasa, mi amor?

—Nunca mientas, nunca les mientas. Cuando los de la prensa te pregunten cómo estoy, qué está pasando, diles la verdad, porque yo soy del pueblo y el pueblo tiene todo el derecho a saber lo que me está pasando. Lo que te pregunten, tú lo tienes que contestar.

—Sí, mi amor, sí.

Me incliné para darle un beso, no quería pensar en que sería el último.

—No te me vayas, escuincla; voy y vengo.

Me quedé por unos momentos congelada en el pasillo, viéndolo marchar. Con velocidad acudió a mi mente un rezo que repetí como desquiciada. Tenía que regresar al cuarto a esperar y esperar.

Encontré a doña Carmen, la tía Cuca, la hermana Conchita y a mi propia madre con unos rostros desencajados y tristes. No sabíamos cómo saldría de la operación, por lo que preferimos unirnos en el silencio y contar los minutos sin pensar mucho en que lo hacíamos, para no volvernos locas. Doña Carmen me abrazó con fuerza, se separó de mí para mirarme con pesadez; volvió a protegerme con sus brazos. Yo sabía que, de cierta manera, entendía mi incertidumbre y también la relación entre José Alfredo y yo; ella se había casado con un señor viudo y con hijos. Él era más de veinte años mayor que ella. Su esposo la mimó en demasía, nunca le faltó nada y no existía capricho que él no quisiera satisfacer para ella. A pesar de que mi comunicación con ella no era abundante, nos apreciábamos muchísimo. La tía Cuca era muy cariñosa conmigo, no dudaba en mostrar su afecto. Conchita era demasiado solidaria; poseía una personalidad aguerrida y perspicaz, así como un excelente olfato para las personas que sólo provocan líos. José Alfredo les pedía constantemente a sus familiares que velaran por mí:

—Mamá, si vienen los hijos de Paloma a hacer algo o, peor, a hacerle algo a Alicia, me arranco todo esto y me voy con la escuincla porque ella, la escuincla, Alicia, es mi mujer.

Doña Carmen se ponía tan nerviosa con este tipo de comentarios que lo único que atinaba a hacer era reír y afirmar con la cabeza.

—Sí, hijo, yo te cuido a tu niña, yo la protejo.

En ese abrazo cortado por una mirada enternecedora, doña Carmen me demostraba el compromiso y la promesa real que le había hecho a su hijo.

Las horas seguían caminando y José Alfredo seguía en el quirófano. Por fin entraron al cuarto dos doctores: el asistente del que dirigía la cirugía y uno más, colombiano: era de Barranquilla. Los dos me invitaron a entrar a cuidados intensivos. El Rey seguía en pie.

Entré con las manos temblorosas, aunque con pasos determinados. Inmediatamente reconocí el cuerpo lacerado de mi marido y caminé con premura a su lado. Él deliraba de una manera horripilante; se debía a la anestesia. Me dolió mucho verlo de esa manera, sin control de sí mismo, tan débil y frágil... preferí salir y esperarlo en el otro cuarto. Después de todo, me sentía muy inútil entre tantos doctores y enfermeras.

Les expliqué a las demás que José Alfredo estaba bien, pero que sufría de los estragos de las tantas inyecciones administradas. Coincidimos en seguir rezando y esperar. Él llegó al poco tiempo; su rostro estaba iluminado por una sonrisa y su preciosa voz cantaba una melodía:

—"Ya vine de donde andaba".

Todas soltamos las carcajadas, reconocimos inmediatamente la famosa canción; él estaba drogado, débil y asustado. Incluso así, no desperdiciaba la oportunidad de hacernos felices y reír.

Al día siguiente el doctor fue a revisarlo y a platicar con él. Tomó su lamparita para checar sus ojos mientras le hablaba de cualquier tema banal; de repente José Alfredo se quedó profundamente dormido, ¡así sin más, justo a la mitad de la revisión! Su sueño era tan hondo que hasta se escuchaba un ronquido quedo. Yo, que estaba presente, me extrañé con el suceso; cuando miré al doctor me asusté. ¡Algo había pasado! En lo que fue una milésima de segundo detecté mucha preocupación y sorpresa en su mirada; fue un lapso brevísimo, lo pude ver. ¿Qué estaba mal?, ¿qué había pasado? El doctor apagó su lamparita; su enunciado sobre el clima se quedó a la mitad, en el aire. Cerró su carpeta. En realidad, no sabía qué hacer. Salió del cuarto con prisa. A mí me asustó muchísimo todo aquello: el inmediato sueño del Rey y el silencio del doctor; salí tras él.

—Disculpe, doctor, ¿qué acaba de pasar?, ¿por qué se quedó dormido de esa manera?

El doctor miró sus propios pies, metió sus manos en la bolsa y se aclaró la garganta.

—Señora, el señor Jiménez acaba de entrar en un estado de coma; no puedo decirle si saldrá de él o no. Avisaré a los demás doctores y enfermeras. Le ruego ser paciente.

El corazón se me hizo añicos. Hasta el suelo cayó mi ánimo y mi esperanza. No podía creerlo. Hacía apenas unos minutos José Alfredo estaba bien, perfectamente lúcido y consciente. Ahora era un cuerpo sobre una cama, era incertidumbre y duda. Yo simplemente no sabía qué hacer. Creía que mis esfuerzos, mis cuidados y mi cariño lo ayudarían, sin embargo, me estaba percatando de que no dependía ni de mí ni de él. La cirrosis ya

estaba muy avanzada, lo estaba devorando, lo estaba lastiman-
do, estaba acabando con él de una manera violenta y ruidosa.

Decidí ir con mi mamá, me senté a su lado, tomé su mano,
recé. Dentro del cuarto José Alfredo "dormía". El doctor no lo
había dicho directamente, pero entre líneas dejó explícito que
ése era el final: el Rey ya no iba a regresar. El tiempo es relati-
vo. ¿Cuánto tiempo había pasado? Tic tac, tic tac. ¿Serían horas?
Mamá seguía a mi lado. No hablábamos. Quería escuchar su
voz otra vez. Por favor, por favor…

Ojos azules

—¡Escuincla!

Era José Alfredo, llamándome.

Entré corriendo, su grito era escalofriante. Nunca antes en mi vida había escuchado algo similar. Lo encontré parado, a un lado del atril, desconectado de cables y sondas. Estaba lejos de su cama, en su camino hacia el baño. Bajo sus pies había un gigantesco charco de sangre. ¿Otra hemorragia? Yo no entendía. ¿Qué estaba pasando? Había vomitado sangre, la evidencia estaba en el suelo, la cama, su cuerpo. La mirada de José Alfredo fue algo sorpresivo que me quitó el aliento: era pánico. Él no entendía lo que le estaba pasando, porque se estaba yendo, se estaba deshaciendo, se estaba muriendo sin que lo pudiéramos impedir. Estaba solo y perdido; por más que yo intentara animarlo, estar a su lado y tomar su mano, él sabía que el camino se bifurcaba y que nadie lo podría acompañar. Nunca voy a olvidar esos ojos cargados de miedo y agonía, ni la postura de su cuerpo que, con muchas molestias, era capaz de aguantar.

Lo saqué de aquel lago de sangre, lo llevé de vuelta a la cama mientras llegaban las enfermeras para auxiliar con rapidez: lo limpiaron, lo volvieron a conectar y lo estabilizaron. Pero el malestar de José Alfredo todavía no terminaba. Comenzó a vomitar con tanta fuerza que la sonda que tenía conectada a la nariz le salió por la boca. ¡No lo podía creer, era una pesadilla!

Fue muy impresionante. Los doctores también arribaron; como todos los demás, estaban sorprendidos. No esperaban que José Alfredo volviera en sí tan de repente y de una manera tan dolorosa. Desde ese día, él no volvió a cerrar los ojos.

Esos ojos azules donde me había visto reflejada hacía años. Aquellos que guiaron mi trayectoria profesional; en los que había confiado momentos antes de subir a un escenario; ese par de ojos azulados donde descubrí el amor; los que besé por vez primera dentro de un carro; los que me dijeron que ya era de él, que me había vuelto una mujer; los que me pedían perdón entre lágrimas y sinceridad; los que no me querían defraudar con ciertos vicios y decadencias; esos ojos que se habían comprometido con cuidarme y siempre ver por mi felicidad. Ahora, esos mismos ojos que tanto amé, estaban totalmente amarillos y enfermos; se estaban apagando.

A José Alfredo lo habían catalogado los doctores en estado de gravedad. Todos los cuidados y la atención estaban sobre él, quien por su parte se sentía sumamente cansado. La sonda del oxígeno le molestaba sobremanera; hacía ademanes como si el cable fuera una mosca molesta y latosa. José Alfredo ya no hablaba. Permanecía observando el techo, estaba ido, se estaba aislando en su silencio. Luego dejó de reconocer a sus familiares. Ya no sabía quién era doña Carmen, su propia madre. Su tía, su mamá, su hermana, mi madre y yo rodeábamos su cama para platicar con él. Se notaba confundido: estaba inspeccionándonos a todas con la mirada. Volteó a verme y me dijo con una voz contundente, profunda y atemorizada:

—Tú conmigo, escuincla.

—Aquí estoy, mi amor —le contesté.

Era 23 de noviembre, viernes, alrededor de las cuatro de la mañana. Ese día su familia y mi madre se habían quedado porque había algo que todas intuíamos: ésta era la ronda final, el último trago. José Alfredo ya estaba muy, muy mal. Yo estaba sentada en mi silla a su lado, tomando su frágil mano.

—Cierra los ojos, mi amor, estás muy cansado. Trata de descansar.

Ya no dormía para nada. Me miró, me clavó esos maltrechos ojos azules y me contestó:

—Sí, escuincla, se está llenando el estadio.

No entendí su respuesta; no pregunté. Continué tomando su mano cómo podía; si él no iba a dormir, yo tampoco. Sentía que el cielo comenzaba a aclararse, comenzaba el día. Le volví a pedir que cerrara sus ojos, que descansara. Eran las siete de la mañana.

—Ya se va a acabar el partido. Tráeme las llaves, escuincla, porque ya se va el avión.

Siguió el silencio, la incertidumbre, la mirada fija en el techo. Respiraba con dificultad: tomaba aire y se detenía, lo retenía dentro de sí y lo soltaba lentamente. Cada vez tardaba más entre inhalar y exhalar. Eran pausas largas mientras pasaban las horas. El reloj marcaba las nueve con veinte minutos. Me paré para mirarlo de frente, estaba al parejo de él; mi mano estaba sobre su hombro. Inhalar, exhalar, inhalar, exhalar, inhalar… José Alfredo se estaba esforzando. Inhalar, exhalar, inhalar… ya no hubo más. Silencio.

Se había ido.

Mi amor ya no estaba. Se había muerto despacio, muy calladito. Yo había visto ese momento: ese último resquicio de vida, el segundo donde la luz de sus ojos se apagó, se venció el plazo, se fue, se esfumó el vigor. No sé ni siquiera cómo describirlo, pero él ya no estaba; de un momento a otro, ya no estaba. A un costado, en la cama, lo único que quedaba era un cuerpo.

Las enfermeras no tardaron en entrar. Lo empezaron a envolver. Alcancé a ver sus piernas. Eran muy bonitas, de hecho, en el futbol le echaban carrilla por ello; le decían que tenía piernas de señorita. Noté un área donde no le crecía pelo, estaba lampiño. Me percaté que eran sus espinillas, el lugar exacto donde lo había golpeado en el hotel de Ciudad Juárez. Estaba en shock:

conocía ese cuerpo a la perfección y ahí estaba. Sin embargo, también conocía su alma y ésa se quedaría en mí para siempre. ¡José Alfredo estaba muerto! El amor de mi vida, mi refugio, mi felicidad, mi todo. Es impresionante cómo dejamos huellas en los demás, cómo estamos forjando lo que nos rodea todos los días sin darnos cuenta. Su personalidad y la mía, sobre todo, habían cambiado desde que decidimos estar juntos para toda la vida... esa vida ya no existiría jamás.

Salí del cuarto; las demás mujeres entraron, menos mi mamá. Yo me senté a su lado y se lo dije, me bastó una frase:

—Se fue.

Creo que afuera aguardaba el resto de la familia de Dolores, entre ellos su hermano Juan y su hermana Lola. Digo creo porque ese momento fue demasiado borroso. Estaba devastada; el mundo se caía en mil pedazos alrededor mío. Estaba totalmente en negación, nunca creí que fuera a ser de esta manera, una vida sin él, un universo sin mi José Alfredo... "un mundo raro". Pensé que sería como las veces pasadas: lo internamos en el hospital, pasan unos días, vuelve a estar estable y regresamos a la casa, a los inacabables cuidados que valían toda la pena y el esfuerzo. Ya no iba a ser así: en el carrito de la montaña rusa al que me había subido con José Alfredo sólo quedaba yo; la caída parecía interminable y oscura.

Caminé por un pasillo, iba sin rumbo fijo. Lo único que se escuchaba en mi cerebro, era la palabra "no". Miré hacia abajo y observé mi huipil bordado, me trajo recuerdos suyos. ¿Cuántas veces le dije gracias por todo lo vivido, por tantas bendiciones y logros? No lo sabía: me pareció que no fueron las suficientes. Habíamos vivido plenamente, con días llenos de amor y cariño. Sin embargo, en un final así, no es que no amara ni agradeciera lo suficiente, ¡lo amaba, lo quería conmigo, lo quería vivo!

El maestrito compositor Molina Montes se me acercó. Me miró con consternación, me tomó del brazo.

—Alicia, la están buscando para que firme el acta de defunción.

Al levantar la mirada, me encontré con el paisaje que reinaría sobre los próximos días: tumulto, ruido, desorden y pesadez. El chofer ya había ido a la casa de los Gálvez para darles la noticia.

El doctor se acercó, me dijo que lo sentía, tomé la pluma y en un movimiento suave y lento, firmé. No entendía lo que eso significaba, no a plenitud. Quería decir que ya no estaba ni estaría nunca, punto, dejó de existir. El doctor se marchó y el maestrito señaló con su cabeza la muchedumbre que se había armado detrás de él.

—Son los Gálvez. Ya saben que su padre se ha ido y por eso vienen.

Los vi; estaban histéricos. Ellos creían que yo quería cobrar regalías de las piezas de José Alfredo, que me interesaba lo que estaba escrito en el testamento, que iba a luchar por el dinero de su padre. Nada de eso era cierto, porque antes de ser José Alfredo Jiménez, el Rey de la música ranchera, el hijo del pueblo, él era mi esposo y el amor de mi vida.

—Alicia, dicen que los hijos se lo quieren llevar para que lo entierren en la Rotonda de los Hombres Ilustres, aquí en la Ciudad de México.

Era el maestrito compositor Molina Montes quien me hablaba.

—¿Qué? —pregunté incrédula—, eso sí que no ¡no, maestrito! Está grabado, su voz está grabada en uno de sus eventos por su trayectoria profesional de veinticinco años, él lo dijo: "No quiero la Rotonda de los Hombres Ilustres, quiero que me entierren en mi pueblo, en Dolores Hidalgo". ¡Él lo dijo! Eso lo tienen que respetar.

—Pues tendrás que protestar, Alicia, porque al parecer ellos quieren encargarse de todo.

Lo escuché y no contesté; yo estaba como ida. ¿De qué se querían encargar? Ni siquiera se me ocurría pensar en ello. Mi mamá se me acercó para decirme que ella y mi padre irían a mi departamento para arreglarse; se comprometió en traerme ropa negra. Afirmé con la cabeza, ella me besó la frente. Volví a mirar mi huipil bordado, lo había traído puesto casi toda la semana. No sabía qué seguía, qué tenía que hacer. Los amigos motociclistas de José Alfredo se ofrecieron a llevarme a la funeraria Gayosso. Los próximos momentos y días serían para mí un garabato, una mezcolanza de sentimientos y sucesos que yo no comprendía. El primer evento, la velación, fue para Paloma hija un momento ideal para volverse a mostrar grosera conmigo.

En cuanto llegamos, los motociclistas acomodaron mi bolsa sobre una de las sillas más cercanas al lugar donde pondrían el ataúd. Ellos asumían que yo, la esposa de José Alfredo, tenía que estar cerca de él. ¿Quién pondría en duda aquello? Mis padres llegaron pocos minutos después que yo; me dirigí al baño con la bolsa que me habían dado para cambiar mis ropas. Cuando salí me topé con los Gálvez y su séquito; eran puras personas encopetadas, traían puestos abrigos de mink. Paloma hija vio mi bolsa sobre la silla, la tomó y la inspeccionó con desagrado.

—¿Y esto qué hace aquí? —dijo mientras la aventaba al otro lado de la sala.

Esta grosería encendió a los amigos motociclistas del Rey, quienes eran policías y no sabían quién era ella. Querían sacarla; Paloma, por su parte, se paró en la entrada para dirigir a las personas que iban llegando hacía su mamá, ella (Julia, apodada Paloma) pretendía que estaba muy triste y dolida, se estaba perfilando como la viuda miserable. Era el montaje de una gran obra de teatro, un circo justo ahí en el lugar donde la mayoría le daría el último adiós a José Alfredo.

—¿Quién es esa, eh? —me preguntó uno de los motociclistas.

—Es Paloma, la hija de José Alfredo —le contesté.

—¡¿Qué?!

El policía estaba encolerizado, la quería sacar inmediatamente. Nunca se imaginó que la persona más grosera del recinto fuera precisamente la hija del Rey. Con sus insultos, groserías y su séquito de personas con peinados rimbombantes y la hipocresía como común denominador, Paloma logró excluirme de aquel cuarto principal de los ocho que se habían obtenido para el velorio de José Alfredo. Primero invitó a doña Carmen a sentarse junto con su madre, después se llevó a doña Cuca, y cuando intentó que Conchita también se fuera a su lado, ella le contestó: "Mi hermano me dijo: 'Abusada con la escuincla', y yo estoy aquí abusada con la escuincla".

Aún rezagada en otro cuarto, varias de las personas se escapaban de la treta de Paloma y acudían a mí; me abrazaban muy fuerte, me decían que los sentían e intentaban animarme a pesar de que yo seguía en negación, continuaba perdida en otro mundo. Muchos fueron muy solidarios conmigo: trabajadores del teatro Blanquita, varias vedettes (especialmente una alemana), el mariachi Vargas y la señora María Victoria. Ella me hizo varias preguntas, me pidió que le explicara cómo había sido la enfermedad.

—¿Perdón? —le dije.

—Me refiero a cómo fueron los últimos minutos.

Me eché a llorar, ya no aguanté: las lágrimas caían pesadamente, una tras otra, sin piedad, sin descanso. Era un torrente de llanto que no podía controlar. Mi padre acudió para ayudarme, me acompañó al exterior a caminar. Sentía mis labios dormidos, como si por ellos caminaran hormiguitas; mis manos estaban acalambradas, mi papá las sobaba desesperadamente para que regresaran a su estado normal. Una vez más volví a quedarme como hipnotizada, adormilada, sacada de onda. Dejé de llorar.

José Alfredo le había advertido a su hermana Conchita de las groserías por parte de los Gálvez que seguirían a su muerte; sé que le pidió que me cuidara porque él sabía muy bien que ella era una guerrera, traía bien puestos los pantalones. Cuando llegó el cuerpo del Rey me acerqué para verlo. De mi mano iba Toño (hijo de Mary y José Alfredo) y a mi costado Silvia, la esposa de Pepe Jar, con quienes teníamos una increíble amistad; salíamos a comer muy seguido. Cuál fue mi sorpresa al encontrarme con una cadena humana de manos que me impedían pasar, auténticamente en conspiración para que yo no me acercara a mi esposo. Silvia se quejó inmediatamente, mi madre que estaba más en el fondo preguntó la razón por la que no me dejaban pasar.

—Ya está aquí la señora de José Alfredo —contestó una voz.

—Ella podrá haber sido la primera, pero mi hija fue la última —contestó mi mamá.

Esta frase fue suficiente para que Silvia rompiera con ese gesto mezquino y lograra hacerme pasar. Cogió dos manos, las jaló en sentidos contrarios y me pidió con una voz contundente y enfática que pasara. Jalé a Toño tras de mí. Nos quedamos un rato largo, interminable, observando ese cuerpo grande e inmóvil. Traía puesto un traje azul marino que yo le había escogido, yo se lo había comprado. La tela estaba hecha con Playtex; le gustaba por cómodo porque decía que así no sentía que el pantalón le apretaba. Nunca me imaginé que sería su último vestuario.

Me enteré de que en aquel circo que montaban, estaban discutiendo menesteres del testamento y las regalías. ¿No podían guardar luto ni siquiera por unas horas? Si yo no busqué algún tipo de beneficio tras su muerte, ¿por qué ellos no pudieron mostrar respeto por aquel que les dio la vida y se preocupó siempre por su bienestar?

Marco Antonio Alfaro (un periodista amigo de José Alfredo que escribía para el periódico deportivo *Esto*) y su novia se me acercaron. Me dijeron que ya era hora de marcharnos para llegar con tiempo a Dolores Hidalgo, donde lo íbamos a enterrar.

Recuerdo que nos fuimos en carro por avenida Insurgentes. Sentí coraje porque el mundo seguía igual: los restaurantes estaban abiertos, dentro de ellos los comensales se reían, se divertían y la pasaban bien; las tiendas no estaban cerradas, por el contrario, rebozaban de gente. ¡Todo esto me molestaba!, ¿qué no sabían que se había muerto mi todo?

—Alicia, ¿está bien si pasamos al Dairy Queen por unas malteadas? Necesitamos energía para el camino.

Afirmé con tristeza, dejándome llevar. Tardamos muy poco en el establecimiento y la bebida no me supo a nada. La gente que vi adentro también me enojó. No hablé.

En Dolores Hidalgo me llevaron a la presidencia donde presentaron el cuerpo de José Alfredo al pueblo. No me acuerdo de eso; lo único que sé es que yo estaba en total silencio y de los altoparlantes ubicados en las calles, brotaba la voz del Rey:

> *Canto al pie de tu ventana,*
> *pa' que sepas que te quiero;*
> *tú a mí no me quieres nada,*
> *pero yo por ti me muero…*

Fue muy impactante, se me rompía el alma de escucharlo. Me acordé de cuando me la cantaba en una temporada musical que tuvimos en el teatro Blanquita; también era una de las canciones que cantábamos a dueto. Lo cierto era que me dolió mucho oírla a través de unas bocinas y no de su viva voz. Me moría de ganas por estar con él.

Escuincla valiente

Era tiempo de ir al cementerio. El pueblo estaba preparado; yo no sabía si lo estaba. Rosita Miller Ruiz, la hija de Lucha Villa, y su novio, se acercaron a mí. Me tomaron de los brazos y caminaron conmigo hasta el panteón. Se portaron de un modo muy generoso y noble sin necesidad de palabras; ninguno de los tres hablamos. Las lágrimas no caían más: el infinito dolor de mi alma era palpable. Recuerdo que veía mis zapatos sobre el camino empedrado: un pie, otro pie; primero salía uno y luego el otro. Las cosas continuaban funcionando a su ritmo, el mismo mecanismo permanecía. A pesar de esto, yo sabía que mi mundo estaba alborotado y que me había quedado sin brújula.

Los chismes comenzaban a crecer; se decía que la cantante Lola Beltrán (quien me llamaba "venadito" y antes se mostraba muy cariñosa conmigo) estaba de parte de la familia Gálvez. Decían que entre los dos hijos y ella ejercían presión para llevarse el cuerpo del Rey a la Ciudad de México, a pesar de que en el hospital ya se había dejado muy en claro que ésa no era la voluntad de José Alfredo. Al pasar por una calle, un anciano que me reconoció como la viuda me gritó:

—¡No se preocupe, paisana, de aquí no lo saca nadie!

No fui capaz de responder, ni de sonreír… vaya, de mis manos se escapaba cualquier posibilidad de tomar el control y hacer algo. Estaba a merced de mi intranquilidad y mi tristeza. Poco después me enteré de que muchos habitantes de Dolores Hidalgo se habían ofrecido, voluntariamente, a resguardar la tumba de José Alfredo —durante el día y la noche— para que no se cometiera algún tipo de hurto. Una vez más le digo al pueblo: gracias, gracias por su amor a José Alfredo Jiménez.

El panteón estaba desbordado de gente. Nos abrimos paso como pudimos, teníamos que llegar a un lado de mi esposo. Las groserías por parte de Paloma y su séquito no faltaron. Licha, que siempre fue muy brava, me defendía verbalmente; les contestaba a todo lo que me gritaban a mí. La envidia y la avaricia son dos males que carcomen el alma. Las dos exparejas estaban en la misma situación y, sin embargo, una de ellas no cedía ni un poco de su orgullo para despedir a José Alfredo como él se lo merecía. Mary, por su parte, fue neutral y solidaria: ella le prestó a mi mamá un vestido negro para la ocasión.

Paloma hija le gritaba a su tía Conchita para que se acercara a su lado. La hermana del Rey la miraba de manera austera; no se movía ni un centímetro, le había prometido algo a José Alfredo. Entre la masa de gente, la mala alimentación y un sentimiento que se me había colgado del cuello y me jalaba hasta el suelo, yo comencé a palidecer. Mi compadre Gilberto Valenzuela rápidamente se percató de ello.

—Un médico, por favor, necesitamos un médico: mi comadre se ve muy mal.

Lo escuchaba y no entendía. ¿Por qué un doctor? Rosita y su novio volvieron a tomarme de los brazos. Ella me susurró en el oído que me llevarían con el médico de la familia, Alejandro Olivares, quien también fue muy amigo de José Alfredo. Los colores se estaban yendo…

Recuerdo el caminito hasta la puerta del consultorio, también recuerdo al doctor. Su voz se escuchaba muy lejana; me preguntaba si ya había comido. No me acordaba. Se percató de mi condición. Había perdido mucho peso por el estrés. Estaba ida, totalmente fuera de mí. No podía responder. El doctor se dirigió a Rosita:

—Le voy a poner un tranquilizante, una inyección que debería de ser intravenosa, pero está muy débil y puede darle muy de golpe. Se la voy a poner intramuscular, ¿está bien?

Rosita afirmó con la cabeza. De repente yo ya estaba sobre mis pies; la pareja continuaba guiándome, me llevaron fuera del lugar donde ya nos esperaba el carro. No me acuerdo del momento en el que me subí. ¿Y el panteón?, ¿y José Alfredo?, ¿a dónde íbamos?

Negro. No recuerdo.

Me estaban llamando, me hablaban. Levanté la cortina, abrí los ojos. En la esquina del cuarto donde me encontraba, estaban mis papás. Tardé un momento en acostumbrarme a la luz. Detecté un olor conocido: consomé. Alguien lo estaba acercando a mí con una cuchara, ese alguien me estaba alimentando.

—Tienes que comer, a José Alfredo no le gustaría verte mal.

Reconocí la voz, la reconocí a ella. Era Lucha Villa, aquella querida amiga de mi esposo que solía tratarme con un tono sarcástico y déspota. Enfoqué mi mirada sobre ella: tomaba la cuchara con seguridad, la metía en mi boca, volvía a servir más caldo, continuaba alimentándome. Estaba triste, se notaba. Muy segura de sí misma, también. Quería apoyarme. Mis padres me observaban con preocupación, mamá lloraba y papá se sobaba los brazos con mucha mortificación (ésta era una señal del problema cardíaco que después lo molestaría).

—Alicia, mira, tienes que comer porque si no, te vas a poner mal y José Alfredo no hubiera querido eso —Lucha continuaba hablándome con cariño—; vas a tener que ser muy fuerte, tú eres el amor de José Alfredo y por eso debes estar ahí, al pendiente.

Se acabó el temor hacia Lucha Villa. Nunca más la volví a ver desde abajo. Ahora sabía que en ella encontraba una amiga solidaria y compasiva. Ella entendía mi dolor y por el respeto, cariño y amistad hacia José Alfredo, estaba a mi lado. La muerte, irónicamente, nos había unido. Eso jamás lo olvidaré.

Después del entierro, permanecí en Dolores Hidalgo por unos días más. La familia de José Alfredo fue de lo más comprensiva y atenta conmigo; una vez más me hacían sentir querida y como un miembro más. Como los Gálvez no podían llevarse los restos de su padre a la Ciudad de México, comenzaron a decir que mejor lo trasladarían a León, al Jardín de los Mariachis. El pueblo mantuvo su postura inicial: José Alfredo había nacido en Dolores Hidalgo y ahí se quedaría.

Los días siguientes a la muerte fueron muy confusos. Tenía que ser rigurosa en comer algo porque no sentía apetito; poner atención a los que me hablaban me costaba; dormir sola fue un calvario. Cuando regresé a mi departamento sobre la calle Nueva York, llegué acompañada de mi madre y mi nana. Entré al cuarto; sentí un vuelco en el corazón al toparme con una cama gigantesca y vacía. Acudí a mi mamá. A ella y a la abuela ya les había asignado un cuarto de huéspedes. Me vi rogando: quería que mi madre durmiera conmigo.

—Por favor, mamá.

—No, Alicia —me contestó con cariño, pero con mucho énfasis—, tienes que dormir en tu cama, sola. No duermas en tu lado porque ya no tienes lado, duerme en medio. José Alfredo ya no va a regresar.

Fue muy duro escucharlo de su boca, con esas palabras tan concretas. Me despedí de las dos y me arrastré hasta mi recámara. Apagué la luz, ya no quise pensar. Me acomodé en mi lado, me deslicé hasta el centro y cerré los ojos. Las lágrimas rodaban. ¿Por qué se había ido?, ¿qué iba a hacer ahora? Nunca me había imaginado mi vida sin él.

Mi familia tuvo que regresar a California. No pasaron muchos días para que me llamaran del teatro Blanquita; querían que comenzara una temporada con ellos. Acepté con una gran pesadez. Las canciones que yo cantaba, muchas de ellas, eran junto con él. Me daba miedo desmoronarme frente al público. Habían pasado escasas semanas desde la partida del Rey; los que me vieron en aquel escenario, observaron a una viuda: me vestí de luto.

Todas las noches regresaba a mi cama a toparme con mi soledad, a llorar a manos llenas. Aún lo sentía entre las sábanas. Una de aquellas noches tristes, sentí un aire frío sobre mi rostro. No sentí miedo sino mucho amor. Creí que aquel era José Alfredo acariciando mi cara como siempre solía hacer. Mi proceso de sanación y encuentro personal iba a comenzar.

Paz Alcaraz comenzó a representarme; ella también era la representante de Juan Gabriel. Antes de aceptar invitaciones o propuestas, ella me ayudaba a decidir qué hacer. Me llamaron para invitarme al lienzo charro del Pedregal; acudirían muchos artistas importantes. Yo expliqué que no sabía cómo llegar, pero que si enviaban un chofer por mí asistiría con mucho gusto. La persona con la que había hablado por teléfono fue el encargado de recogerme y regresarme a mi departamento. Llegamos al lugar; contaba con una colina majestuosa cubierta por un pasto con una bella tonalidad verde. Desde lo alto pude ver a la gente e incluso reconocí rostros conocidos. Ahí estaba Lola Beltrán.

—¿La conoce? —me preguntó con intriga el chofer.

Le dije que sí; me tranquilicé de saber que contaría con el apoyo de alguien conocido y seguí al joven hacia donde estaba Lola. Mientras nos acercábamos, ella me clavó una mirada de odio. Le pedí al chico que me llevara a un lugar donde sentarme lejos de Lola, pero él —no sé la razón— no me hizo caso. Me dio pena repetir la instrucción y continué tras él. Al llegar a un costado de Lola, ella me miró con más desprecio; me dio la espalda y se resguardó entre el grupo de señores que estaban con ella. Se me cayó el mundo, quería llorar.

Mientras esperaba sentada en la silla, estaba tan abstraída en mis pensamientos que no noté que Mario Moreno me estaba echando miradas coquetas. Mandó a un secretario a invitarme a su mesa para platicar; me levanté de mi asiento y me retiré de su vista. Ya después, Cantinflas me dio la espalda. La grosería se debió a que yo no lo había pelado previamente. ¡Pues claro que no! No pelaba a nadie: me moría de ganas de llorar, estaba moralmente destruida, me sentía perdida y no sabía qué hacer. Quería cantar e irme, lo más pronto posible... no aguantaba más. Me retiré a esperar ser llamada. Así fue: canté, regresé a mi hogar. Me di cuenta de que Lola Beltrán ya no era amiga mía. Esto se me hizo demasiado extraño. Ella siempre se había mostrado atenta conmigo, tanto que José Alfredo me dijo que fuera cuidadosa porque creía que su comadre "tiraba parejo" y no deseaba que yo le diera falsas esperanzas.

Me llamaron unos amigos periodistas de José Alfredo; trabajaban para *Esto*. Me explicaron que se entregaría un premio póstumo al Rey. Querían que yo lo recibiera. Accedí y le marqué a Paz; ella me acompañaría. Había pasado apenas un mes desde la muerte de mi esposo y yo continuaba muy decaída y tímida con los demás personajes del medio. Después de todo, estaba sola. Las únicas personas con las que podía hablar eran mis padres y ellos estaban muy lejos.

En el evento de premiación estaban todas las figuras grandes de México. A donde quiera que se mirara, había una estrella. Mi representante y yo tomamos lugar en una mesa muy céntrica y esperamos. Cardoso, uno de los periodistas de *Esto*, me pidió un favor:

—Alicia, el mariachi Vargas propone que cantes una canción con ellos en el escenario, ¿qué opinas?

—Claro que sí.

—¿Cuál quieres?

No lo pensé mucho:

—"Un mundo raro".

Le dije el tono y él se marchó. Paz procuraba distraerme, yo le sonreía levemente. Me daba gusto recibir un premio en nombre de mi querido amor. Vi al par de periodistas que se acercaban. Marco Antonio Alfaro habló esta vez:

—Se está armando la bronca. Lola Beltrán escuchó que ibas a cantar y nos amenazó: dijo que si te subes al escenario, ella te baja.

—¿Qué?

—Sí —dijo él, muy mortificado—, llegó con la hija de José Alfredo, Paloma, y con el hijo, Joseal. Se ve muy molesta.

Enmudecí por unos segundos, ¿cuál era el problema de Lola? Yo no le había hecho nada en absoluto. Estaba pasmada. No entendía de dónde venían tantas groserías.

—Está bien, Marco. Yo no canto. De verdad que no hay problema. Es más, diles que si Joseal quiere recibir el premio de su papá, que lo haga. Yo no me ofendo, después de todo ellos son los hijos.

—Eso sí que no —soltó Marco—, te lo pedimos a ti y tú lo vas a recibir; no hay otra persona que lo pueda hacer.

Paz también concordó en este punto. La noche continuó sin sobresaltos: recibí el premio entre aplausos y saludé al público. A las dos de la mañana, Paz y yo decidimos marcharnos, pues no bebíamos nada de alcohol y ya estábamos muy cansadas. La fiesta estaba en su apogeo: la mayoría bailaba y bebía. Me despedí sin especial alegría.

Me dejé caer en mi cama. Se me cerraban los ojos. Dormir significaba no pensar en tantos problemas que me aquejaban. Alrededor de las cinco de la mañana, me despertó el teléfono. El timbre que se repetía sin cesar se sintió como un duro golpe a mi sien. Lo agarré y pegué la oreja. Ni siquiera hablé; la voz de la persona inundaba mi cuarto. Era una voz femenina, era Lola Beltrán.

—Eres una puta, te acostaste con todos los del Vargas y por eso se murió mi compadre, por una enfermedad venérea. ¡Tú lo mataste!

Colgué inmediatamente. Quedó el silencio. Estaba asusta-dísima. Hasta la fecha no he entendido el cambio del trato de Lola Beltrán hacia mí. Recordé que mi madre me había reco-mendado que indagara el porqué. "Las personas no cambian así, Alicia, debe haber una razón. Somos personas racionales, segu-ro hay un problema que desconoces." Decidí seguir el consejo materno; sabía que el teléfono volvería a sonar.

Ring, ring. Contesté.

—¡Tú lo mataste!

—Señora, por favor escuche…

—No me llames señora. Me llamo Lola.

—Vaya al hospital, ahí le podrán explicar de qué murió José Alfredo.

—¡Cállate! Tengo mucho dinero y sé dónde vives, te voy a mandar a matar. Cuídate bien porque sé a qué hora sales y a qué hora entras.

Estaba demasiado violenta; sonaba más allá que simplemen-te borracha.

—Pero señora…

—¡Que me llamo Lola! Joseal, mira a esta desgraciada…

Lola le estaba hablando al hijo de José Alfredo y éste le con-testaba. Él también estaba en la línea. Joseal, con quien había-mos ido a Guanajuato, quien era amigo de mi hermana, aquel que iba a comer con nosotros, ahora me quería muerta. Volví a colgar. No valía la pena. Estaba destruida, asustadísima, per-dida. Sólo podía recurrir a mis padres así que les marqué. Los desperté a ambos, no me importó. Me bastó decir la palabra "mamá" para que ella entendiera que algo estaba mal.

—¿Qué pasó, Alicia?, ¿qué pasó, qué pasó? —insistió mi madre.

Entre llantos les conté lo que acababa de suceder. Mamá quería tomar un avión para la Ciudad de México; papá me pidió que me regresara a Oxnard.

—¡Aquí tienes tu casa, hija! —dijo él.

—Ya no te quedes allá aguantando groserías —agregó mi mamá.

Se quedaron en la línea hasta que me tranquilicé. Colgamos y, una vez más, el silencio imperó entre las cuatro paredes. Estaba acostada boca arriba, viendo el techo. Reflexionaba sobre lo que debería de hacer: regresar a mi país sería lo más sencillo y cómodo; quedarme significaba luchar y aprender yo sola lo que la vida puede doler. "Yo no quiero escuinclas cobardes", las palabras de José Alfredo, de sus últimas peticiones en el hospital, relucieron en mi mente. Irme significa rendirme, ser débil, huir. No podía hacerle eso. Claro que no. No después de lo que él había hecho por mí, de lo mucho que me había enseñado.

No me iba a ir, no me iba a agachar: iba a pelear. Decidí darle la vuelta a mi situación.

A los diez días fui invitada a ser la madrina, junto con Jaime Larios, de unas casas que el periódico *El Universal* estaba rifando. Acepté y Jaime pasó a recogerme. Se congregaron varios seguidores en el lugar; recibí muchas cartas. Entre ellas había una sin timbre ni nombre. Era una carta horrible, de terror: eran más amenazas de muerte, seguramente eran de Lola. Mientras leía cada palabra, sentía cómo mi alma se rompía, se deshacía, se vaporizaba. ¿Por qué querían hacerme algo tan violento? Se la enseñé a Jaime. Él se llevó las manos a la boca, no lo podía creer. Su asombro se tornó en coraje: guardó la carta y me proporcionó todo su apoyo. Me preguntó sobre qué iba a hacer. Yo ya había tomado una decisión. No me escondería en mi idílico departamento.

Lola Beltrán no fue la única grosera. Paloma hija se encargó de poner a muchas celebridades en mi contra. A pesar de contar con el respaldo de muchas personas de prensa, sentía las miradas, los cuchicheos constantes, las dagas por la espalda. Sentía todo y debía aguantar. Me invitaron a Televisa (en aquel entonces Televicentro) al programa *Siempre en Domingo*. Mientras entraba al estudio, recordé la primera vez que había ido, agarrada de la mano de José Alfredo. Caminábamos tan rápido que no alcancé a leer ninguna de las firmas de artistas, ejecutivos y empresarios ubicadas en el suelo. La tinta cobre resaltaba sobre el suelo de piedra negra. Iba caminando tan rápido que no podía leer nada. Ahora iba sola y un pensamiento entró en mi cabeza: si él ya no estaba, entonces ¿yo qué hacía ahí? Fue muy difícil mantenerme erguida y caminar hasta el lugar donde grabaríamos. No sabía que se acercaba algo peor que ese sentimiento de vacío y desorientación. Ya estaban ahí los demás cantantes que componían el cuadro folklórico: Miguel Aceves Mejía, la Prieta Linda, Lucía Méndez, el Charro Avitia y Lorenzo de Monteclaro. Esperábamos que todo estuviera listo para comenzar con la grabación. Una mujer rubia desconocida se acercó hasta mí, me miró con desagrado; comenzó a echarme indirectas muy feas. Aguanté en silencio. Ni siquiera sabía quién era. El Charro Avitia la llamó a su lado: era su esposa. Le clavé una mirada de desprecio; aguanté mis sentimientos, creía que se iban a desbordar. Justo en ese momento Lucía Méndez llegó a mi lado:

—¡Ah! ¿A poco en verdad quisiste a tu marido?

Su tono fue lastimoso y horrible. ¡No lo iba a aguantar más! Me fui, quería esconderme. ¡Estaba harta! No podía soportar el veneno de los que me rodeaban. Mientras él vivía, a todos les convenía sonreírme con una mueca cargada de hipocresía. Ahora que el Rey ya no estaba, dirigían todo su desprecio infundado a mi persona. Era su enemiga pública, el objetivo fácil de alcanzar… y al parecer, el más satisfactorio.

Debía desaparecer: me metí a un camerino con almacén; ahí me escondí mientras el cuadro folklórico aparecía en vivo. Faltaba yo. Los directores en el estudio me estaban buscando, gritaban mi nombre, estaban muy desesperados.

Licha, que me había acompañado, me encontró. Me pidió que saliera. La mirada que me dedicó fue una mezcla de compasión y lástima. Cogí fuerzas del rincón más profundo de mi corazón y aguanté las ganas de llorar: logré cantar. Al terminar nos fuimos corriendo de regreso al departamento. Me sentí desamparada. Pero no cobarde, eso jamás. No iba a defraudar a José Alfredo.

Tantos chismes, morbo y escándalo, me volvieron irresistible para los ejecutivos: me convertí en la papa caliente. El teléfono no paraba de sonar por contrataciones; me querían en todos los eventos. Si yo cantaba, era seguro que los palenques se llenaban. No tenía tiempo para tantos eventos. Mi agenda estaba llena. No podía aceptar todas las invitaciones. Rentaba aviones privados para alcanzar a llegar a los lugares. La cantidad exorbitante de trabajo me estaba ayudando.

Los primeros eventos fueron muy difíciles; significaba llegar a una ciudad desconocida, completamente sola y sin saber cuánto cobrar. Siempre estuve a un lado de José Alfredo, sin embargo, nunca aprendí a hacer las cosas. Tenía que descubrirlo todo por mí misma: mi método era el de la prueba y el error. Me estaba armando de valor, estaba desarrollado habilidades que antes dormían en mí, me estaba apropiando de mi personalidad: Alicia Juárez estaba creciendo, aunque fuera a golpes.

Las diferentes filosofías que José Alfredo me había implementado eran imperturbables. Seguía sus consejos: no utilizaba tacones con traje charro; por respeto se utiliza con botas. No permitía que me llamaran por mi diminutivo —Licha— porque significaba volverme inferior, aunque les costara más pedía que me llamaran Alicia.

Mi amistad con Lucha Villa siguió en aumento. De hecho, la última vez que la vi fue mucho tiempo después en un programa en Los Ángeles. Me pidió mis datos para contactarme; lamentablemente enfermó poco después de este encuentro. Me partió el alma. Recuerdo que José Alfredo alguna vez le dijo que con sus groserías me había ahuyentado cuando yo era una gran admiradora de ella. Las cosas habían cambiado.

La vida siempre enseña los dos lados de la moneda: tuve mi oportunidad de demostrar quién era. El coraje y la fiereza se habían anclado en mí, podía defenderme: confiaba más en mí sin la necesidad de mi esposo. Fui contratada en el Teatro de la Ciudad con María de Lourdes y más folklóricos, entre ellos Lola Beltrán. Comenzó mi participación y canté "Te solté la rienda". Se la canté a ella, que me observaba desde el público. Noté su mirada de nerviosismo: su sonrisa ya no estaba, la suplía una mueca de miedo. Yo le estaba echando bronca desde el escenario. Cuando concluí también tomé un lugar entre la audiencia. Me esperé al momento exacto en que Lola se presentara con micrófono en mano para llamar por radio a mi chofer e irme. Me levanté con descaro, ni siquiera la miré. Tomé mi tiempo para desplazarme hasta la salida y regresar tranquilamente a mi casa. Lola ya no me daba miedo, ya nadie me causaba temor. Tenía mucho coraje y estaba totalmente convencida de que ya no iba a permitir ningún abuso a mi persona. ¿Cuál es el pecado de enamorarse, de casarse, de llevar una vida feliz y plena? El pecado es creer en la mentira y adoptarla como principal motor de nuestros actos. Yo ya no iba a dejar que la ceguera de otros me lastimara a mí. Estaba cansada de tener miedo, de limitarme por los comentarios ajenos, por sus dedos señalándome. Ya no. Ya no quería temer.

Una vez más, la vida me favoreció. Estando en un palenque me encontré con una rubia; sabía que la conocía, mas no recordaba de dónde. A su lado llegó un hombre y la abrazó, era el Charro Avitia. Ella era la mujer que se había comportado con groserías en el foro de Televisa. Quería tratarlos como ella me trató a mí, ponerlos en su lugar. Lo deseaba, pero no lo hice. No me pondría en el nivel de los que fueron mis verdugos. La vida nos enseña con golpes, bendiciones, satisfacciones, amores y desamores. No podía responder igual; me daban lástima.

—Señora Juárez, soy la esposa del Charro. Perdone por el atrevimiento, pero ¿sería capaz de recomendar a mi esposo para que abra el show?

Era verdad, las cosas habían cambiado. Ella, que no se palpó el corazón para destruirme, ahora me pedía trabajo para su marido. Permanecí callada; desde hacía más de un año José Alfredo no estaba conmigo.

—Sí, claro —le contesté.

Mi proceso de duelo había terminado; me sentía recompuesta, feliz, útil, completa. Ya no me preocupaba si me querían o no. Ya no temía. Ya no temo.

Legado

—¿Y nunca me vas a llamar por mi nombre? —le preguntaba yo a José Alfredo.

—No, para mí eres la escuincla, mi escuincla. Que los demás te llamen Alicia.

—Pero al menos haz una canción con mi nombre.

—Que no, escuincla.

Yo suspiraba, él acariciaba mi rostro, yo le besaba sus manos. Estaba bendecida, estaba feliz con el amor más completo y bonito. Mi vida con José Alfredo fue siempre limpia y tierna. Él me decía que yo nunca tendría un amor como aquel; me explicaba que era agua pura porque él era el primer todo: primer amor, primer hombre, primera relación. "Para otros serás mercancía usada", me decía. Algunas veces me cuesta entender lo que yo le ofrecía a José Alfredo en un noviazgo: después de todo era una chiquilla sin experiencia ni historias. Todo era nuevo para mí; supongo que eso era lo que le atrajo. Yo era auténticamente su escuincla.

A pesar de la violencia doméstica y de los errores que ambos cometimos, yo recuerdo mi vida con José Alfredo pletórica de cariño. Pensar en él es igual que ver una película en mi cabeza: recorro con emoción esas primeras escenas donde nos conocimos, donde descubrí mi amor por él y fui invitada a grabar en la Ciudad de México. Yo no buscaba nada, estaba comenzando a vivir, a soñar, cuando me topé con un hombre maravilloso, noble y talentoso, que me entregó su amor. Veo nuestro primer beso todavía con fuegos artificiales y serpentinas multicolor, observo esas primeras veces donde me volvía mujer entre sus brazos. Deambulo por los trayectos de mi memoria: voy creciendo y él envejece; nos escondemos en las carreteras, en el romance, en los chistes. Nuestra vida no se entiende sin el trabajo, las horas entre cajas, las reuniones con mucha comida y los demás artistas. Recuerdo el día que unimos nuestros nombres, que nos casamos. También soy consciente de los nubarrones que llovieron sobre nosotros: los vicios, las explosiones. Veo la enfermedad, el esfuerzo, el desgaste y la comprensión. Sobre todo, siento lo que más llegué a añorar de mi relación con José Alfredo: la protección, aquel amor indiscutible y sin dudas, tan incondicional. Con él siempre estuve amparada y segura. Él era todo mi universo.

Él, como yo, fue un ser humano: se cayó, se levantó, luchó sus batallas e invitó a muchas personas a colorear su existencia. El Rey tuvo siempre un lugar para su familia y sus amigos; tenía amor a manos llenas. Como todos, él también sangraba, a él también le dolió la vida. José Alfredo Jiménez es igual que tú o que yo. Podemos continuar idolatrando figuras, pero sin dejar de confiar en ideales, en pensamientos.

Si yo tuviera que vivir cien vidas más, lo escogería a él como mi compañero en todas ellas; me sentiría con suerte, bendita e infinitamente feliz de volver a contar con él a mi lado como mi pareja, mi esposo, mi maestro y mi guía, porque él me enseñó bastante.

Ya no duele, ya no lo busco ni tampoco lo extraño. Ya se fue la pesadez, la soledad, la tristeza. Desde hace muchos años que no estoy perdida. Hoy veo a José Alfredo de manera artística, como un gran autor, un compositor insigne de la cultura mexicana y de habla hispana. Mi relación con él es muy profunda. Ya no lo siento como el hombre que fue sino como todo lo que me ha dejado: la manera de vivir la vida, de arriesgarse por el pueblo, por la gente, de entregar el alma por una canción, frente a una multitud. Como discípula, sigo enamorada de las enseñanzas del maestro.

Regalé la mayoría de las cosas de José Alfredo. Me quedé con dos zarapes, tres sombreros, las letras que me compuso y los obsequios personales que me regaló. Creo que me quedé con lo mejor porque en mi alma queda su hermoso amor, en mi mente su vívido recuerdo, su ingeniosa manera para darle la vuelta a cualquier situación, para sorprender… Después de que murió descubrí una canción: "Naciste a la orilla del lago de Chapala y qué bonito nombre te pusieron: Alicia, Alicia Juárez". El nombre con el que me bautizó, con el que he madurado, el que siento más mío que nada, el que marcó mi destino y las diferentes volteretas de mi vida.

Sí, de mis ojos brota el llanto. Y sí, a mis años sigo enamorada. Mi cabello se está tornando blanco, pero conocí a alguien que me ha enseñado a sacar juventud de mi pasado. Aprendí esta lección, cuando viví contigo.

Cuando viví contigo de Alicia Juárez
se terminó de imprimir en octubre de 2017
en los talleres de
Litográfica Ingramex, S.A. de C.V.
Centeno 162-1, Col. Granjas Esmeralda, C.P. 09810
Ciudad de México.